U1070861

江苏农林职业技术学院产业创新团队项目(编号:KJ2018009)
国家旅游局旅游业青年专家培养计划资助项目(TYETP201455)
教育部人文社会哲学规划基金资助项目(编号:18YJA630040)

乡村文化旅游业态创新研究

——基于供给侧改革的视角

Research on the Innovation of Rural Cultural Tourism Format
—Based on the Perspective of Supply-side Reform

吉根宝　著

中国轻工业出版社

图书在版编目(CIP)数据

乡村文化旅游业态创新研究:基于供给侧改革的视角/吉根宝著. —北京:中国轻工业出版社,2020. 6
ISBN 978-7-5184-2909-7

Ⅰ. ①乡… Ⅱ. ①吉… Ⅲ. ①乡村旅游-旅游业发展-研究-中国 Ⅳ. ①F592.3

中国版本图书馆 CIP 数据核字(2020)第 033249 号

责任编辑:史祖福 贺晓琴
策划编辑:史祖福 责任终审:张乃柬 封面设计:锋尚设计
版式设计:砚祥志远 责任校对:晋 洁 责任监印:张 可

出版发行:中国轻工业出版社(北京东长安街 6 号,邮编:100740)
印 刷:三河市万龙印装有限公司
经 销:各地新华书店
版 次:2020 年 6 月第 1 版第 1 次印刷
开 本:787×1092 1/16 印张:9. 25
字 数:204 千字
书 号:ISBN 978-7-5184-2909-7 定价:88. 00 元
邮购电话:010-65241695
发行电话:010-85119835 传真:85113293
网 址:http://www. chlip. com. cn
Email:club@ chlip. com. cn
如发现图书残缺请与我社邮购联系调换
171313K1X101HBW

前 言

PREFACE

乡村文化是中华文化的源头，蕴含着中华民族特有的精神价值，是各民族智慧的结晶，也是人类文明的瑰宝。其与旅游融合的乡村文化旅游经多年发展，已成为城市居民重要的旅游休闲方式，对于改善乡村环境、推进产业融合、扩大农民就业、弘扬乡风文明、促进城乡发展及助力乡村振兴具有重要影响。2019年中央一号文件提出："充分发挥乡村资源、生态和文化优势，发展适应城乡居民需要的休闲旅游、餐饮民宿、文化体验、健康养生、养老服务等产业"，这对国内乡村旅游发展提出了更高的期待，任务更艰巨，发展理念更创新。

我国乡村旅游已由高速增长阶段转向高质量发展阶段，亟须转变发展方式、优化乡村经济结构，需以供给侧结构性改革为主线，推动乡村旅游发展质量变革、动力变革、效率变革，提高乡村旅游全要素生产率，着力加快产业融合、科技创新、现代金融、人力资源协同发展的乡村文化旅游现代产业体系；倡导以融合发展的基本思路推进乡村旅游发展，大力发展乡村休闲旅游产业，壮大农村新产业、新业态，努力拓展农业产业链、价值链，开辟农业增效新路径。乡村旅游发展要走出"农家乐"的基本层次，探索走向精品化、规模化和国际化。基于乡村旅游供给侧结构性改革创新，培育新业态，改善供给结构，拓展新领域；促进一二三产业交叉融合，培育我国乡村文化旅游业态创新路径；有利于解决游客日益增长的乡村旅游需求与相对落后的乡村旅游产品和服务供给之间的矛盾。推进农业供给侧改革，对于当代城乡互动发展、乡村活化、文化自信等方面具有深远的意义。

本书在梳理国内外已有的相关研究文献基础上，以苏南五市为案例，对乡村旅游业态发展现状测度、业态创新机理、业态创新模式与路径、乡村文化旅游体系构建等进行系统的研究。主要包括以下几方面内容：第一，立足于乡村振兴背景下，多维度构建乡村旅游业态测度体系。从乡村旅游业态创新概念、原则、思路及体系框架着手，利用定量分析与定性评价方法，结合苏南五市乡村旅游业态现状，发现乡村旅游业态创新除了受内外驱动力、知识存量、创新文化、创新方法等因素影响外，还受自身特征——乡村性、地方性、真实性、吸引性等影响，从而揭示了乡村旅游业态创新的形成机理，剖析了乡村旅游新业态产业体系结构与构建途径。第二，通过质性方法，分析出乡村旅游业态创新引发性动力、内生性动力、外生性动力等驱动力，结合苏南乡村旅游创新实践，归纳出乡村旅游业态创新模式；从政策支持、主体培育、要素融合协同、平台打造等进行深入分析，指出乡村旅游业态创新的实施路径。第三，基于文化保护利用的乡村文化旅游业态发展研究。从乡村文化资源、景观环境、活动资源、生活、生产、生态、旅游品牌、功能等吸引力，构建乡村文化旅游吸引力体系。

在厘清苏南乡村文化旅游发展瓶颈的基础上，提出苏南乡村文化旅游业态提升策略。第四，从乡村文化旅游智慧化、乡村文化旅游服务供给、乡村文化旅游目的地营销等方面创新，深入探讨在供给侧改革、文旅融合、乡村振兴等背景下乡村文化旅游体系构建。

本书综合运用了产业经济学、社会学及管理学等多学科理论及方法，将实地观察、调研访谈、问卷调查与定量、质性分析方法相结合，从供给侧与文化视角切入，深入探讨乡村文化旅游业态创新与体系构建问题，突破传统的乡村旅游和文化旅游业态研究范式，将会为丰富旅游管理学的理论内涵做微薄贡献。

首先，基于业态规模、业态空间、业态价值（游客体验价值）、产业（业态）集聚、业态生态等维度，建立了乡村旅游业态测度体系。乡村旅游业态的维度涉及自然禀赋、居民发展意识、市场需求等多个方面，每个维度都包括多个评估指标。通过社会调查和统计分析，揭示了苏南各地对乡村旅游业态存在明显的社会评价差异。

其次，从理论上厘清供需匹配下乡村旅游业态创新的一般过程、要素之间的相互联系和作用。基于供给侧、产业融合理论系统分析了资源、市场、功能、品牌、文化、情感、资金、技术、人才、制度等要素融合产生新价值，并指出宏观政策演化、功能演化、地位演化、需求演化等核心要素对乡村旅游业态创新形成综合影响，内外驱动力、知识存量、创新文化、创新方法等共同驱动乡村旅游业态创新的机理。同时分析了苏南乡村旅游产业新型业态创新机理、模式、路径。

最后，基于乡村文化保护利用的理论，提出乡村旅游吸引力作为乡村旅游活动发生与发展的基础和依托，创造性转化和创新性利用乡村文化是乡村文化旅游发展的重要途径。基于供给侧改革、文化保护与利用视角下，分析了苏南乡村文化旅游的智慧化框架、乡村文化旅游服务供给、乡村文化旅游目的地营销，构建了“智慧化+服务供给+营销”为一体的乡村文化旅游体系。

基于供给侧与乡村振兴视角的乡村文化旅游业态创新研究是学界关注度较低的领域，本书对此做探索性研究，仅是抛砖引玉，难登大雅之堂。

囿于作者水平之限制，书中难免存在不足与妄言之处，敬请读者批评指正！

吉根宝
2019 年 2 月于句容

目 录

CONTENTS

1 引言

乡村旅游是以“三农”资源为主要载体的特色旅游，经过30多年的发展，乡村旅游已经成为市民旅游休闲的一种重要方式，对推动产业融合、增加农民就业、改善乡村环境、弘扬文明乡风、促进城乡共同繁荣具有重要作用。近年来，国家层面频频释放出推进乡村旅游发展的信号，相关鼓励政策不断出台，乡村旅游已经进入国家战略层面，成为我国旅游消费中发展最快、潜力最大、带动性最强、受益面最广的领域之一。休闲农业和乡村旅游得以蓬勃发展，各地实施休闲农业和乡村旅游精品工程，建设一批休闲观光、乡村民宿、健康养生等园区景点。截至2018年底，农业农村部已创建388个全国休闲农业和乡村旅游示范县(市)，推介了710个中国美丽休闲乡村。2018年，全国休闲农业和乡村旅游接待人次达30亿人次，营业收入达8000亿元。

1.1 问题的提出

中央一号文件从2004年开始连续17年聚焦三农。2016年的中央一号文件中首次明确提出大力发展休闲农业和乡村旅游，作为推进农村产业融合，促进农民收入持续较快增长的新兴支柱产业。对比历年中央一号文件对发展乡村旅游的阐述，2017年对发展乡村旅游的期待更高、任务更艰巨、发展理念更创新。我国乡村旅游已由高速增长阶段转向高质量发展阶段，急需转变发展方式、优化乡村经济结构，坚持质量第一、效益优先，以供给侧结构性改革为主线，推动乡村旅游发展质量变革、动力变革和效率变革，提高乡村旅游全要素生产率，着力加快产业融合、科技创新、现代金融、人力资源协同发展的乡村旅游产业体系，倡导以融合发展的基本思路推进乡村旅游发展，通过“生态+”“旅游+”等模式，推进农业、林业与旅游、文化、康养等相关产业深度融合，大力发展乡村休闲旅游产业，壮大农村新产业、新业态，努力拓展农业产业链、价值链，开辟农业增效新路径。乡村旅游发展要走出“农家乐”的基本层次，探索走向精品化、规模化和国际化的发展思路。“旅游+”将旅游产业与其他产业有机地结合，不仅为旅游业的发展提供内容和文化元素，同时也促进各行各业的产业发展。“旅游+”是指充分发挥旅游业的拉动力、融合能力以及催化、集成作用，为相关产业和领域发展提供旅游平台，插上“旅游”的翅膀，形成新业态，提升其发展水平和综合价值。在此过程中,“旅游+”也有效地拓展旅游自身发展空间,推进旅游转型升级①。

乡村旅游已占据旅游业半壁江山,是农业结构性改革的方向、新动能及新的增长点,成为国家战略重要一环,地位极其重要。中国共产党第十九次全国代表大会的报告指出:“我国社会生产力水平总体上显著提高,社会生产能力在很多方面进入世界前列,更加突出的问题是发展不平衡不充分,这已经成为满足人民日益增长的美好生活需要的主要制约因素。”“我国社会主要矛盾已经转化为人民日益增长的美好生活需要和不平衡不充分的发展之间的矛盾”②。具体到乡村旅游来说,突出的问题是乡村旅游发展不平衡不充分,这已经成为满足人民日益增长的美好旅游生活需要的主要制约因素之一。具体表现为:一是乡村旅游指导思想的“不平衡不充分”,如重速度、轻效益,重数量、轻质量,重规模、轻品牌,重形式、轻实绩,重整齐划一、轻因地制宜,重行政推动力、轻市场原动力;二是国民休闲度假时间的“不平衡不充分”;三是乡村旅游发展数量与质量、规模与效益的“不平衡不充分”;四是乡村旅游区域发展的“不平衡不充分”;五是乡村旅游综合竞争力要素发展的“不平衡不充分”,如供给单一,产品与模式趋于雷同,缺乏创新,要素错配,有效供给不足以及“造村运动”带来结构性过剩等。基于此,探讨乡村旅游业态如何评价、乡村旅游业态创新机制如何培育、乡村旅游业态创新实施路径如何构建等问题,实现乡村旅游平衡充分发展,已成为当前的首要任务和重要课题。

1.2 相关核心概念界定

1.2.1 创新的概念

创新是指以现有的思维模式提出有别于常规或常人思路的见解为导向,利用现有的知识和物质,在特定的环境中,本着理想化需要或为满足社会需求,而改进或创造新的事物、方法、元素、路径、环境,并能获得一定有益效果的行为③。创新是以新思维、新发明和新描述为特征的概念化过程,起源于拉丁语,它原意有三层含义,第一,更新;第二,创造新的东西;第三,改变。约瑟夫·熊彼特(1912)首次提出“创新理论”(Innovation Theory)④,并界定了创新的形式:新产品开发;新技术引进;新市场开辟;新的原材料来源发掘;新的组织形式和管理模式实现。

对旅游创新概念的研究存在较大差异,主要有以下三种形式。

a. 直接将创新相关概念引进旅游业。Weiermair 等学者认同并直接引用熊彼特的“创

① 李金早. 迎接中国“旅游+”新时代[N/OL]. 中国旅游新闻网,2015-08-19. http://www.cntour2.com/viewnews/2015/08/19/wOUrqntEPKBiuPZBqUgQ0.shtml.

② 决胜全面建成小康社会夺取新时代中国特色社会主义伟大胜利[R/OL]. 新华网. http://news.xinhuanet.com/politics/19cpcnc/2017-10/18/c_1121822489.htm.

③ 胡子民. 李世石战败是创新的胜利[N]. 青海日报,2016-03-14(09).

④ 约瑟夫·熊彼特. 经济发展理论[M]. 北京:华夏出版社. 2015.

新”界定。创新被看作是把一种从来没有过的关于生产要素的“新组合”引进生产体系当中[①]。它包括产品创新、过程创新、市场创新、输入创新、组织创新。

b. 对旅游创新的不同类型进行提炼,以 Hjalager(1997)为代表的学者认为旅游创新可分为:产品创新、传统过程创新、信息控制中的过程创新、管理创新、制度创新[②]。

c. 对某一方面的旅游创新进行研究,国内学者对此较为关注。有学者认为应从旅游资源内涵丰富、开发利用和主题创新等对旅游资源进行创新[③]。部分学者提出旅游产品创新应从产品设计和重新组合、项目的改善或增减、应用新技术、塑造旅游品牌、创新服务功能等方面着手[④,⑤]。钟海生(2000)指出旅游业的需求和特点与新的科学技术相结合,通过研究、开发、工程化、商品化等阶段,逐步提高旅游业科技含量,发挥科学技术在旅游业发展中的重大作用[⑥]。马勇等(2007)提出旅游规划的内容创新、技术创新、人才创新、组织创新、政策保障的创新等[⑦]。还有学者提出旅游业态创新[⑧,⑨,⑩]。

1.2.2 旅游的概念

“旅”是旅行,外出,即为了实现某一目的而在空间上从甲地到乙地的行进过程;“游”是外出游览、观光、娱乐,即为达到这些目的所作的旅行,二者合起来即旅游[⑪]。“旅游”来源于拉丁语的“tornare”,是人类社会特有现象,中国自古以来就有长期的重游传统,“旅游”现象十分突出,“旅游”思想也相当成熟。关于旅游概念的定义众多,学者基于不同视角给予了不同的界定(表 1-1)。

表 1-1 部分学者关于旅游的定义

学者	时间(年)	定义内容	关键词
H. V. Schllard	1910	外国或外地人口进入非定居地并在其逗留和移动所引起的经济活动的总和	空间移动,经济活动
W. Morgenroth	1927	暂时离开自己的居住地,为了满足生活和文化需求,或个人的各种愿望,而作为经济和文化商品的消费者逗留在异地的人的交往	动机,异地交往

① Weiermair K. Product Improvement or Innovation: What is the Key to Success in Tourism[C]. Innovation and Growth in Tourism, 2004: 53-69.

② Hjalager A M. Innovation Patterns in Sustainable: an an alytical Typology[J]. Tourism Management, 1997, 18(1): 35-41.

③ 戴光全. 旅游资源创新问题的初步研究[J]. 桂林旅游高等专科学校学报,2001,1:12-14.

④ 王学峰. 旅游产品创新的基本问题探析[J]. 山东师范大学学报(自然科学版),2002,4:58-61.

⑤ 万蓬勃. 构建旅游业产品创新体系的思考[J]. 产业与科技论坛,2007,8:79-81.

⑥ 钟海生. 旅游科技创新体系研究[J]. 旅游学刊,2000,3:9-12.

⑦ 马勇,肖智磊,卢桂芳. 区域旅游规划的创新思考[J]. 旅游科学,2007,3:37-43.

⑧ 杨玲玲,魏小安. 旅游新业态的“新”意探析[J]. 资源与产业,2009,6:135-138.

⑨ 魏小安. 旅游业态创新与新商机[M]. 北京:中国旅游出版社,2009.

⑩ 张文建. 当代旅游业态理论及创新问题探析[J]. 商业经济与管理,2010,4:91-96.

⑪ 哈尼克孜·阿布都外里. 遗产旅游视野中的新疆维吾尔族麦西莱甫[C]. 向玉成,徐杰舜,邱云志.遗产旅游与文化中国.哈尔滨:黑龙江人民出版社,2016.

续表

学者	时间(年)	定义内容	关键词
A. Bormann	1931	不管是基于休养、游览、商务、职业的目的,还是特殊活动或其他目的,只要是暂时离开居住地的旅行活动	动机,空间
F. W. Ogilvie	1933	离家外出不超过一年,在外逗留期间进行的消费,且所用的支出并非是从旅游地赚取的	时间,非获利
R. Glùcksmann	1935	在旅居地短时间旅居的外来者与当地人之间各种关系的总和	社会关系
W. Hunziker & K. Krapf	1942	非定居的旅行和短暂停留而引起的一切现象和关系的总和	社会现象
ITB (英国旅游学会)	1976	人们前往他们惯常居住和工作之外的地方的暂时而短期的活动,包括各种目的不同的活动,以及一日游或参观游览活动	动机,活动
WTO (世界旅游组织)	1991	一个人旅行到一个其惯常居住环境以外的地方并逗留不超过一定限度的时间的活动,这种旅行的主要目的是在到访地从事某种不获得报酬的活动	动机,非获利
于光远	1985	旅游是现代社会中居民的一种短期性的特殊生活方式,这种生活方式的特点是:异地性、业余性和享受性	特性,生活方式
保继刚和楚义芳	1999	在一定的社会经济条件下产生的一种社会经济现象,是游憩活动的一部分,是一种人类体验,一种社会行为,一种产业,同时也是一种地理现象①	经济,地理现象
张凌云	2008	一种人的基本需要,在这种需要支配下,可能付诸实施而产生的行为和活动达到一定规模后,产生出的一系列提供和丰富这种活动的产业和系统,由于人的频繁交往而造成人地关系(人与环境)、人群关系(主人与客人)发生变异的现象②	经济,社会现象
谢彦君	1999	个人以前往异地寻求愉悦为主要目的而度过的一种具有社会、休闲和消费属性的短暂经历③	动机
徐菊凤	2016	利用个人可自由支配的时间,在非惯常环境进行的一种以获得愉悦为目的的体验活动。空间环境、时间状况、出行目的是三个体现旅游概念内涵特征的主要因素④	空间环境,时间状况,出行目的

中外旅游学者从理论和逻辑上对旅游的概念进行了深入的梳理和探讨,对旅游这一概念的认知基本达成共识。厘清旅游的内涵和外延边界,寻找符合事实、逻辑的旅游概念,让统计性、法律性、学术性的旅游概念,以及不同学科视角的旅游概念界定在最本质的层面上

① 保继刚,楚义芳．旅游地理学[M]．北京:高等教育出版社,1999:1.

② 张凌云．国际上流行的旅游定义和概念综述——兼对旅游本质的再认识[J]．旅游学刊,2008,01:86-91.

③ 谢彦君．旅游概念存在的泛化倾向及其影响[J]．桂林旅游高等专科学校学报,1999,1:18-20.

④ 徐菊凤．论旅游的边界与层次[J]．旅游学刊,2016,08:16-28.

保持一致,才有可能达成行业共识、学界共识(表 1-2)。

表 1-2 旅游相关定义①

序号	时间(年)	学者/机构(国籍)	核心描述
1	1910	施拉德(奥地利)	引起的经济活动的总和
2	1927	莫根罗特(德国)	作为……消费者逗留在异地的人的交往
3	1933	奥格尔维(英国)	逗留期间进行的消费
4	1935	格吕克斯曼(德国)	外来者与当地人之间的各种关系的总和
5	1942	亨齐克和克拉普夫(瑞士)	引起的一切现象与关系的总和
6	1950	维也纳经济大学旅游业研究所(奥地利)	改变与此相关利益方的关系和作用
7	1951	国际旅游学会(美国)	所从事的各种活动的总和,是为满足游客某些需要而予以实现的途径
8	1977	贾法利(美国)	产业,以及由人、产业和旅游地三者的社会交换给旅游地带来的综合影响
9	1980	里考瑞什(英国)	市场的运动……对接待地区及其居民的影响
10	1981	利珀(澳大利亚)	一个开放系统……的环境、人文、旅游者、地理(客源区、交通路线和目的地)以及产业……又与自然、技术、社会、文化、经济和政治等因素相互作用和影响
11	1982	马西森和沃尔(美国)	人们……移动……所有活动……设施
12	1991	克里斯·瑞安(英国)	学问……引起的接待及支持服务的需求和供给以及相关的消费组合模式、收入创造、就业方面的研究
13	1993	克里斯·库珀(英国)	供给……旅游业
14	1994	查德威克(美国)	人的移动、某个经济或产业部门……巨大系统
15	1998	斯蒂芬·威廉斯(英国)	综合的概念……行为本身……活动的组织和实施过程……设施和服务
16	1999	芬内尔(加拿大)	系统……旅游者和为旅游者提供的相关服务
17	2005	戈尔德耐和里奇(美国)	游客、旅游企业、当地政府、当地居民……产生的现象与关系的总和

1.2.3 乡村旅游的概念

目前国内外研究中对乡村旅游概念的界定主要包含以下五个视角。

a. 基于可持续发展视角界定。Butler 和 Hall(1998)提出发展乡村旅游是促进地区经济

① 王中华.“旅游”定义研究的逻辑反思及其内涵的再认识[J]. 旅游论坛,2014,09:16-20.

增长和环境保护的有效手段①；Moric(2008)通过个案，指出乡村旅游是一种旅游可持续发展的新形式，有利于增强旅游者、当地居民、政府等相关利益者的资源保护意识，并促进地区环境和文化遗产保护②。

b. 基于旅游产品视角界定。Sillignakis(2001)提出乡村旅游包含乡村自然风景、自然环境、探险旅游、生态旅游、乡村小镇、乡村酒店、度假村、农业教育和农家乐等多个方面③；Briedenhann 和 Wickens(2004)对乡村的风土人情进行了补充④；周玲强和黄祖辉(2004)则认为乡村旅游应包括农业生态环境、文化景观、农民日常生活与环境、农事生产活动以及农村民俗风情等⑤；王兵(1999)提出乡村旅游是农业生态环境、文化景观、农事生产活动和传统民族习俗等旅游资源和旅游产品的综合⑥。

c. 基于供求视角界定。杜江和向萍(1999)主要从旅游供给方面来界定，认为“乡村旅游是以乡野农村的风光和活动为吸引物，以都市居民为目标市场，以满足旅游者娱乐、求知和回归自然等方面需求为目的的一种旅游方式”⑦；Frochot(2005)探索了游客欢迎和认可乡村旅游的原因，即它满足了游客参与、放松休闲、观光和体验四方面的需求⑧；陶玉霞(2009)基于需求、供给、层次、开发和消费导向四个方面探讨乡村旅游的子系统，试图构建乡村旅游的概念⑨；王兵(1999)则强调乡村旅游的观光休闲及学习考察性；Bernard Lane(1994)认为乡村旅游规模较小且类型有差异⑩；Nilsson(2002)认为农庄旅游是典型的乡村旅游⑪。

d. 基于旅游者视角界定。Maestro 等(2007)揭示了旅游者参与乡村旅游的动机主要是亲近大自然和体验乡村生活方式⑫；Sharpley 和 Jepson(2011)基于精神体验，深入研究旅游者的乡村旅游需求⑬；刘德谦(2006)则认为乡村旅游就是游客进行观光、休闲、学习和体验等旅游活动⑭。

e. 基于乡村旅游属性视角界定。OECD(1994)和 Brohman(1996)一致认为，乡村旅游的基本属性和核心卖点是独特的乡村性，并特别强调乡村性在当地居民经营管理的小规模

---

① Butler R W, Hall C M. Conclusion: The Sustainability of Tourism and Recreation in Rural Areas. Tourism and Recreation in Rural Areas[J]. Wiley, 1998: 249-258.

② Moric I. Limiting Factors of Rural Tourism Development in Montenegro[J]. Selective Tourism, 2008, 1(3): 54-73.

③ Sillignakis K. Rural Tourism: An Opportunity for Sustainable Development of Rural Areas[EB/OL]. http://www.Sillignakis.com/PDF/Rural-Tourism-Finall-ALL.pdf, 2001.

④ Briedenhann J, Wickens E. Rural Tourism: Meeting the Challenges of the New South Africa[J]. International Journal of Tourism Research, 2004, (6): 199-201.

⑤ 周玲强，黄祖辉．我国乡村旅游可持续发展问题与对策研究[J]．经济地理，2004，24(4)：572-575.

⑥ 王兵．从中外乡村旅游的现状对比看我国乡村旅游的未来[J]，旅游学刊，1999，6(3)：38-40.

⑦ 杜江，向萍．关于乡村旅游可持续发展的思考[J]．旅游学刊，1999，1：15-18.

⑧ Frochot I. A Benefit Segmentation of Tourists in Rural Areas: A Scottish Perspective[J]. Tourism Management, 2005, 26(3): 335-346.

⑨ 陶玉霞．乡村旅游的概念体系构建[J]．江西农业大学学报(社会科学版)，2009，3：119-123.

⑩ Bernard Lane. Rural Tourism and Sustainable Rural Development[M]. UK: Channel View Publications, 1994.

⑪ Per Ake Nilsson. Staying on farm—An Ideological Background[J]. Annals of Tourism Research, 2002, 29(1): 7-24.

⑫ Maestro R M H, Gallego P A M, Requejo L S. The Moderating Role of Familiarity in Rural Tourism in Spain[J]. Tourism Management, 2007, 28(4): 951-964.

⑬ Sharpley R, Jepson D. Rural Tourism: A Spiritual Experience? [J]. Annals of Tourism Research, 2011, 38(1): 52-71.

⑭ 刘德谦．关于乡村旅游、农业旅游与民俗旅游的几点辨析[J]．旅游学刊，2006，3：12-19.

企业、居民社区参与、文化遗产与环境保护等的具体体现①,②;冯丽(2009)深入探索了乡村旅游的内涵③;Sharpley 和 Roberts(2004)提出乡村旅游包括三个特性:乡村性、可持续性和对乡村发展的助益性④。乡村旅游是指发生在乡村地域,以乡村田园风情、农业生产活动、农家生活和民俗文化等自然和人文景观为旅游吸引物的休闲、观光、游览及度假活动⑤。

国内外乡村旅游概念标准的频次统计分布和乡村旅游概念体系架构分别如图 1-1 和图 1-2 所示。

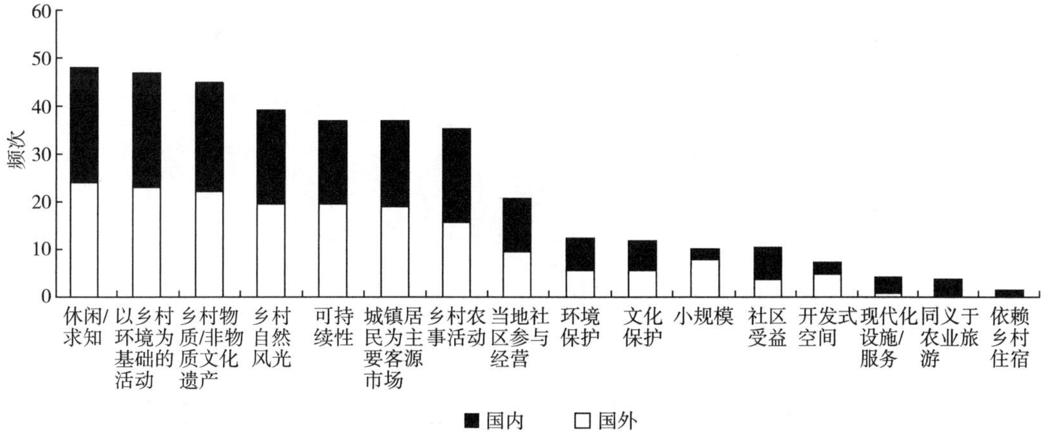

图 1-1 国内外乡村旅游概念标准的频次统计分布⑥

本书认为乡村旅游是以乡村生产、生活、生态为旅游吸引物,以满足旅游者娱乐、求知、休闲、度假和回归自然等方面需求的活动。

1.2.4 业态的概念

业态一词来源于日本。自业态出现起,就是零售业中的概念,因此又称作零售业态,指零售店或专卖店卖什么、卖给谁、如何卖的具体经营形式。萧桂森(2004)提出业态是针对特定消费者的特定需求,按照一定的战略目标,有选择地运用商品经营结构、店铺位置、

① Organization for Economic Cooperation and Development(OECD).Tourism Strategies and Rural Development [EB/OL]. http://www.oecd.org,1994.

② Brohman J. New Directions in Tourism for Third World Development[J]. Annals of Tourism Research,1996,23(1):65-67.

③ 冯丽. 乡村旅游概念辨析[J]. 热带农业科学,2009,29(5):70-73.

④ Sharpley R,Roberts L. Rural Tourism: 10 Years on[J]. International Journal of Tourism Research,2004,6(3):119-124.

⑤ 林刚,石培基. 关于乡村旅游概念的认识——基于对 20 个乡村旅游概念的定量分析[J]. 开发研究,2006,6(127):72-74.

⑥ 卢小丽,刘伟伟,王立伟. 乡村旅游内涵标准识别及其比较研究对中外 50 个乡村旅游概念的定量分析[J]. 资源开发与市场,2017,6(33):759-763.

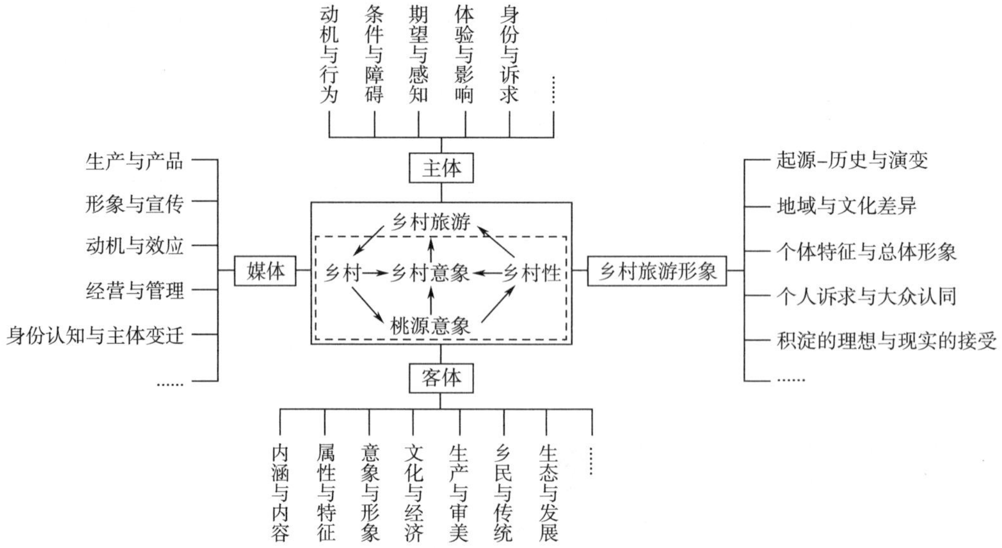

图 1-2　乡村旅游概念体系架构①

店铺规模、店铺形态、价格政策、销售方式、销售服务等经营手段，提供销售和服务的类型化服务形态②。安士敏（1992）认为："业态是定义为营业的形态"，它是形态和效能的统一，形态即形状，它是达成效能的手段③。国内一些学者提出："业态是以人为中心、以服务为手段的销售方式，零售业态是指零售业为实现销售目的所采取的组织形式和经营方式的总称"④。侯兵和许云飞（2007）认为业态是指适应市场销售需要的经营形态和组织形式的结合，是现代商业的具体表现形式⑤。近年来，"业态"一词不断被引入旅游业，主要是用来描述旅游产品形式、经营组织方式、旅游资源配置等方面。邹再进（2007）基于经营视角提出旅游业态是对旅游行（企）业组织经营方式的描述和对旅游产业的发展阶段、趋势以及业种范围的界定⑥。杨玲玲和魏小安（2009）基于产业的发展过程界定，认为旅游业态是相对于旅游主体有新发展，在其发展中融入新的思路和内容，形成比较稳定发展态势的业态⑦。许豫宏（2009）基于产品需求角度分析，认为旅游业态是旅游行业根据游客需求，创造出能够满足游客心理、情感、审美享受的新产品⑧。张文建（2010）从狭义和广义两个方面对旅游业态进行探讨，提出狭义的旅游业态专指旅游业或集团的经营形态；广义的旅游业态还包括旅游业的结构类型和组织形态，表现在产业层面的众多业种和业状⑨。汪燕和李东和（2011）基于产业融合视角提出，旅游业态是为了满足消费者的新需求，实现旅游业和其他

① 陶玉霞．乡村旅游内涵结构分析与概念体系构建[J]．农业科学研究．2014，02：21-25.
② 萧桂森．连锁经营理论与实践[M]．海口：南海出版公司，2004.
③ 安士敏．日本超市市场探源[M]．北京：中国人民大学出版社，1992.
④ 蔡文浩．商业制度创新论[M]．北京：中国审计出版社，2001.
⑤ 侯兵，许云飞．我国餐饮业竞争优势变迁与业态创新[J]．扬州大学烹饪学报，2007，3：45-50.
⑥ 邹再进．旅游业态发展趋势探讨[J]．商业研究，2007，12：156-160.
⑦ 杨玲玲，魏小安．旅游新业态的"新"意探析[J]．资源与产业，2009，6：135-138.
⑧ 许豫宏．旅游新业态的行业创新思考（上）[N]．中国旅游报，2009-02-27（10）.
⑨ 张文建．当代旅游业态理论及创新问题探析[J]．商业经济与管理，2010，4：91-96.

产业的融合,不断创新出具有特色的旅游产品①。

1.3 研究的价值

本研究将以中国共产党第十八次全国代表大会、中国共产党第十九次全国代表大会以及2017年中央一号文件精神为指导,坚持“创新、协调、绿色、开放、共享”的发展理念,基于乡村旅游供给侧结构性改革创新,培育新业态,改善供给结构,拓展新领域;促进一二三产业交叉融合,构建我国乡村旅游业态创新路径。试图解决游客日益增长的乡村旅游需求与相对落后的乡村旅游产品和服务供给之间的矛盾,推进农业供给侧改革。本研究对旅游供给侧、农业供给侧、生态文明及宜居宜业特色村镇建设具有重要意义。

1.3.1 理论价值

a. 提出并分析供给侧与乡村旅游业态创新的机制。从理论上厘清供需匹配下乡村旅游业态创新的一般过程、要素之间的相互联系和作用。

b. 构建乡村旅游业态创新路径的理论研究框架。

c. 以多学科的视角拓展乡村旅游对农业经济、生态环境、社会文化效应研究的视野,以丰富和发展乡村旅游的理论内涵。

d. 基于文化保护利用探讨乡村文化旅游业态发展内涵、特色、品牌、环境的培育。

1.3.2 应用价值

业态创新已是当前乡村旅游转型升级、旅游扶贫富农、旅游双创、生态文明、美丽乡村、农业供给侧以及特色村镇建设的重要抓手,对于当代城乡互动发展、乡村活化、文化自信等方面具有深远的意义,这也是本研究的现实起点。应用价值体现在以下三方面。

a. 为乡村旅游发展提供理论支持,如合理利用、优化资源配置,转变发展方式,培育新业态,提升供给质量,进一步发挥扶贫富农作用等。

b. 为乡村旅游产业合理布局与新业态产业体系构建提供政策参考。

c. 为农村地区立足当地特色资源禀赋,加快产业融合,推广新业态实施路径提供参考;创造性转化、创新性利用乡村文化,进一步推动乡村旅游与宜居宜业特色村镇、农业现代化和现代服务业的融合发展,拓展乡村旅游发展新领域,为农业农村发展培育新动能。

1.4 研究目标

通过文献梳理与理论阐释(如产业经济学、创新理论、可持续发展理论、知识管理理论、

---

① 汪燕,李东和. 旅游新业态的类型及其形成机制研究[J]. 科技和产业,2011,11(06):9-12.

供给需求理论、生态学理论、文化保护、社会学及管理学相关理论等)、理论构建及实证分析,拟达到以下研究目标。

a. 通过系统研究挖掘乡村旅游业态创新的内在规律、路径,从供给侧的视角为乡村旅游提升供给质量与效率提供理论基础。

b. 通过业态创新为乡村旅游去库存、降成本、补短板,推进乡村旅游供给侧结构改革;壮大乡村旅游新产业新业态,同时也为有效推动农业供给侧结构性改革提供支持和实施路径。

c. 通过政策应用研究,进一步提升乡村旅游竞争力,促进乡村文化旅游发展和产业结构升级。

1.5 研究内容、基本思路、研究方法、重点难点和创新点

1.5.1 研究的主要内容

本研究分为四大板块,即基础分析框架、比较与借鉴、现状分析与体系构建,依照"提出问题—分析问题—解决问题—验证问题"的逻辑思路展开,在对乡村旅游相关文献进行梳理与综述的基础上,研究乡村旅游业态的内涵、特征、构成要素、组合维度、发展意义等,厘清乡村旅游与旅游供给侧、农业供给侧的理论关系。分析提出乡村旅游业态存在的问题,基于协同推进特色村镇、信息化、农业现代化和全域旅游的背景下,进行乡村旅游业态创新案例分析、理论构建与实证研究。探究乡村旅游业态创新的机制、实施路径等,进一步分析信息技术、创新驱动在乡村旅游产业内部和产业之间的扩散与协同机制,乡村文化旅游产品创新的途径,验证与完善其理论框架。

1.5.2 基本思路

本研究总体上依照"提出问题—分析问题—解决问题—验证问题"的逻辑,遵循由理论探讨到实证分析再到政策研究的思路。通过梳理已有理论资源,以既有适用成果为起点,科学界定乡村旅游业态创新的内涵、特征、构成要素。通过实地调研与网络调查,分析国内外乡村旅游业态现状及问题。在此基础上,系统解析供给侧与乡村旅游发展、乡村旅游与农业供给侧的内在关系、乡村旅游业态创新规律、乡村文化旅游新业态产业体系构建、乡村旅游业态创新的机制与实施路径,从而搭建研究理论框架。在理论研究基础上,通过国内外案例分析,吸收借鉴经验教训,进一步修正理论框架,并选择具有代表性的苏南地区乡村旅游业态作为典型样本进行实证调研,拟从游客价值主张、创新驱动力、创新方法、企业家才能、产业布局、产业集聚、生态建设、发展规划等方面探讨乡村旅游业态创新模式、机制及路径。最后,探讨技术驱动下乡村文化旅游产品创新与体系构建,并提出相应建议。

1.5.3 研究方法与技术路线

1.5.3.1 研究方法

a. 文献研究法。通过报刊、媒体、互联网查询和收集国内外的相关资料成果,为本研究提供必要的理论基础和实践背景。目前,国内外对乡村旅游已经做出一定的研究并总结了相关经验,为本研究提供了可借鉴之处,但针对乡村旅游业态创新发展的专门系统研究还比较少。所以,需要在相关文献收集梳理的基础上,结合供给侧与需求侧的基础理论,全面深入研究我国乡村旅游业态现状,借鉴国外乡村旅游的经验,探讨乡村旅游业态创新内涵、特征、构成要素。

b. 定量研究。本研究拟选取苏州、南京、镇江、无锡、常州等苏南地区作为调研对象。运用实地调查法,针对乡村旅游相关企业开展问卷调查(拟抽样数为2500~3000份)和实地访谈工作,以获取充实的第一手资料。运用相关的统计软件工具,如SPSS软件等,做出科学的数据统计与分析,运用德尔菲法、层次分析法构建乡村旅游业态评价体系,乡村旅游业态评价影响模型,并对乡村旅游业态吸引力、创新机理作出分析。

c. 质性研究。研究组将根据研究框架预先拟定相关问题,面向利益相关者进行有针对性的专题咨询和访谈,使用扎根理论范式的质性分析方法,用NVivo软件做质性分析,探索乡村旅游业态创新的机制及实施路径,并对相关的分析进行验证。

d. 其他方法。通过比较、归纳、类比分析的研究方法,本着从实践中来到实践中去的研究思路,在产学研用相结合的前提下,提出有针对性的乡村旅游业态创新架构、产业体系构建、分类推进发展等建设性意见。

1.5.3.2 技术路线

本研究的技术路线如图1-3所示。

1.5.4 重点难点

1.5.4.1 拟突破的重点

a. 基于全域旅游的背景下,在分析供给侧与乡村旅游、乡村旅游与农业供给侧的内在联系的基础上,研究乡村旅游供给侧结构性改革。

b. 乡村旅游业态创新机理与实施路径研究。乡村旅游需要从“数量导向”转到“效率导向”,开发新业态,提升供给质量和效率。实现这一目标,必须依靠业态创新,而创新机理及实施路径是乡村旅游业态创新的核心和关键问题。因此,重点研究乡村旅游业态创新机理与实施路径,并力图有所突破。

c. 乡村文化旅游产品创新与体系构建研究。

1.5.4.2 研究难点

a. 基于供给侧结构性改革的乡村旅游业态创新是学界相对薄弱的研究领域,研究方法和路径是本研究的难点之一。

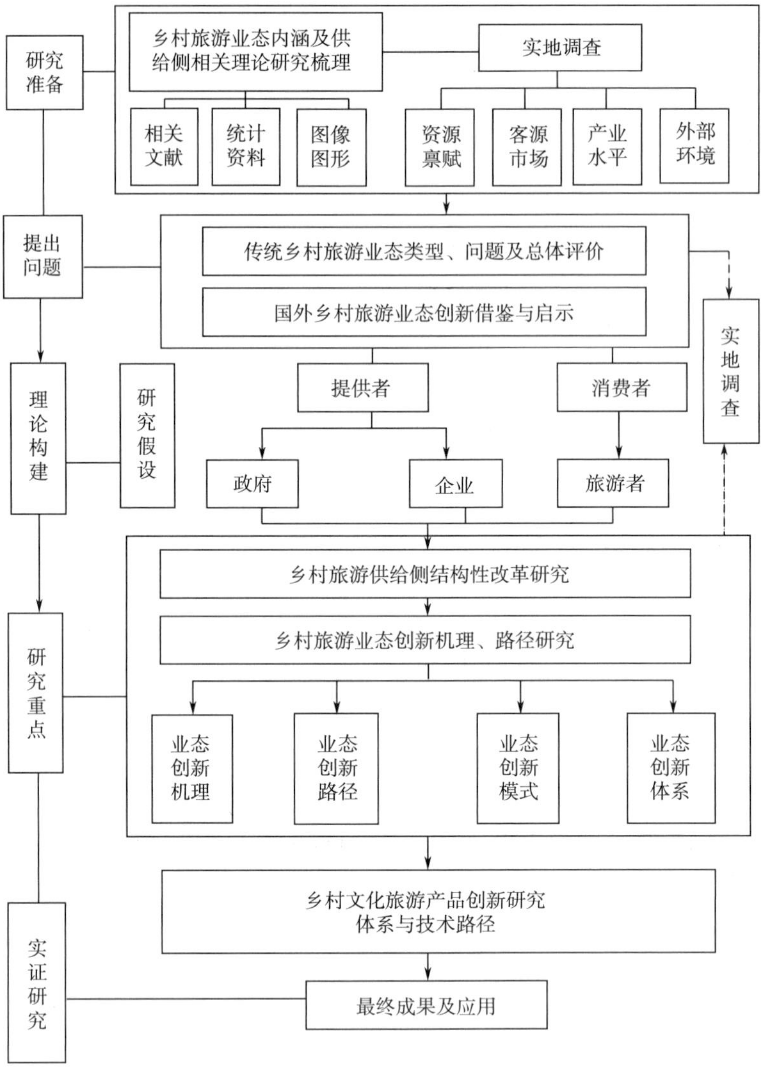

图 1-3　研究技术路线

b. 乡村旅游业态评价体系构建,数据获取工作量大。

1.5.5　创新点

1.5.5.1　视角创新

将供给侧、全域旅游、特色村镇、业态创新、文化保护利用融入我国乡村旅游实践,创新乡村旅游的研究视角。

1.5.5.2　内容创新

a. 打破传统就乡村旅游谈乡村旅游。探索乡村旅游业态创新的基础理论,既分析乡村旅游与农业供给侧的内在联系,也探讨供给侧视角下乡村旅游供给质量与业态创新的内在关系。

b. 基于多层面研究乡村旅游业态创新机理、实施路径。从模式、机理、路径等方面构建乡村旅游业态创新的理论框架。

1.6 苏南地区概况

苏南是江苏省南部地区的简称,地处中国东南沿海长江三角洲中心,东靠上海,西连安徽,南接浙江,北依长江(苏中,苏北)、东海。

苏南地区包括南京、苏州、无锡、常州、镇江,总面积 28106.49 平方千米,占江苏省土地总面积 26.22%,其中平原面积占苏南土地总面积 50.45%,山丘面积占 28.4%,水域面积占 21.15%;拥有广袤的太湖平原,水网密集,长江东西横贯境内;常住人口 3273.55 万人(2015 年)。2013 年 5 月,国家发展改革委印发了《苏南现代化建设示范区规划》,这标志着苏南地区将在全国率先实现区域现代化,成为全国现代化建设示范区。2015 年苏南地区 GDP 总量达到了 4.15 万亿元,人均 GDP 突破 12 万元,接近发达国家水平;全年接待国内外旅游人数 3.93 亿人次,占全省旅游人数 63.21%;旅游收入 6314.1 亿元,占全省旅游收入 69.77%(表 1-3)。

苏南地区区内低山、丘陵、平原、江河、湖泊纵横交错,有机组合一体;东部和中部总体上极为低平,为坦荡的太湖平原。

苏南地区自古以来就是名闻天下的"鱼米之乡""人间天堂",也是我国近代民族工业和吴文化的重要发祥地。截至 2012 年末,苏南地区拥有世界文化遗产 11 项,国家级非物质文化遗产名录(扩展)项目共 53 项;旅游资源丰富,旅游业发达,有 17 个中国优秀旅游城市、14 个国家级 5A 级景区,已建成中国最大的"环保模范城市群"和"生态城市群"。

表 1-3 苏南地区基本情况及行政区域范围

城市	面积(平方千米)	人口(万人)	GDP(亿元)	接待国内外旅游人数(万人次)	旅游收入(亿元)	行政区域范围
南京	6587.02	823.59	9720.77	10234	1688.12	玄武区、秦淮区、建邺区、鼓楼区、浦口区、栖霞区、雨花台区、江宁区、六合区、溧水区、高淳区
苏州	8657.32	1061.60	14504.07	10802.65	1884.50	姑苏区、虎丘区、吴中区、相城区、吴江区、工业园区、常熟市、张家港市、昆山市、太仓市
无锡	4650	646.55	8518.26	8043.33	1389.29	梁溪区、锡山区、惠山区、滨湖区、新吴区、江阴市、宜兴市
常州	4372.15	470.14	5273.15	5455.70	730.96	天宁区、钟楼区、新北区、武进区、金坛区、溧阳市

续表

城市	面积（平方千米）	人口（万人）	GDP（亿元）	接待国内外旅游人数（万人次）	旅游收入（亿元）	行政区域范围
镇江	3840	271.67	3502.48	4802.68	621.23	京口区、润州区、丹徒区、丹阳市、扬中市、句容市
苏南地区占全省比例(%)	26.22	41.04	59.21	63.21	69.77	

注：数据统计时间截止到2015年底。

苏南地区是江苏乃至全国重要的旅游中心集散地，旅游业发达。截至2017年，苏南地区有17个中国优秀旅游城市，占江苏总数(28个)的61%；16个国家级5A级景区，占江苏总数(23个)的69.57%。苏南地区是江苏经济最发达的区域，也是中国经济最发达、现代化程度最高的区域之一，各地旅游业一直保持着快速健康的发展势头。旅游业态丰富，尤其乡村旅游发展迅猛。苏南地区拥有国家级生态示范区22个，国家全域旅游示范区13个，全国休闲农业与乡村旅游示范县6个，全国休闲农业与乡村旅游示范点8个，江苏省乡村旅游创新发展示范区2个，江苏省五星级乡村旅游区10家，江苏省级乡村旅游综合发展实验区2个。

因此，以苏南地区作为案例地探讨乡村旅游业态创新问题，具有较强的典型性和代表性，能够为其他地区加快乡村旅游协调、平衡和充分发展提供理论和方法的借鉴。

2 相关研究述评与理论基础

中国共产党第十七次全国代表大会报告明确指出“解决好农业、农村、农民问题,事关全面建设小康社会大局,必须始终作为全党工作的重中之重。”乡村旅游作为一种新型的旅游方式,在解决“三农”问题上发挥着重要作用①。与本书紧密相关的研究专题主要涉及乡村旅游供给研究、旅游业态研究、供给侧改革相关研究三个方面,三者共同构成了本书文献研究的基础。

2.1 乡村旅游供给研究

三十多年来,有关乡村旅游的研究成果众多,有效推动了乡村旅游发展并为之提供了有力的理论支撑,相关研究成果如图 2-1 至图 2-9 所示,数据来源为 2017 年 9 月在中国知网根据相关主题词搜索整理。

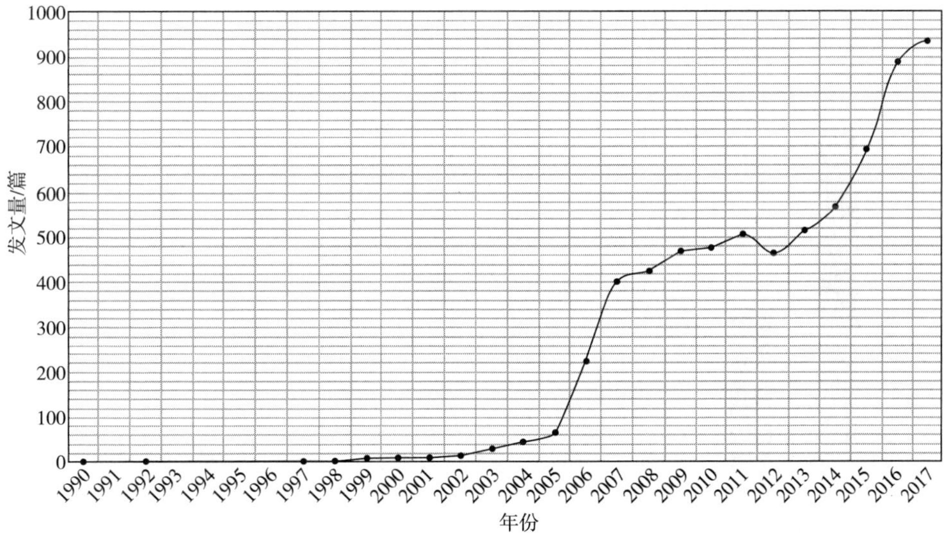

图 2-1　乡村旅游发表论文年度趋势

① 杨智勇. 内蒙古乡村旅游资源及区划研究[J]. 中国农业资源与区划,2017,06(38),137-143.

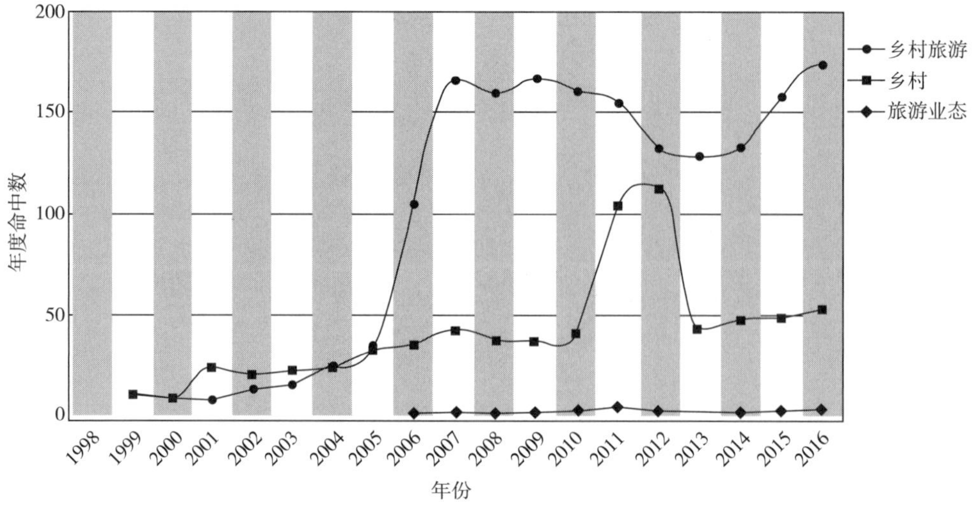

图 2-2　乡村旅游、乡村、旅游业态论文年度趋势

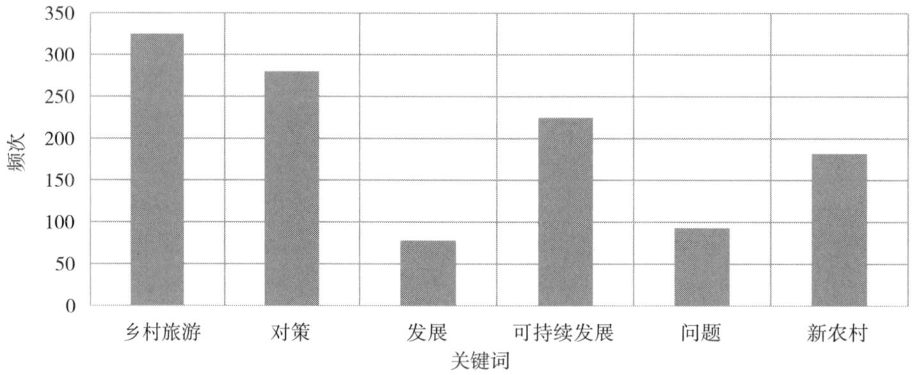

图 2-3　乡村旅游关键词学术关注频次

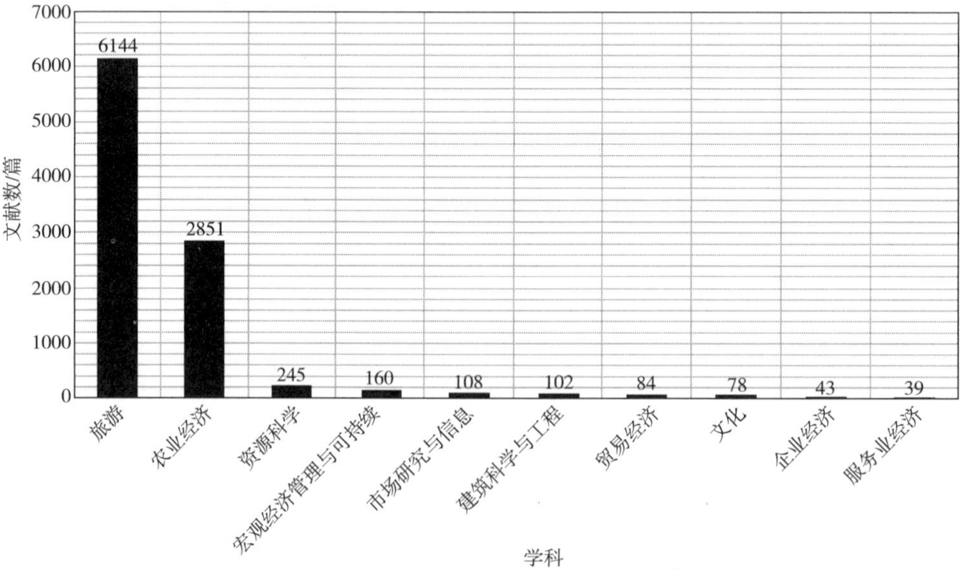

图 2-4　乡村旅游发表论文学科分布

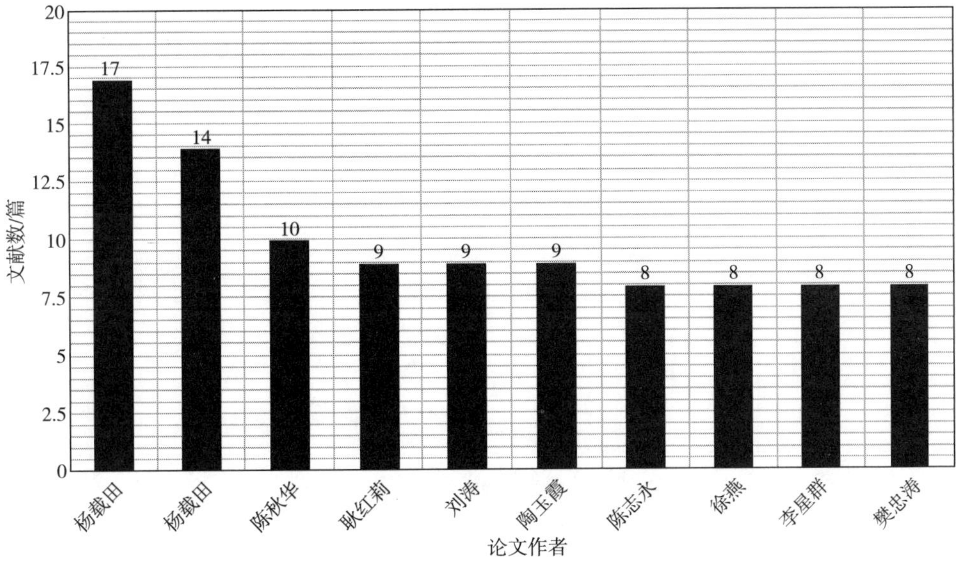

图 2-5 乡村旅游发表论文数量前十作者分布

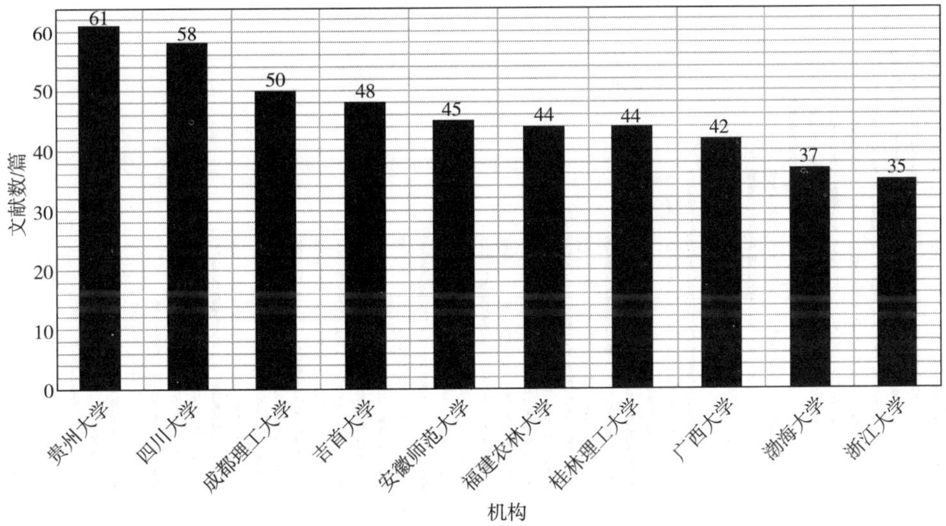

图 2-6 乡村旅游发表论文前十机构分布

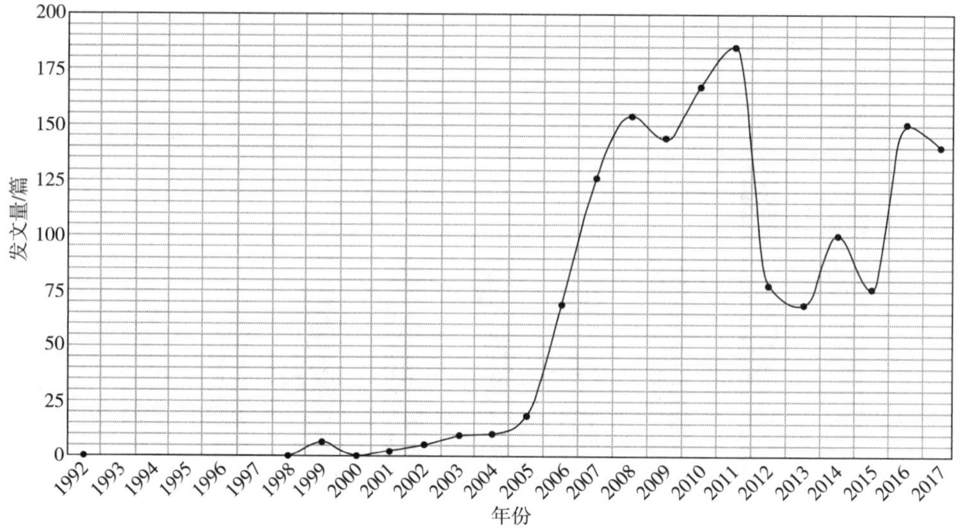

图 2-7　在核心期刊、CSSCI 中发表论文年度趋势

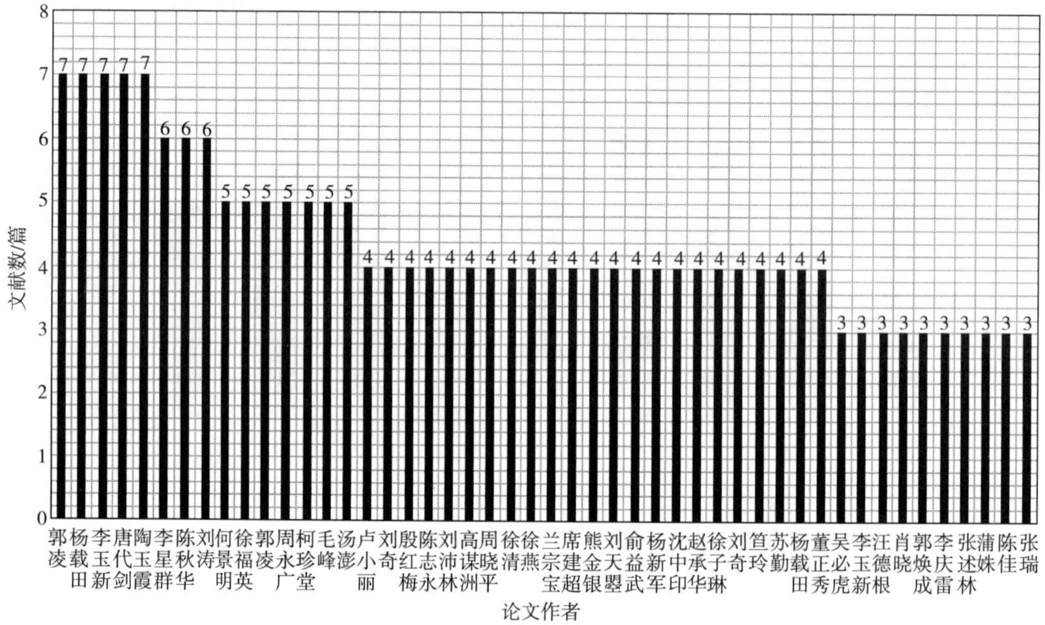

图 2-8　在核心期刊、CSSCI 中发表论文作者分布

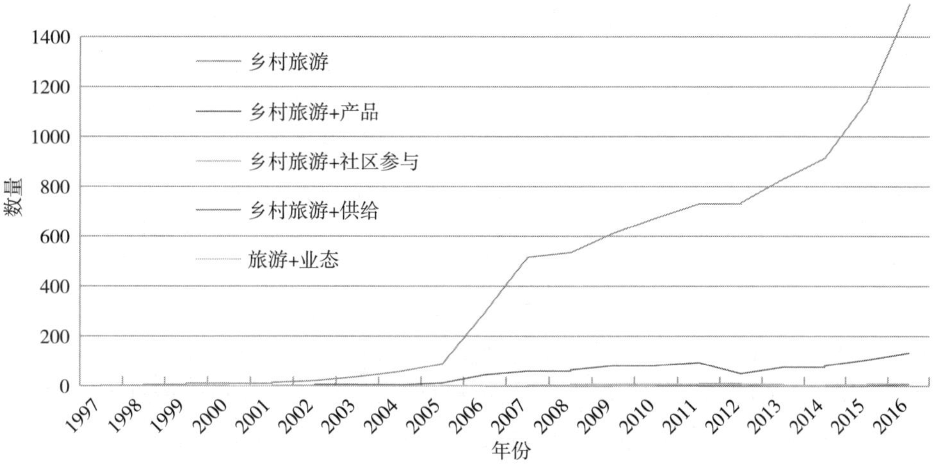

图 2-9 乡村旅游相关的学术关注度

三十多年来,有关乡村旅游的研究成果较多,供给方面的研究主要包括乡村旅游产品、规划设计、旅游市场建设、消费环境建设等方面。

2.1.1 乡村旅游产品及服务质量研究

学界就乡村旅游产品及服务质量展开多角度研究。一是学者围绕相关概念展开研究。学者对相关概念给予高度重视,使乡村旅游产品概念日益清晰完善。从不同角度给出定义,有基于旅游主体角度界定(张小平等①,2012;曾建明和肖洁②,2010),有从游客角度界定(王冰等③,2011;樊信友④,2010; 孙晓等⑤,2009;蔡碧凡和俞益武⑥,2009)。关于乡村旅游产品体系的研究相对较少,如王宏星和崔凤军⑦(2005)、金娜⑧(2008)、徐清⑨(2009)以及毛勇⑩(2009)等学者做出了有益的探索。二是关于产品类型方面的研究成果较多,众多学者从不同的角度不断丰富和完善乡村旅游产品的种类,并且紧密围绕游客和社会总体需求进行创新,从低碳环保角度开发产品,如邓芳⑪(2016);紧密依托体验经济时代的相关体验产

① 张小平,倪妮,罗永富. 乡村旅游产品的定位与开发——以重庆市武隆县为例[J]. 重庆科技学院学报(社会科学版),2012,21:100-102.

② 曾建明,肖洁. 略论我国乡村旅游产品开发的差异化战略——以农家乐为典型业态[J]. 改革与战略,2010,26(8):94-96.

③ 王冰,张红艳,杨载田,等. 县域乡村旅游产品及其开发探索[J]. 中小企业管理与科技,2011,5:87-88.

④ 樊信友. 重庆乡村旅游产品开发的 SWOT 分析及对策研究[J]. 安徽农业科学,2010. 38(18):9684-9686.

⑤ 孙晓,李永文,梁留科. 乡村旅游市场营销的产品策略[J]. 乐山师范学院学报,2009,24(3):91-94.

⑥ 蔡碧凡,俞益武. 乡村旅游产品的设计思路及应用[J]. 资源开发与市场,2009,25(3):269-271.

⑦ 王宏星,崔凤军. 我国乡村旅游产品体系及其影响研究[J]. 西藏大学学报,2005,21(1):81-90.

⑧ 金娜. 营销学视野中的乡村旅游产品体验化设计研究[J]. 农村经济与科技,2008,19(5):30.

⑨ 徐清. 乡村旅游产品谱系及开发模式研究[J]. 浙江林业科技,2009,29(2):69-70.

⑩ 毛勇. 乡村旅游产品体系与开发[J]. 中南民族大学学报(人文社会科学版),2009,29(2):142-145.

⑪ 邓芳. 低碳乡村旅游产品需求的经济学分析及实施路径[J]. 农业经济,2016,1:143-144.

品开发，如郑辽吉①（2013）、乔莎莎②（2013）；从深入挖掘文化内涵出发的产品设计，如王玉玲等③（2013）。三是关于乡村旅游产品体系开发研究，目前正处于开发和建设高潮时期，相关研究也备受关注，既有实证研究，也有理论探索，其中实证占主要部分，主要是结合具体案例展开探索开发的思路、技术和方法，从各个地区实践尝试，如刘云④（2014）、陈佳平⑤（2011）、李金梅⑥（2011）、黄翠鸾⑦（2011）、朱慧娟⑧（2011）、段圣奎和张丽⑨（2010）、张玉蓉⑩（2010）、徐子琳等⑪（2010）、马治鸾⑫（2008）、毛凤玲⑬（2007）、杨秋霞⑭（2016）等。四是主要集中在乡村旅游开发模式和质量研究方面，并对其进行了理论探索，如吕丽辉和李明辉⑮（2011）、万绪才⑯（2007）、王玉玲（2013）等。Ana María Campón-Cerroa 等（2016）认为形象、质量和目的地属性满意度是乡村旅游目的地忠诚的直接前因变量⑰；谷玉芬（2016）提出乡村旅游服务培训的四种主导形式，达到质量提升的目的。祁黄雄和谢钱（2011）基于模型测评乡村旅游服务质量。张捷等（2014）探讨乡村旅游规划的乡村性共性和多样性。

2.1.2 乡村旅游市场与供给动机研究

众多学者在前人实证研究基础上，主要从市场营销方面，提出乡村旅游具体营销策略及应用和动机探究。一是以谢彦君为首的学者研究了乡村旅游市场特征与策略。谢彦君（1999）较早探讨了乡村旅游开发的目标市场定位，以及农业旅游、乡村民俗旅游和农事旅

---

① 郑辽吉．乡村生态体验旅游开发研究[D]．长春：东北师范大学，2013.

② 乔莎莎．体验经济时代的山西乡村旅游产品提升研究[D]．太原：山西财经大学，2013.

③ 王玉玲，汪惠萍，桂凯．“三农”资源的旅游开发研究——基于乡村旅游产品视野[J]．中国农学通报，2013，4：208-212.

④ 刘云．北京真实性乡村旅游产品开发对经济的影响[J]．产业经济，2014，（31）：186-187.

⑤ 陈佳平．新农村建设背景下河南省乡村旅游产品开发策略研究[J]．农业考古，2011，3：31-33.

⑥ 李金梅．基于体验营销的乡村旅游产品设计——以新疆杜庄旅游度假村为例[J]．旅游经济研究，2011，3：160-161.

⑦ 黄翠鸾．少数民族乡村旅游 SWOT 分析与旅游产品开发构思——以广西融水苗族自治县为例[J]．安徽农业科学，2011，39（14）：8499-8502.

⑧ 朱慧娟．我国乡村旅游产品的开发研究[J]．旅游经济研究，2011，17：181-182.

⑨ 段圣奎，张丽．淮安乡村旅游产品体验化设计[J]．广东农业科学，2010，12：173-174.

⑩ 张玉蓉．统筹城乡背景下重庆乡村旅游发展的理性思考——基于乡村文化创意旅游产品的视角[J]．农业经济，2010，10：14-16.

⑪ 徐子琳，潘鸿雷，汤澍，等．以体验为导向的乡村旅游产品开发研究[J]．安徽农业科学，2010，38（31）：17781-17782.

⑫ 马治鸾．成都乡村旅游产品优化与升级新思路[J]．西南民族大学学报（人文社科版），2008，11（207）：203-207.

⑬ 毛凤玲．乡村旅游产品开发模式与深度开发研究——以宁夏回族自治区为例[J]．农村经济，2007，4：64-66.

⑭ 杨秋霞．利用供给侧改革思路指导乡村旅游经济发展——以江西省婺源县为例[J]．农业科技与信息，2016，13：10.

⑮ 吕丽辉，李明辉．基于体验经济视角的乡村旅游产品开发研究[J]．哈尔滨商业大学学报（社会科学版），2011，6：102-104.

⑯ 万绪才．基于客源市场的乡村旅游产品开发研究——兼论南京市江心洲乡村旅游产品开发的问题与对策[J]．东南大学学报（哲学社会科学版），2007，9（5）：56-59.

⑰ Ana María Campón-Cerroa，José Manuel Hernández-Mogollón，Helena Alves. Sustainable Improvement of Competitiveness in Rural Tourism Destinations：The Quest for Tourist Loyalty in Spain[J]. Journal of Destination Marketing & Management. 2016，（04）：1-15.

游策略问题[①];熊元斌和邹蓉(2001)提出不同类型乡村旅游产品的市场开发及具体营销策略;粟路军和王亮(2007)分析了城市周边乡村旅游市场的总体特征;钟洁和马艳霞(2010)深入分析乡村旅游市场开发优势,提出了乡村旅游市场深度开发对策[②];Duk-Byeong Park 和 Yoo-Shik Yoon(2009)采用因子聚类法,基于动机入手探讨乡村旅游促销策略[③]。还有学者基于文化营销的视角,探讨了乡村旅游市场拓展路径。二是围绕乡村旅游市场区分与创新为主题展开研究。Rosa María 和 Yague Perales(2002)运用实证研究和计量经济模型区分传统与现代乡村旅游者[④];余兵(2015)研究新媒体语境下乡村旅游产品营销方式创新[⑤];邢夫敏和丁会会(2012)以个案对乡村旅游客源市场基本特征及人均消费等情况进行分析。也有学者研究新媒体语境下乡村旅游产品营销方式创新。三是围绕乡村旅游动机为主题展开研究。邱萍和晏兰萍(2007)分析了乡村旅游市场产生动机的原因;文军和李星群(2008)从乡村旅游扶贫的视角探讨乡村旅游业主创业动机。也有学者针对不同对象的旅游认知、旅游偏好、参与意愿、参与动机、出游方式展开研究,如龙良富(2012)以工作动机为切入点,实证分析了妇女参与乡村旅游的心理特征对当地乡村旅游的升级与发展[⑥];林宗贤等(2013)提出对乡村旅游经营者动机理论化和系统研究的必要性,并对乡村旅游经营动机的性别差异做进一步的探讨[⑦]。有学者认为拉力动机在吸引游客方面起到关键作用[⑧],也有学者提出拉力动机显著影响旅游者对目的地的整体感知[⑨];张一等(2014)提出由乡村文化、农事活动、乡村环境和乡村娱乐四个维度构成乡村旅游拉力动机。韦欣仪等(2016)以扎根理论为研究工具,提出追求生存感知满意是乡村旅游从业者的根本动机[⑩]。林明水等(2017)认为乡土情结、政府政策引导与支持、宗族情感、土地及不动产是乡贤参与乡村旅游的主要动机因素,并提出参与的三种模式,即"出租土地、不动产和声誉""作为协调人""作为投资的主体"[⑪]。由此可以看出,对乡村旅游动机,尤其基于供给方的动机得到学者较多的关注。

---

① 谢彦君. 以旅游城市作为客源市场的乡村旅游开发[J]. 财经问题研究,1999,10(191):79-81.

② 钟洁,马艳霞. 基于游客调查的乡村旅游市场开发研究——以贵州省桃花江旅游区为例[J]. 经济问题探索,2010,03:173-177.

③ Duk-Byeong Park, Yoo-Shik Yoon. Segmentation by Motivation in Rural Tourism: A Korean Case Study[J]. Tourism Management, 2009(30):99-108.

④ Rosa María, Yague Perales. Rural Tourism In Spain[J]. Annals of Tourism Research, 2002, 29(4):1101-1110.

⑤ 余兵. 新媒体语境下乡村旅游产品营销方式创新[J]. 新闻战线,2015,4:58-59.

⑥ 龙良富. 经济发达地区农村妇女参与乡村旅游的动机研究——以中山市新伦村为例[J]. 旅游学刊,2012,02:37-42.

⑦ 林宗贤,吕文博,吴荣华,等. 乡村旅游创业动机的性别差异研究——以台湾为例[J]. 旅游学刊,2013,05:89-98.

⑧ Silkes C A. Farmers' Markets: A Case of Culinary Tourism[J]. Journal of Culinary Science & Technology, 2012:10(4):326-336.

⑨ Correia A, Patricia O D V. Why People Travel to Exotic Places[J]. International Journal of Culture, Tourism and Hospitality Research, 2007, 1(1):45-61.

⑩ 韦欣仪,毛道维,钟会荟. 基于扎根理论的乡村旅游从业妇女生存感知研究——以三都水族板告村为例[J]. 贵州社会科学,2016,01:158-162.

⑪ 林明水,王新歌,伍世代,等. 乡贤参与乡村旅游的机制研究——以福建省典型地为例[J]. 福建论坛(人文社会科学版),2017,01:176-182.

2.1.3 乡村旅游社区参与及利益相关者研究

有关乡村旅游社区参与及利益相关者的研究主要围绕以下三方面展开：一是乡村旅游社区参与及影响因素，如 Abby Liu(2006)探讨了在政策背景下，发展乡村旅游的突出问题和文化与民族差异制约农村社区参与旅游问题①；Emese Panyik 等(2011)从供给视角探讨政策与组织活动的成败得失，乡村旅游成功的关键因素取决于利益相关者共同规划和在地方层面实施营销战略的能力②；杜宗斌和苏勤(2011)通过个案，构建了乡村旅游的社区参与、居民旅游影响感知及社区归属感的模型，并对其关系进行探讨③；Vincentia Reni Vitasurya(2016)以社区参与为基础，通过测绘和访谈观察找出社区意识的驱动因素，构建社区参与保护模式④；S. Mostafa Rasoolimanesh 等(2017)基于 PLS-SEM(结构方程)方法研究和比较了居民社区参与旅游，对城市和农村的世界遗产地旅游发展支持感知的影响⑤。二是基于乡村旅游社区参与和社区增权的研究。如梁丽霞和蔡雨岑(2014)对乡村旅游社区参与和社区增权进行研究；郭文和黄震方(2011)分析了居民参与旅游发展权能认可效能、机理⑥；曹兴平(2012)从人类学和管理学等角度分析了文化乡村旅游产品规划和管理及社区文化资源管理，试图解决社区参与中社区本位的缺失问题⑦。三是围绕利益相关者探讨乡村旅游。如古红梅(2012)提出构建乡村旅游的利益分享机制；郭献进和叶小青(2015)基于民族视角探讨协同景区居民有效参与和利益共享；张耀一(2017)提出优化乡村旅游利益分配机制的策略⑧；卢小丽等(2017)构建了乡村旅游利益相关者利益位阶表，对利益相关者的利益位阶进行测度，并对乡村旅游利益关系进行平衡分析⑨。

2.1.4 乡村旅游环境建设与可持续研究

乡村旅游环境建设与可持续的研究主要集中在以下两方面：一是从新型城镇化、村落保护等视角分析乡村旅游建设，尤其是城镇化进程加快带来的发展机遇。黄震方等(2015)

---

① Abby Liu. Tourism in Rural Areas: Kedah, Malaysia[J]. Tourism Management, 2006, 27(5): 878-889.

② Emese Panyik, Carlos Costa, Tamara Rátz. Implementing Integrated Rural Tourism: An Event-based Approach[J]. Tourism Management, 2011(32): 1352-1363.

③ 杜宗斌，苏勤．乡村旅游的社区参与、居民旅游影响感知与社区归属感的关系研究——以浙江安吉乡村旅游地为例[J]．旅游学刊，2011，11：65-70.

④ Vincentia Reni Vitasurya. Local Wisdom for Sustainable Development of Rural Tourism, Case on Kalibiru and Lopati Village, Province of Daerah Istimewa Yogyakarta[J]. Procedia Social and Behavioral Sciences, 2016(216): 97-108.

⑤ S. Mostafa Rasoolimanesh, Christian M. Ringle, Mastura Jaafar, et al. Urban vs. Rural Destinations: Residents' Perceptions, Community Participation and Support for Tourism Development[J]. Tourism Management, 2017(60): 147-158.

⑥ 郭文，黄震方．乡村旅游开发背景下社区权能发展研究——基于对云南傣族园和雨崩社区两种典型案例的调查[J]．旅游学刊，2011，12：83-92.

⑦ 曹兴平．文化绘图：文化乡村旅游社区参与及实践的新途径[J]．旅游学刊，2012，12：67-73.

⑧ 张耀一．乡村旅游社区参与开发模式与利益分配机制研究[J]．旅游学刊，2017，3：65-66.

⑨ 卢小丽，毛雅楠，淦晶晶．乡村旅游利益相关者利益位阶测度及平衡分析[J]．资源开发与市场，2017，09：1134-1137.

围绕新型城镇化对乡村旅游的影响与互动机制、模式、解决路径展开研究①；张成渝（2011），蔡碧凡和陶卓民（2013），吴必虎（2016）等学者则从村落环境建设对乡村旅游的推进予以关注；罗文斌等（2017）基于乡村旅游开发的组织机制的视角，运用结构方程模型，探讨女性村官参与乡村旅游开发行为意向的影响②。二是基于竞争力、恢复力、理念等视角探究乡村旅游可持续发展。马勇等（2007）指出乡村旅游发展路径，总结出四大乡村旅游发展模式③；Daniloska 和 Katerina（2015）提出市场对旅游新业态的需求，并分析了乡村旅游与农村可持续发展的关系④；AnaMaría Campón-Cerro 和 José Manuel Hernάndez-Mogollón（2016）基于 PLS 方法探讨旅游市场、可持续发展、目的地忠诚度，提升乡村旅游目的地持续发展竞争力；Ahmad Fitri Amir 等（2015）运用实地考察及文献研究手段，研究乡村旅游的弹性恢复力和可持续发展问题⑤；M. Victoria Sanagustín Fons 等（2011）对区域乡村旅游进行 SWOT 分析，提出可持续发展理论框架⑥；Zahed Ghaderia 和 Joan C. Henderson（2012）提出通过改革，挖掘社区参与的潜力，实现可持续的乡村旅游⑦；谢彦君（2017）提出借鉴"姆庇之家"理念打造乡村旅游景观的技术路线，重塑乡村旅游可持续发展新理念⑧。

2.1.5 乡村旅游研究述评

学界从社区保护理论、利益相关者理论、乡村建筑与景观保护、旅游开发、动机心理学、人类学、可持续发展等多个视角对乡村旅游进行了探索研究。研究内容涉及国际经验和成果借鉴，包括乡村旅游产品及服务质量、规划设计、旅游市场建设、消费环境建设、社区参与及利益相关者、可持续发展路径、开发模式、乡村文化传承、体系构建、影响与模式等方面。也有一些学者基于产业融合视角探讨了乡村旅游模式、路径等，但乡村旅游与其他产业如何融合？融合的机制是什么？融合过程中又是如何产生新业态？其机理是什么？对于此类问题的关注仍然不够。

---

① 黄震方，陆林，苏勤，等．新型城镇化背景下的乡村旅游发展——理论反思与困境突破[J]．地理研究，2015，8：1409-1421.

② 罗文斌，钟诚，Dallen J. TIMOTHY，等．乡村旅游开发中女性村官参与行为影响机理研究——以湖南省女性村官为例[J]．旅游学刊，2017，01：54-63.

③ 马勇，赵蕾，宋鸿，等．中国乡村旅游发展路径及模式——以成都乡村旅游发展模式为例[J]．经济地理，2007，02：336-339.

④ Daniloska，Katerina. Rural Tourism and Sustainable Rural Development[J]. Economic Development / Ekonomiski Razvoj. 2015，17(3)：307-319.

⑤ Ahmad Fitri Amir，Ammar Abd Ghapar，Salamiah A. Jamal，et al. Sustainable Tourism Development：A Study on Community Resilience for Rural Tourism in Malaysia[J]. Procedia Social and Behavioral Sciences，2015(168)：116-122.

⑥ M. Victoria Sanagustín Fons，José A. Moseñe Fierro，María Gómez Y. Patiño. Rural Tourism：A Sustainable Alternative[J].Applied Energy，2011(88)：551-557.

⑦ Zahed Ghaderia，Joan C. Henderson. Sustainable Rural Tourism in Iran：A Perspective from Hawraman Village[J]. Tourism Management Perspectives，2012(2-3)：47-54.

⑧ 谢彦君．呵护"姆庇之家"，重塑乡村旅游可持续发展新理念[J]．旅游学刊，2017，32(1)：8-10.

2.2 旅游业态研究

研究旅游业态需要先理解业态的基本概念，其观点存在一定差异（表 2-1）。随着研究的深入，“业态”概念被引入旅游业中，主要探讨旅游业态内涵、创新机制、创新方式和路径等方面。乡村旅游业态学术关注度如图 2-10 所示。

表 2-1 国内外学者对业态的定义①

学者	观点
斯坦顿(Stanton W. J.)(1978)	业态包括的类型有：店铺规模；商品组合；所有制形式；销售形式
铃木安昭(1980)	业态是指零售经营者关于具体零售经营场所——店铺的经营战略的总和
科特勒(Kotler P.)(1980)	业态的类型有：商品组合；价格诉求；卖场特点；店铺管理形式；店铺集合形式
日本零售商业协会(1982)	业态是与消费者的购买习惯变化相适应的零售经营者的经营形态
向山雅夫(1986)	业态是指具有相同经营方式和相同经营技术、方法的零售商业机构的集合
陈晓辉(2000)	业态是根据经营重点进行划分的商业种类；具有相同经营方式、相同经营技术和方法的零售商业机构的集合
萧桂森(2004)	业态是指针对特定消费者的特定需求，按照一定的战略目标，有选择地运用商品经营结构、店铺位置、店铺规模、店铺形态、价格政策、销售方式、销售服务等经营手段，提供销售和服务的类型化服务形态
徐淳厚(1999)、李程骅(2004)、李飞(2006)、魏莱(2008)	业态指商业设施的经营形式、经营形态、销售方式等

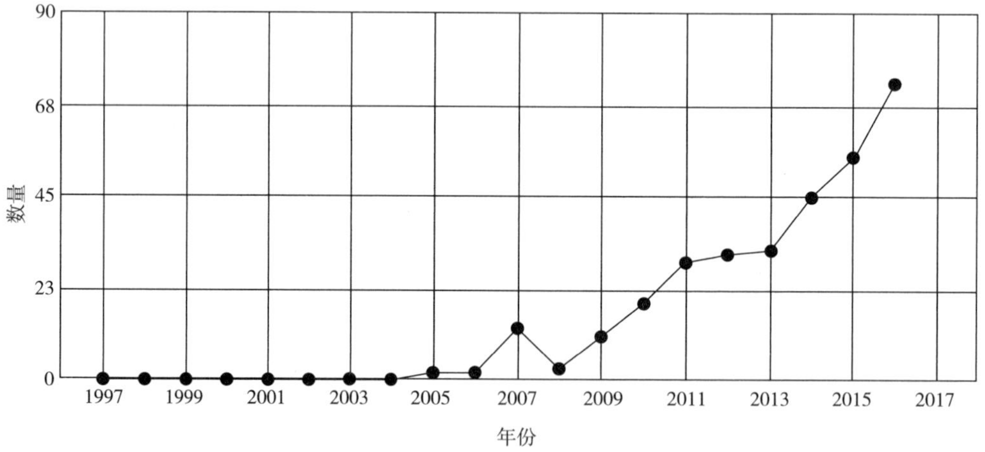

图 2-10 乡村旅游业态学术关注度

① 陈雪钧，郑向敏．饭店业态创新模式研究[J]．商业经济，2013，19：23-25.

2.2.1 旅游业态内涵

"业态"源自零售业，Gustav Visser(1999)较早研究旅游业态，Maria 和 Gheţe Ana(2016)对旅游业态进行了梳理①。学者极少提及"乡村旅游业态"，主要关注的是旅游业态的内涵研究，如邹再进(2007)；曾博伟(2009)；张文建(2010)；杨玲玲和魏小安(2009)；李鹏(2012)；刘传喜和唐代剑(2015)，相关观点主要有三种：邹再进(2007)的要素综合说、杨玲玲和魏小安(2009)的经营形态说、施紫姣(2011)的范畴差异说。邹再进(2007)认为旅游业态是一个复合性、动态性和特色性的概念，是一种对旅游行(企)业的组织形式、经营方式、经营特色和经济效率等的综合描述，包含业种、业状和业势②。李太光等(2009)认为旅游业态是一个综合动态概念，涵盖旅游业要素构成、产业范围、组织形态和运行模式等众多方面③。杨玲玲和魏小安(2009)对旅游业态的概念进行归纳，认为旅游企业及相关部门根据旅游市场趋势、游客的多元化需求，通过设计特有的结构类型、组织形式、经营方式、盈利模式来提供特色的旅游产品和服务的各种营业形态的总和④。张文建(2010)提出旅游业态是以旅游者需求为导向的相似或相关经营形态的总和。李鹏等(2012)从三个层次对旅游业态的概念进行总结，一是适合性概念——旅游业态是"为了销售自身的产品所采取的合适的旅游经营形态"；二是整合性概念——旅游业态是"旅游经营形态与旅游产品的耦合"，经营形态中的经营模式、盈利模式和管理模式可以影响旅游产品的形式，不同的旅游产品需要不同的经营形态来保证其顺利销售；三是集合性概念——旅游业态是拥有相同的经营形态(经营方式、经营技术和经营方法)与旅游产品的企业集合，如携程旅行网与传统旅行社都能提供机票销售服务产品，但其采用的经营方式、经营技术是不同的，分属于两种业态⑤。刘传喜和唐代剑(2015)对浙江德清地区外籍人士投资经营的洋家乐旅游新业态的界定，认为洋家乐的实质经营形式以在华跨国移民直接投资为主，以低碳环保为主要经营理念，以中外文化融合为主要经营内容，以用于满足休闲度假游为主要产品⑥。根据规模经营内容又可分为不同的具体形式，如民宿、度假村、庄园、俱乐部、休闲餐饮等。

学者其次关注的是旅游业态创新及影响。旅游业态创新包含当前旅游产业行业构成、经营方式、组织方式以及未来产业、行业构成的变化及经营方式的革新。邹再进(2007)对旅游业态的认识相对广泛，将业态创新看作是旅游业全方位的综合层面创新，包括旅游企业的组织方式、经营方式、经营特色和经济效率等各个方面。曾博伟和唐美波(2009)认为旅游业态实质是旅游业如何经营的问题，旅游业态的创新则是指旅游对象拓展变动，组织游客的方式、旅游六要素的新发展和新变化、旅游配套服务的发展、旅游延伸及集聚发展态

---

① Maria, Gheţe Ana. Classification of Various Forms of Tourism[J]. Annals of the University of Oradea, Economic Science Series. 2016,25(2):313-319.

② 邹再进．旅游业态发展趋势探讨[J]．商业研究，2007，12：156-160.

③ 李太光，于曰美，江珊．国内外新型旅游业态的发展动态[N]．中国旅游报，2009-2-27(6).

④ 杨玲玲，魏小安．旅游新业态的"新"意探讨[J]．资源与产业，2009，6：135-138.

⑤ 李鹏，李柏文，田里．双层嵌套多元旅游业态概念模型初步研究[J]．旅游学刊，2012，4(27)：64-70.

⑥ 刘传喜，唐代剑．乡村旅游新业态的族裔经济现象及其形成机理——以浙江德清地区为例[J]．经济地理，2015，11：190-197.

势等都对旅游新业态的产生和发展起巨大推动作用。基本形态包括:旅游业服务新形态、旅游要素新形态、旅游要素组合新形态、旅游业的配套新形态、延伸新形态和聚集新形态等创新①。张文建(2010)提出旅游业态就是以旅游者需求为导向的相似或相关经营形态的总和。旅游业态的三个基本构成要素主要包括经营模式、盈利模式、管理模式,三者共同决定了旅游业的运营能力和发展方向②。因此旅游业态创新的重点就是各类模式的创新。宋增文(2013)对北京乡村旅游新业态发展进行实证研究,提出新业态是新型经营形态,包括新型旅游产品和服务形态,北京乡村旅游呈现越来越丰富的业态,如乡村酒店、国际驿站、采摘梨园、生态渔家、山水人家、养生山吧、民族风苑等8种新业态③。袁中许(2013)提出乡村旅游业与大农业耦合是新业态发展的趋势,所谓大农业包含丰富异质性农业、地理与文化资源等④。Aimagambetov 等(2016)基于本国情况,提出旅游多业态综合体的建议⑤。Cornelia Elena (2008)基于地理学视角分析了旅游业态类型。Bafaluy 等(2014)以个案探讨气候对旅游业态经营的影响⑥。Jose Ramon Cardona(2014)从居民态度探讨旅游业态⑦。Kim 等(2017)基于实证研究探讨了旅游业态对旅游危机感知的差异⑧。

总之,不同的学者对“旅游业态”有不同的理解,但关键是对旅游业态范畴的界定,旅游业态是旅游产业的表现形式,狭义的旅游业态专指旅游企业或企业集团的经营形态,比如旅游专卖店、旅游超市等,重在描述旅游企业的商业模式;广义的旅游业态既有狭义的内涵,还包括旅游业的结构类型和组织形态,在产业层面上表现为众多的业种和诸多的业状,是各种经营形态的总和,也是对旅游行(企)业的经营内容(即旅游产品)、组织形式、经营方式(经营方法、技术)、经营特色和经济效率等的一种综合描述,是一个动态变化的、复合的、以特色为基础的概念。旅游业态这个概念本身就包含着创新的理念和思想。旅游业态创新包括多个层次的内容:通过整合旅游各行业内部的资源,创新和完善旅游产品价值;加强旅行社、交通、酒店、会展等旅游行业之间的交叉渗透,开拓新的业务和市场;加强旅游业与信息、网络、金融、创意等现代服务业的融合,提高资本运转和技术应用能力。

2.2.2 旅游业态创新机制相关研究

所谓的机制是指系统内各个组成要素之间相互联系、作用和调节的过程和方式,良好

---

① 曾博伟,唐美波. 旅游业态辨析[N]. 中国旅游报,2009-9-2(11).

② 张文建. 当代旅游业态理论及创新问题探析[J]. 商业经济与管理,2010,4:91-96.

③ 宋增文. 乡村旅游新业态发展机制研究——以北京市为例[J]. 中国农学通报,2013,29(26):217-220.

④ 袁中许. 乡村旅游业与大农业耦合的动力效应及发展趋向[J]. 旅游学刊,2013,5 (28):80-88.

⑤ Aimagambetov,Grela, Manuel F,et al. Ways of Improving the Efficiency of the Organization of Business Activity in Tourism on the Basis of Cluster Development of the Territory[J]. International Journal of Economic Perspectives. 2016,10(3):159-165.

⑥ Bafaluy D,Amengual A,Romero R,et al. Present and Future Climate Resources for Various Types of Tourism in the Bay of Palma, Spain[J]. Regional Environmental Change,2014(05):1995-2006.

⑦ Jose Ramon Cardona. Types of Tourism and Residents' Attitudes: the Case of Lbiza[J]. Revista Brasileira de Pesquisa em Turismo,2014(1):3-22.

⑧ Kim, Moon-Chan,Oh,Sang-Hoon,Lee,Mi-Jin. A Comparative Study on the Perceptive Difference of the Tourism Crisis among Various Types of Tourism Business: Focused on 2015 MERS Case[J]. Journal of Tourism and Leisure Research. 2017,09:271-287.

的机制有利于系统在外部条件发展不确定变化时迅速做出反应,调整原定的策略和措施,实现优化目标。乡村旅游业态创新的关键是建立良好的机制,不少学者引入分析工具和理论展开相关研究,肖建勇和郑向敏(2012)借助“模块化”分析工具,将旅游产业融合的形成机理概括为原始形态(垂直封闭性一体化产业系统)的模块化分解(横向开放性产业系统)和融合形态(跨产业或跨行业)的模块化整合两个阶段,以及原始形态、分解形态和融合形态三种形态①。袁中许(2013)探讨了乡村旅游业与大农业耦合的动力机制,认为随着农业和旅游业耦合的形式不断变化、延伸和发展,耦合的内容也从最初的产品层面扩展到技术、资本、信息和市场等多个方面②。投资是耦合发展的重要推动力,也是决定最终耦合效应的重要因素。由于市场供求关系模糊,在早期,农户自发形成参与耦合成为主要投资主体。随着市场需求变化,与此相关利益的众多机构主动参与耦合产业的产品研发、资本运营、项目建设、经营管理等诸多领域,投资主体逐步由单纯依靠农户向多样化组织转变,呈现出投资主体多元化、融资渠道社会化的良好态势。严伟(2014)从演化经济学的视角探讨了旅游产业融合的遗传机制、创生机制、选择机制,认为业态创新动力使现有竞争力缺乏,导致对原有惯例的打破,通过新奇的创造来研究和开发以前没有的技术和惯例,基于市场对变异的结果进行筛选,最终确立融合新产品并在整个系统进行扩散③。

刘传喜和唐代剑(2015)对浙江德清地区外籍人士投资经营的洋家乐旅游新业态进行研究,分析了洋家乐族裔经济的经济业态、规模和空间分布、社会网络、运作模式以及形成机理④。洋家乐的形成主要是受到外力和内力的共同作用,族裔社会资本的进入是洋家乐形成的内部核心,城市环境问题是推力,乡村自然生态环境和旅游市场结构中的机会是拉力,族裔社会资本、区位交通、当地政策与社会文化等是其形成条件。

2.2.3 旅游业态创新方式和路径方面相关研究

a. 通过产业融合方式实现业态创新。杨颖(2008)认为新的业态形式本质上是一种产业边界扩融的结果。伴随着市场细分和专业化供给的飞速发展,传统工业经济时代的生产分工的产业边界逐步模糊或消融,原有的产业边界会由于自生的拟合式融合而发展成新的业态形式⑤。业态创新的内在驱动力在于旅游产业系统的关联性和追求效用最大化的动力,而市场需求、竞争合作、技术创新、制度保障则共同构成外在驱动力。影响业态创新的供给方面的因素主要表现为宏观层面的管理制度与微观层面的企业能力,需求方面的因素主要包括消费市场的接受和消费者的认同。从政府规制视角来看,需提升新业态的政策规制要求,增强政策保障体系。创建新业态发展的投资融资机制,加大旅游创新企业和旅游新业态项目的资本授信支持,增强各类信用担保机构的担保力度。李太光等(2009)认为旅游业态形成机理主要有三种,第一种是涉及旅游六大要素各方面的衍生业态;第二种是产

① 肖建勇,郑向敏. 旅游产业融合:动因、机理与效应[J]. 商业研究,2012,01(417):172-174.

② 袁中许. 乡村旅游业与大农业耦合的动力效应及发展趋向[J]. 旅游学刊,2013,28(5):80-88.

③ 严伟. 演化经济学视角下的旅游产业融合机理研究[J]. 社会科学家,2014,10(210):97-101.

④ 刘传喜,唐代剑. 乡村旅游新业态的族裔经济现象及其形成机理——以浙江德清地区为例[J]. 经济地理,2015,11:190-197.

⑤ 杨颖. 产业融合:旅游业发展趋势的新视角[J]. 旅游科学,2008,4:6-10.

业内部各行业之间的交叉渗透形成的业态，如与商业活动结合的商务旅游业、与会展结合的会展旅游业、与高端休闲结合的高尔夫旅游业、与教育结合的修学旅游业、与保健结合的医疗旅游业等；第三种是与其他产业融合而产生的新业态，如与农业融合的乡村旅游业、与林业嫁接的森林旅游业、海洋经济新增长点的滨海旅游等①。麻学峰等（2010）指出，旅游产业融合是旅游产业快速发展的新型业态，当前各产业与旅游产业的融合主要通过资源融合、技术融合、市场融合和功能融合四条路径②。刘传喜和唐代剑（2015）提出旅游企业数量大，旅游产品种类多，各个旅游企业的经营形态存在很大的差别③。各种企业经营形态和大量的旅游产品种类交织在一起，形成了各种不同的组合形式，造成嵌套体耦合方式的多样性。同时，对于不同旅游业态而言，经营形态内层与旅游产品外层耦合程度不一致。耦合方式的多样与耦合程度的不一致，造成嵌套方式极为复杂，旅游业态形式也丰富多样。李天芳（2016）探讨基于产业耦合生态农业与生态旅游业协调发展方式，由自然资源子系统，人口（劳动力供给）子系统，市场子系统，环境子系统（主要包括污染物的监测、计算、分析、预测与控制），政府监管和制度子系统等构成，各个子系统健全是协调发展的基础。但目前，新业态发展还存在很多问题，如产业耦合层次整体偏低；产业耦合机制不健全；产业耦合人才匮乏等④。李晓琴（2016）认为基于“产业融合”理论的低碳旅游业态创新路径是通过与一二三产业融合实现的⑤。

b. 通过产业集群自行组织、自行创生、自行演化实现业态创新。Tremblay（1998）认为旅游集群结构强弱对合作创新的效果有直接影响，强联系且密集的集群将提高知识转移和隐性知识的交流效率，而弱联系的集群则更具灵活性和动态性，利于一般性信息的流入，促进社会主流创新⑥。Novelli 等（2006）通过实证分析，研究产业集群是如何影响旅游企业业态的创新⑦。Nordin（2006）认为，业态创新的核心因素是人力资源，并体现在人的能力、知识、人际交往等，相互之间的交互作用是建立在旅游产业集群的基础上，营造创新氛围有利于促进集群创新和产业升级⑧。Jackson 和 Murphy（2006）认为旅游产业集群理论是经济学理论与地理学理论的结合，在政府集群政策的激励下，不同类型的旅游企业在一个区域运行，为了满足旅游者的需求，也提升了旅游目的地的吸引力及发展水平⑨。Shaw 和 Williams（2009）认为由于空间的临近性和共同的产业文化背景以及集群内企业之间形成机制，旅游

---

① 李太光，于曰美，江珊．国内外新型旅游业态的发展动态[N]．中国旅游报，2009-2-27(6)．

② 麻学锋，张世兵，龙茂兴．旅游产业融合路径分析[J]．经济地理，2010，4：150-154.

③ 刘传喜，唐代剑．乡村旅游新业态的族裔经济现象及其形成机理——以浙江德清地区为例[J]．经济地理，2015，11：190-197.

④ 李天芳．基于产业耦合理论的我国生态农业与生态旅游业协调发展研究[J]．理论探讨，2016，3：79-82.

⑤ 李晓琴．基于“产业融合”理论的低碳旅游业态创新路径研究[J]．西南民族大学学报（人文社科版），2016，10：126-130.

⑥ Tremblay P. The Economic Organization of Tourism[J]. Annals of Tourism Research，1998，25(4)：837-859.

⑦ Novelli M，Schmitz B，Spencer T. Networks，Clusters and Innovation in Tourism：A UK Experience[J]. Tourism Management，2006. 27：1141-1152.

⑧ Sara Nordin. Tourism Clustering & Innovation-Paths to Economic Growth & Development [EB/OL]. http://www.etour.se，2006-12-21.

⑨ Jackson J，Murphy P. Clusters in Regional Tourism：An Australian Case[J]. Annals of Tourism Research，2006，33(4)：1018-1035.

产业集群不仅促使了显性知识的传播与扩散,也促使了隐性知识在旅游集群内部的传播与扩散①。卞显红(2011)以杭州国际旅游综合体为例阐述了旅游产业集群自组织创新条件、过程及机制②。张玲和邬永强(2013)以广州会展旅游产业集群发展为例,探讨基于 CAS 理论的旅游产业集群自组织演化动力机制,认为旅游业态创新是由于集群内部主体之间、主体与环境之间不断地相互作用,共同推动产业集群由简单到复杂、由低级向高级组织形式的演化③。

c. 大型企业或龙头企业引领业态创新。曾艳芳(2014)认为旅游企业是产业演化的微观主体,旅游企业,特别是大型企业集团是旅游业态创新的主体。旅游业态创新是旅游企业(特别是大型旅游企业集团)通过市场创新、技术创新、生产经营方式创新、组织管理创新、供应流通渠道创新、制度创新等方式实现的,在垄断型市场结构中,大型企业的垄断力量强,更有利于旅游业态的创新④。

d. 通过需求驱动引领。马健(2002)指出,产业融合以技术融合、业务融合和市场融合为前提,通过渗透、交叉或重组方式最终形成新的产业形态⑤。郭旸和沈涵(2011)认为旅游新业态的体系构建是基于生态内生化业态创新,所谓生态内生化实质是可持续的增长方式与经营模式⑥。在旅游业态发展过程中,产品创新意识和专业品牌意识是两个重要的实现因素,消费能力的上升以及旅游需求的转向是旅游新业态的产生与成长的经济基石和路径依据。陈梓楠(2014)探讨了市场格局变化下的旅游业态转型与创新,主要应从管理模式和产品上进行创新⑦。丁志明(2014)认为应基于市场需求进行旅游业态创新,粗放型向集约型转变,规模扩张向规模扩张与效益提升并重转变,单一经济功能向综合功能转变,这三大转变是实现我国旅游产业转型升级战略的必由之路⑧。杨玲(2014)将"旅游业态"定义为旅游组织根据不同的消费需求对相关要素进行整合,从而形成的不同旅游产品、经营方式和组织形式所呈现的不同形态⑨。其研究认为现代旅游业的业态多样化演进动力机制、外部环境的改善是旅游新业态产生的前提条件,日趋激烈的市场竞争是外在驱动力,旅游企业生产经营方式的创新是业态演进的内在驱动力。

2.2.4 旅游业态研究述评

值得注意的是,目前学者对于旅游业态创新的研究颇为少见,且围绕的多是产业融合机理(肖建勇和郑向敏,2012;袁中许,2013)和创新方式(Tremblay,1998;Jackson 和 Murphy,

① Gareth Shaw,Allan Williams. Knowledge Transfer and Management in Tourism Organizations: An Emerging Research Agenda[J]. Tourism Management,2009(30): 325-335.

② 卞显红. 基于自组织理论的旅游产业集群演化阶段与机制研究——以杭州国际旅游综合体为例[J]. 经济地理,2011,2(2):327-332.

③ 张玲,邬永强. 基于CAS 理论的旅游产业集群动力机制研究——以广州会展旅游产业集群为例[J]. 经济地理,2013,8(8):171-176.

④ 曾艳芳. 中美旅游产业组织演化与创新比较研究[D]. 福州:福建师范大学,2014:85.

⑤ 马健. 产业融合理论述评[J]. 经济学动态,2002,43(5):78-81.

⑥ 郭旸,沈涵. 基于生态内生化的旅游新业态的体系构建与规制研究[J]. 生态经济,2011,4(237):120-129.

⑦ 陈梓楠. 市场格局变化下的旅游业态转型与创新探究[J]. 西昌学院学报(社会科学版),2014,6:81-83.

⑧ 丁志明. 基于市场需求的旅游业态创新研究[J]. 吉林工程技术师范学院学报,2014,5:28-29.

⑨ 杨玲. 现代旅游业的业态多样化及其演进动力[J]. 新经济,2014,8:46.

2006;郭旸和沈涵,2011)两个方面。

总之,关于旅游业态创新机制的研究主要从演化经济学视角、产业耦合系统演化视角进行解释;业态创新的方式及路径主要集中在产业融合带动、产业集群自组织演化、大型企业带动、需求驱动引领等方面。国内外学者围绕旅游业态已开展了大量的研究,积累了较为丰富的研究成果,但目前仍未建立科学的旅游业态创新理论和可行的实践方案,诸多理论和实践问题仍存在不同的观点和学术争论。国内外鲜有学者直接提出"乡村旅游业态"概念,对乡村旅游业态的相关论述散见于旅游业态和新业态研究中。关于旅游业态创新的研究颇为少见,对于乡村旅游业态创新的关注少之又少,乡村旅游作为旅游业态体系中重要的组成部分,该如何进行创新,创新机理和路径是否不同于其他旅游业态,乡村文化旅游业态及体系构建等问题,仍需进一步深入。这也将作为本书研究的重点。

2.3 供给侧改革相关研究

供给理论源于19世纪"萨伊定律",认为需求会自动适应供给的变化。2015年党中央结合需求和供给这两个方面,提出了"供给侧结构性改革",阐明促进经济增长的整体思路:"在适度扩大总需求的同时,着力加强供给侧结构性改革。着力提高供给体系质量和效率,增强经济持续增长动力"。自此,学界对供给侧结构性改革的战略部署做出了积极响应,相关研究主要从以下几方面展开。

2.3.1 供给侧结构性改革思路的辨析与论证研究

学界在经济发展新常态的现实背景下,一是结合当前中国经济增长和经济社会发展的客观实际进行研究。最早主张中国应该进行供给侧管理的学者是张五常,于2008年提出:"鼓励内供远胜鼓励内需"。文建东、宋斌、吴群、侯祥鹏等一批学者,先后分别提出供给侧结构性改革命题的必要性和重大战略意义。一些学者试图从经济增长理论(Harck 等 1981;刘霞辉,2013;李文军,2016)、交易成本理论(徐林,2015)、制度经济学理论(滕泰,2015;沈建光,2015)和发展经济学理论(Hermann 和 Frankfurt,1983;吴敬琏等,2016)等多方面为供给侧改革提供必要的理论支撑和依据,成果丰富。刘霞辉(2013)从中国宏观经济背景、趋势、供给管理政策及国外经验等方面分析供给侧的内涵及宏观经济管理问题①。贾康(2015)提出"十三五"期间要重视三大国情约束条件和面临的形势,基于供给视角提出促进经济增长的措施②。李稻葵(2015)指出进行供给侧改革的必要性,并对供给侧改革可能包括哪些方面做出回答③。邓磊和杜爽(2015)提出供给侧改革是必然选择,是经济发展新引擎,推进供给侧改革的重点须从统筹安排、审时度势、有序进行、要素结构、供给者结构、产

---

① 刘霞辉. 供给侧的宏观经济管理——中国视角[J]. 经济学动态,2013,10:9-19.

② 贾康."十三五"时期的供给侧改革[J]. 国家行政学院学报,2015,06:12-21.

③ 李稻葵. 关于供给侧结构性改革[J]. 理论视野,2015,12:16-19.

业结构等方面着手①。

二是基于不同视角为供给侧结构性改革提供理论依据。从演化增长理论的视角探讨供给侧演化、需求侧演化及其共同演化等。贾康和苏京春(2016)从历史视角梳理了“供给侧”经济学派发展中呈现的两轮“否定之否定”规律,并对“供给侧”学派的评价、相关的学理启示及展望等做了深入的探讨②。洪银兴(2016)③、胡鞍钢等(2016)从科学的角度,清楚阐释供给侧结构性改革的科学内涵和政策外延,并提出具体措施④。冯志峰(2016)则对供给侧结构性改革的理论逻辑与实践路径展开研究。“乡村旅游+供给侧”学术关注度如图 2-11 所示。

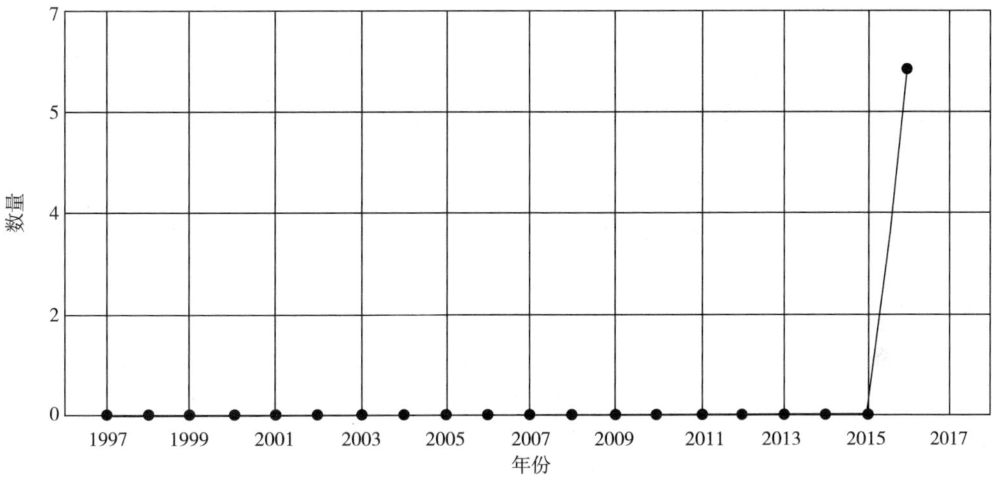

图 2-11 “乡村旅游+供给侧”学术关注度

2.3.2 供给侧结构性改革手段及路径研究

a. 对供给侧结构性改革的整体框架做了精深研究,分析供给侧结构性改革的原则、要点、政策手段等,对创新与体制改革在供给侧结构性改革中的重要性做了深入探讨。黄群慧(2016)梳理出了供给侧结构性改革的概念逻辑和分析框架,并基于经济结构视角,从企业、产业和区域三个层面来分析供给侧结构性改革问题,实现理论性、系统性和现实指导性的统一⑤。

b. 基于供给侧改革的内容及要素研究。主要从供给质量(赵丽君和吴福象,2016;张银银,2016;杜晓荣等,2016)、供给结构(厉以宁,2015;魏杰和杨林,2016)、供给效率(Wina Graus 等,2011;Francisco Javier,2014)、生产率(Francisco Javier De Miguel 等,2014)、政策

---

① 邓磊,杜爽 . 我国供给侧结构性改革:新动力与新挑战[J]. 价格理论与实践,2015,12:18-20.

② 贾康,苏京春 . “供给侧”学派溯源与规律初识[J]. 全球化,2016(02):30-54+132-133.

③ 洪银兴 . 准确认识供给侧结构性改革的目标和任务[J]. 中国工业经济,2016,06:14-21.

④ 胡鞍钢,周绍杰,任皓 . 供给侧结构性改革——适应和引领中国经济新常态[J]. 清华大学学报(哲学社会科学版),2016,02:17-22+195.

⑤ 黄群慧 . 论中国工业的供给侧结构性改革[J]. 中国工业经济,2016,09:5-23.

(James J. Heckman,2003;Hans-Werner Sinn,2008)、金融(Ignacio Hernando 和 Ernesto Villanueva,2014;Ludwig Van Den Hauwe,2000)、税收(Dwight R. Lee,1981)、劳动力(Stephan Humpert 和 Christian Pfeifer,2013)等方面展开探讨。

c. 对具体产业和众多区域如何推进供给侧结构性改革做了深入细致的分析,研究总结了各产业、各地区的供给侧现状,并提出供给侧结构性改革的具体举措。孔祥智(2016)从土地制度、农业结构、粮食体制等角度探讨农业供给侧结构性改革的基本内涵与政策建议①。杨建利和邢娇阳(2016)、江维国(2016)、邵平(2016)、李玉华(2016)、董晓林和朱敏杰(2016)、刘国恩和官海静(2016)、徐鹏程(2017)等学者基于各自领域,探讨供给侧结构性改革。

然而,基于旅游供给视角的研究成果相对较少,目前主要研究了智库(刘锋,2016②)、产品体系(徐金海和夏杰长,2016)、乡村旅游产业结构转型(朱万春,2016;毛峰,2016;潘小慈,2017)、政策与组织(Emese Panyik 等,2011)、旅游产业转型升级(廖军华和李盈盈,2016;赵爱民等,2017)等问题。

2.3.3 供给侧改革研究述评

学者从不同视角对供给侧结构性改革的思路进行辨析与论证,既有基于演化增长理论的视角探讨供给侧演化、需求侧演化及其共同演化等,也有对整体框架做了精深研究,先后对供给侧结构性改革的原则、要点、政策手段等进行了分析,对创新与体制改革在供给侧结构性改革中的重要性做了深入探讨。更有学者对具体产业和众多区域如何推进供给侧结构性改革做了深入细致的探讨,分析总结了各产业、各地区的供给侧现状,并提出具体方案。这些丰富的成果,为供给侧改革提供了必要的理论支撑和依据。虽有一些学者针对供给侧结构性改革与乡村旅游的关系进行了研究,但仍然不够深入,供给侧改革是否对乡村旅游发展产生影响?如果有影响,会有什么样的影响?影响程度如何?如何定量测度这种影响并揭示乡村旅游的变化特征?换而言之,乡村旅游供给侧改革能否优化乡村经济结构,能否成为中国乡村经济持续发展的新动力或新动能?如何调动个人和企业的投资、生产、创新的积极性,真正发挥市场机制在乡村旅游资源配置中的决定性作用,同时恰当地、更好地发挥政府的作用?

2.4 相关研究存在的问题与不足

2.4.1 相关研究小结

旅游业正成为我国战略性支柱产业,旅游业快速增长已成为我国经济发展的亮点。中国经济发展方式与体制步入了新的转换期,旅游业进入新的发展阶段,其发展速度、质量和

---

① 孔祥智. 农业供给侧结构性改革的基本内涵与政策建议[J]. 改革,2016,2:104-115.

② 刘锋. 供给侧改革下的新型旅游规划智库建设思考[J]. 旅游学刊,2016,2:8-10.

可持续性的主导力量已由需求侧为主向供给侧为主转变,更成为国家战略的重要一环。在上述乡村旅游业态和供给侧的研究中,目前学界已经形成了一些共识。

a. 充分肯定了供给侧对宏观经济增长和发展的影响和贡献。供给侧结构性改革既是学界学术研究关注的热点之一,还将是今后几年我国经济工作中企业界和政府持续关注的热点之一。供给侧研究已经取得丰硕的成果,尤其近两年如雨后春笋般涌出,有力推动了供给理论向纵深发展。

b. 从生产要素、供给结构、效率、金融、税收等方面对促进产业发展进行了有益的探讨。

c. 乡村旅游对"三农"的贡献被充分认可,同时对旅游供给侧有少许关注。

d. 有少量研究涉及对乡村旅游业态领域的探讨。这些成果为本研究提供了理论借鉴和逻辑起点。

2.4.2 主要问题与不足

基于研究目的与视角的差异,上述研究仍有诸多可深度挖掘的工作。

a. 上述供给侧研究多聚焦于宏观经济和传统产业的研究。对于服务性产业研究尚有较大的提升空间,特别是乡村旅游供给侧研究。乡村旅游正处于向创新驱动转变的关键时期,壮大新产业新业态的同时,如何推进产业深度融合、经营主体创新、基础设施投入机制的完善、标准化建设、渠道创新、文化传承等研究略显不足。

b. 对旅游业态创新研究的关注偏低,乡村旅游业态创新研究成果偏少。从研究内容来看,鲜见对乡村旅游业态创新进行理论研究,对乡村旅游业态创新机制与实施路径的探索尤其罕见;从研究方法来看,手段略显单一,一定程度上影响了研究成果对实践的有效指导。创新是当前全球旅游业的热点话题,如何发挥乡村各类物质与非物质资源富集的独特优势,利用"旅游+""生态+""互联网+"等模式,引导乡村旅游从"数量导向"转到"效率导向"以开发新业态?新业态产业体系如何构建?如何探究乡村旅游产业新型业态创新机制、模式、路径?乡村文化旅游在乡村振兴中如何发挥作用?如何用文化、技术武装乡村旅游业态?这些研究都相对薄弱。

2.5 理论基础

2.5.1 创新理论

约瑟夫·熊彼特(1912)在《经济发展理论》首次提出"创新理论"(Innovation Theory)①。1942 年,熊彼特的《资本主义、社会主义和民主主义》出版,标志"创新理论"体系完成,并界定了创新的形式:新产品开发、新技术引进、新市场开辟、新的原材料来源发掘、新的组织形式和管理模式实现。创新是以新思维、新发明和新描述为特征的概念化过程,起源于拉丁

① 约瑟夫·熊彼特. 经济发展理论[M]. 郭武军,吕阳,译. 北京:华夏出版社,2015.

语,它原意有三层含义:第一,更新;第二,创造新的东西;第三,改变。Birkinshaw 等(2008)归纳管理创新的主要活动及其过程规律性,提出"激励→发明→实施→理论化和标示"四阶段模型①;也有学者基于组织学习视角提出管理创新效力提升的路径,认为组织学习能够促进行为的改变②。然而,由于知识型员工数量的骤增、高流动性和风险投资市场的兴起、外部思想的可用性、大学等机构研究能力的提高、供应商能力的不断增强以及网络信息技术的变革等外部因素的变化,以及诸多行业和企业面临着创新复杂性提升、创新投入和风险的增加③,传统封闭式创新受到质疑,开放式创新模式得到较多学者关注。Chesbrough 和 Crowther(2006)基于知识流向,提出开放式创新的三种知识流程类型,由外而内流程、由内而外流程和双向流程④。

2.5.2 供给侧理论

经济学家亚当·斯密强调劳动和资本等供给因素在经济发展中的地位,并认为关键作用是提高劳动生产率与保持市场这只"看不见的手",而政府只是"守夜人"的角色。19 世纪经济学家萨伊提出"供给创造其自身的需求",即"萨伊定律",完善了供给经济的思想体系。供给理论迄今为止历经四个阶段:从"萨伊定律"到"凯恩斯主义",从"凯恩斯主义"到"供给学派",从"供给学派"到"凯恩斯主义复辟",从"凯恩斯主义复辟"到"供给管理"⑤。20 世纪 30 年代的经济大萧条,出现了产能过剩的局面,供给理论难以解释现状,遭到了凯恩斯的全面批判。凯恩斯则认为有效需求不足是关键,必须通过政府干预,扩大有效需求,才能解决危机。然后 20 世纪 70 年代的"滞胀"致使凯恩斯需求政策失灵。于是,反对政府干预、强调供给管理的供给学派再次回归主导地位。如以拉弗为代表的供给学派(描述了"税收与税率之间的关系")、以弗里德曼为代表的货币主义、以卢卡斯为代表的理性预期学派、以科斯为代表的产权学派、以布坎南为代表的公共选择学派等供给管理开始兴起。"现代"供给学派的理论先驱蒙代尔主张通过减税和紧缩货币供应量来抑制通货膨胀,也认可凯恩斯政策在某些情况下确实能够增加实际产出。供给侧学派发展源流图如图 2-12 所示 。

供给学派学者认为,经济主体是否增加储蓄和投资或扩大经济活动,要看增加活动所带来的净收益是否值得来决定,即取决于边际税率的高低。一旦边际税率过高,人们将收入更多地用于消费,而不用于储蓄和投资,同时会以闲暇代替工作,从而劳动力供给减少,经济活动进而将更多地由市场转入地下,致使经济效益受到损害。主张归纳为"四促四减":"四促"是指促进企业家精神的发挥、促进市场竞争、促进私有化、促进技术创新和智力资本投资;"四减"是指减管制、减税、减垄断、减货币发行或控制通货膨胀,旨在调动积极

---

① Birkinshaw J,Hamel C,Mol M J. Management Innovation[J]. Academy of Management Review,2008,33(4):825-845.

② Gavin D A. Building a Learning Organization[J]. Harvard Business Review,1993,71(4):78-91.

③ 张永成,郝冬冬,王希. 国外开放式创新理论研究 11 年:回顾、评述与展望[J]. 科学学与科学技术管理,2015,03:13-22.

④ Chesbrough H W,Crowther A K. Beyond High Tech:Early Adopters of Open Innovation in Other Industries[J]. R&D Management,2006,36(3): 3229-3236.

⑤ 贾康,苏京春. 探析"供给侧"经济学派所经历的两轮"否定之否定"——对"供给侧"学派的评价、学理启示及立足于中国的研讨展望[J],财政研究,2014,8:2-16.

性,促进生产供给。

供给也可分为长期供给和短期供给、经济供给和非经济供给、宏观供给(总供给)和微观供给(生产者供给)、国内供给和国外供给、理论供给和实际供给等。分析经济发展这种宏观经济现象,也应从总供给角度进行。从时间维度看,总供给可分为短期总供给和长期总供给。

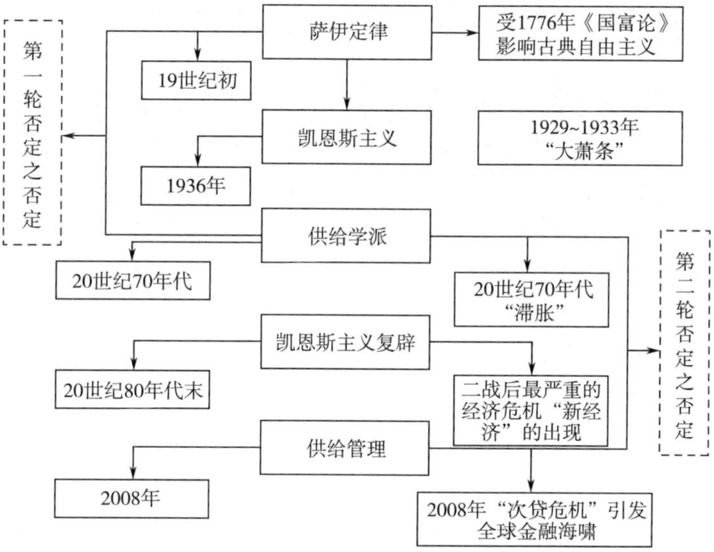

图 2-12　供给侧学派发展源流图①

供给是“推动”经济发展的动力。供给与经济增长也成正比关系:供给增则经济涨,反之则跌。至于经济出现拐点则与人口结构、劳动力供给、资源环境约束、基础设施饱和度、工业化城镇化阶段等供给侧因素的变化有关②。

供给侧包含了要素、制度、产业三个层面的供给,蕴含对应着“改革、创新、转型”。供给结构的演变,包括要素结构和产出结构的演变。技术演化包括技术创新、选择和扩散过程③。供给侧结构性改革旨在调整经济结构,使资源要素实现最优配置,使经济增长提质增效④。解决存量问题,找到新的增长点实现可持续发展问题。供给理论为乡村旅游业态创新,质量服务提升提供了坚实的理论基础。

2.5.3　产业融合理论

产业融合(Industry Convergence)是指不同产业或同一产业不同行业相互渗透、相互交

① 贾康,苏京春. 探析“供给侧”经济学派所经历的两轮“否定之否定”——对“供给侧”学派的评价、学理启示及立足于中国的研讨展望[J]. 财政研究,2014,8:2-16.

② 胡锐. 大数据视野下的高校继续教育供给侧和需求侧分析[J]. 继续教育,2018(03):28-30.

③ 黄凯南. 供给侧和需求侧的共同演化:基于演化增长的视角[J]. 南方经济,2015,12:1-9.

④ 冯志峰. 供给侧结构性改革的理论逻辑与实践路径[J]. 经济问题,2016,2:12-17.

叉,最终融合为一体,逐步形成新产业的动态发展过程①。产业融合可分为产业渗透、产业交叉和产业重组三类。当前,产业融合已经不仅是作为一种发展趋势来进行讨论,更是成为产业发展的现实选择。植草益(2001)认为产业融合的原因源于技术进步和管制的放松②。张磊(2001)提出产业融合一般发生在产业之间的边界和交叉处③。也有学者认为发生产业融合的产业,相互之间具有一定程度的产业关联性④或技术与产品的替代性⑤。技术的融合并不一定是产业的融合,产业融合一定是以市场融合为导向⑥,其结果是改变了原有产业和企业之间的竞争合作关系,从而导致产业的边界模糊化,甚至影响到产业界限的重划⑦。Stieglitz(2002)提出了四种类型的产业融合⑧。Lind(2005)建立了一个产业生命周期理论模型来分析产业融合现象,提出产业融合是指由技术变革引发的产业边界重新界定⑨。产业融合是业态创新的基础,是不同要素在经济领域的渗透融合,其不仅可以加速资源的整合力度,增强产业的耦合协调水平,更能够形成经济发展的新业态。乡村旅游业就是用旅游业的思维来改革和经营农村、农业产业,通过现代农业各要素与旅游业各要素的深度耦合及协调发展形成全新的产业形态⑩。这些理论为乡村旅游业态发展和完善指出了研究方向。

2.5.4 文化学理论

文化学作为一门研究文化现象或文化体系的新兴科学,其显著特征就是综合性、跨学科性。这一特征决定了它的学科产生走的是一条与许多相关学科的不断融合之路⑪。学界主要研究文化的起源、演变、传播、结构、功能与本质,文化的共性与个性、特殊规律与一般规律等问题。文化或文明就其广泛的民族学意义来说,是包括全部的知识、信仰、艺术、道德、法律、风俗以及作为社会成员的人所掌握和接受的任何其他的才能和习惯的复合体⑫。乡村旅游是客源地和乡村旅游目的地不同文化之间的跨文化交流活动,同时乡村旅游的健康发展,乃至业态创新均离不开文化理论的支撑。

---

① 王勇,张培林. 产业融合下冷链物流服务质量评价实证[J]. 中国流通经济,2016,04:33-39.

② 植草益. 信息通信业的产业融合[J]. 中国工业经济,2001,2:24-27.

③ 张磊. 产业融合与互联网管制[M]. 上海:上海财经大学出版社,2001:13-15.

④ Fai F,Tunzelmann V N. Industry Specific Competencies and Converging Technological Systems: Evidence From Patents [J]. Structural Change and Economic Dynamics,2001,12:141-171.

⑤ Gaines Brian R. The Learning Curves: Underlying Convergence[J]. Technological Forecasting and Social Change,1998,57:7-34.

⑥ Alfonso G,Salvatore T. Does Technological Convergence Imply Convergence in Markets? Evidence from the Electronics Industry[J]. Research Policy,1998,27: 445-463.

⑦ Greenstein S,Khanna T. What does Industry Convergence Mean? In:Competing in the Age of Digital Convergence[M]. Cambridge: Harvard Press,1997:37.

⑧ Stieglitz N. Industry Dynamics and Types of Market Convergence[R]. Copenhagen/Elsinore: Paper to be Presented atthe DRUID Summet Conference Industrial Dynamics of the New and Old Economy-who is Embracing whom,2002.

⑨ Lind J. Ubiquitous Convergence:Market Redefinitions Generated by Technological Change and the Industry Life Cycle[R].New York:Paper for the Druid Academy Winter Conference,2005.

⑩ 李进军,陈云川. 现代旅游农业产业融合发展业态及问题分析[J]. 商业经济研究,2017,17:167-169.

⑪ 叶志坚. 论文化学学科理论之源[J]. 东南学术,2004(04):127-135.

⑫ 爱德华·泰勒. 原始文化[M]. 连树声,译. 上海:上海文艺出版社,1992:1.

3 乡村旅游现状分析

2018年全国旅游工作报告提出了奋力迈向优质旅游发展的新时代。这是在中国共产党第十九次全国代表大会和中央经济工作会议上提出从高速度增长迈向高质量发展新时代的战略判断和总体部署背景下提出来的旅游发展部署。而苏南地区旅游业在产业规模、产品供给、消费需求等各方面都呈现新变化新特征,旅游发展站在了新的历史方位上,大力推动苏南地区旅游业从速度旅游向优质旅游转变成为重要话题。乡村旅游已经占旅游业半壁江山,探讨如何尽快迈入优质乡村旅游的新时代,助力乡村振兴,具有重要的意义。

3.1 乡村旅游发展的意义

当前,我国社会中最大的发展不平衡是城乡发展不平衡;最大的发展不充分是农村发展不充分。中国共产党第十九次全国代表大会报告中指出,必须坚持质量第一、效益优先,以供给侧结构性改革为主线,推动经济发展质量变革、效率变革、动力变革,提高全要素生产率,着力加快建设实体经济、科技创新、现代金融、人力资源协同发展的产业体系,着力构建市场机制有效、微观主体有活力、宏观调控有度的经济体制,不断增强我国经济创新力和竞争力①。同时提出,实施乡村振兴战略。农业农村农民问题是关系国计民生的根本性问题,必须始终把解决好“三农”问题作为全党工作重中之重②。其既切中了当前乡村发展的要害,也指明了新时代乡村发展方向,明确了乡村发展新思路,是城乡发展的重大战略性转变。发展乡村旅游,能极大地促进乡村的社会转型,振兴乡村,在实现农村经济增长方式的转变和社会结构调整、突破城乡二元结构的同时,实现农村社会组织的发展和社会和谐,实现公平正义。

3.1.1 乡村旅游有助于乡村振兴战略实施

“产业兴旺、生态宜居、乡风文明、治理有效、生活富裕”的乡村发展总体要求,就是把乡

---

① 赵红. 习近平新时代中国特色社会主义经济思想引发热议[C]. 廊坊市应用经济学会. 对接京津——新的时代战略导航论文集. 2018:7.

② 新华网. 习近平强调,贯彻新发展理念,建设现代化经济体系,2017-10-18. http://news.xinhuanet.com//politics/2017-10/18/c_1121820551.htm.

村当作整体来系统考虑,改变过去乡村从属于城市的尴尬现象,充分发挥乡村的主动性,建立全新的城乡关系。乡村振兴不仅是经济的振兴,也是生态的振兴,社会的振兴,文化、教育、科技的振兴,以及农民素质的提升。在注重发挥乡村主动性的基础上,立足于乡村的产业、生态、文化等资源,激发乡村发展活力,建立更加可持续的内生增长机制。

乡村振兴需要一个强有力的龙头和载体,通过乡村旅游及新业态的打造,引导和推动更多的资本、技术、人才等要素向农业农村流动,调动广大农民的积极性、创造性,将乡村优美环境、人文风俗、历史文化、特色资源等在空间上进行集中和集聚,从根本上增强乡村的内生发展能力。

在保持乡村独立性和差异化的基础上融合发展,以差异化发展路径来突出乡村旅游的比较优势,实现一二三产业融合发展,由此带动农民收入稳定增长,增强农村基层组织的凝聚力,让乡村成为人民向往的美丽家园,实现新时代乡村现代化。

乡村"四个全面"战略布局的重要载体,也是全域旅游非常重要的载体,是大众旅游时代旅游发展战略再定位,也是旅游业深化改革、转型升级的方向。发展全域旅游,就是要提升旅游业发展能力,拓展区域旅游发展空间,培育区域旅游增长极,构建旅游产业新体系,培育旅游市场新主体和消费新热点。实施全域旅游、促进城乡旅游互动和城乡发展一体化,不仅能带动广大乡村的基础设施投资,提高农业人口的福祉,还能提升城市人口的生活质量,形成统一高效、平等有序的城乡旅游大市场。

何阳和孙萍(2017)将乡村旅游精准扶贫界定为或公或私的个人和机构在拥有乡村旅游资源的贫困地区,针对当地贫困人口,采取精确的帮扶策略和管理手段,通过开发乡村旅游产业带动贫困对象脱贫致富的治贫方式①,并提出乡村旅游精准扶贫不只是政府的事情,企业、非营利组织甚至个人都可以成为乡村旅游精准扶贫的主体,对扶贫的对象、路径都做了界定。

3.1.2 乡村旅游有助于旅游业供给侧改革,迈入优质旅游新时代

优质旅游是能够很好满足人民群众日益增长的美好生活需要的旅游,是充分发展前提下新理念的旅游,是推动旅游业发展方式转变、产品结构优化、增长动力转换的旅游。从旅游供给角度看,品质内涵特征有五个:产品优、服务优、效益优、结构优、管理优②。一是乡村旅游产品优,高质量乡村旅游产品是优质乡村旅游的基础;二是乡村旅游服务优,高质量的服务是优质乡村旅游的具体体现;三是乡村旅游效益优,高质量的效益是优质乡村旅游的动力,包括经济效益、社会效益和生态效益,可以更好地实现共建共享和可持续发展;四是乡村旅游结构优,解决乡村旅游发展不充分不平衡问题;五是乡村旅游管理优,高质量的管理是优质乡村旅游的保障,也是推动乡村旅游供给侧结构改革的抓手和立足点。从发展保障角度看,优质乡村旅游需要五个支撑。一是乡村旅游市场主体(企业)优;二是乡村旅游人才队伍优;三是乡村旅游体制机制优,构建适应优质乡村旅游发展的现代治理体系;四是

---

① 何阳,孙萍.乡村旅游精准扶贫的现实问题与消解[J].内蒙古社会科学(汉文版),2017,03:29-34.

② 石培华.如何理解和推进优质旅游新时代?[DB/OL].凤凰旅游,http://travel.ifeng.com/a/20180110/44838730_0.shtml.

乡村旅游基础设施和服务优；五是乡村生态环境优，高质量的乡村旅游环境（包括自然环境、社会环境和消费环境）是优质乡村旅游的基础支撑。

3.1.3　乡村旅游有助于优化空间结构，推进城乡融合

从地理空间而言，乡村旅游的发展有助于破解城乡二元结构，优化城乡整体地域网络空间结构，城乡逐步趋于融合。在一定程度上，乡村旅游规划打破了就城论城、就乡论乡的人为分割型的城乡规划建设手段。基于乡村旅游功能、城乡空间布局，在更大区域范围内把乡村居民点、乡村工业布局、乡村基础设施网络与旅游基础设施建设、城乡规划相结合，作为整体进行统一规划和建设，从地理空间上打破城乡二元结构。乡村旅游作为以人文风光与自然风情资源为主的开放性经济功能体，为城乡居民提供休闲与旅游服务，凭借其在开发中的区位选择和空间分布的特殊性，凸显乡村在城乡整体地域网络空间中资本、技术、土地、信息、劳动力等资源要素聚集与扩散节点地位，因此发展乡村旅游，能从经济空间上优化城乡整体地域网络空间结构。

依托乡村节点空间，进一步发挥乡村旅游综合功能体，实现城乡网络化发展，为乡村社会转型创造大环境。城乡网络化发展，指的是使城乡之间多种社会经济活动主体通过资源要素合理流动，构成一个有序的维系城、镇、乡共生共长系统的空间过程。发挥乡村旅游综合体功能，就是在城乡区域整体网络空间中，让乡村旅游更好发挥城乡经济互动、社会交往、文化交流、生态服务的综合载体作用，实现城市与乡村多孔、多中心的经济、社会、文化渗透，为乡村社会转型创造大环境。

3.1.4　乡村旅游有助于产业结构调整与经济发展方式转变①

经济空间上，发展乡村旅游能促进乡村的产业结构调整与经济发展方式转变。乡村旅游是第三产业，发展乡村旅游就是发展第三产业，从而优化乡村第一、二、三产业结构。乡村旅游整合了乡村资源，不仅进一步发挥原先在第一产业中已利用资源作用，也将农业与工业生产利用资源之外的"闲置"资源融入旅游，提高已利用资源利用率，使传统农业增加了附加值，让资源在旅游中产生更大的社会效益、经济效益和生态效益，有效促进乡村的产业结构调整。从单纯的农业经济到工业经济、旅游经济齐头并进，产业结构调整必然带来经济发展方式的转变，乡村旅游在经济发展中实现了"大农业"和"大旅游"的有效结合，加快了城乡经济融合和三次产业的联动发展，不仅扩大了城镇居民在乡村地区的消费，还加快了城市信息、资金和技术等资源向乡村的流动。

3.1.5　乡村旅游有助于吸纳剩余劳动力，促进居民职业转型

社会空间上，发展乡村旅游能通过人口流动产业聚集等吸纳大量的剩余劳动力，促进乡村居民的职业转型。现实证明，发展旅游后的乡村，居民大多跳出"农民工"的单一职业

---

① 吉根宝，郭凌．乡村旅游对城郊乡村社会转型的影响研究[J]．改革与战略，2015，07(26)：102-105.

选择,通过旅游参与了具有多元化的经营方式与产业方向。并且,作为第三产业的乡村旅游,具有产业联动性强、吸引劳动力数量大、层次多的特征。因此,乡村旅游无形中形成了一种人员流动的拉力效应,不仅吸纳乡村旅游地的大量剩余劳动力,还以其辐射效应,通过人口流动产业聚集吸纳大量城市流动人口。

加大旅游职业教育培训与就业培训,促进乡村居民职业转型。乡村旅游仅仅为乡村居民提供了就业机会,而就业能力才是其参与旅游、实现职业转型的必要条件。受长久以来的城乡二元教育制度影响,乡村居民较城市居民往往存在文化水平低、旅游参与能力弱的问题。国家应当首先对乡村居民进行持续性就业培训,加强旅游就业规划教育,提高其就业意识;其次应当进行职业教育培训,培养其职业素养,提高其参与能力。

以乡村旅游为杠杆,实现城市与乡村社会保障一体化,推进乡村居民身份转型。城市与乡村社会保障一体化建设,资金投入是关键,资金投入既包括居民个人资金投入,也包括国家资金投入。乡村旅游对乡村居民有直接收益功效,出租土地用于旅游经营的“租金”、参与旅游经营与服务取得的“薪金”、以宅基地与土地经营权入股参与土地流转取得的“股金”,相比以往单一的农业收入,增加了乡村旅游地居民个人收入,让其有了社会保障的资金投入。国家应当加大政策力度,借旅游东风,通过推行新型农村合作医疗、给予最低生活保障金、加大参保农民补贴、统筹城乡教育等多种手段,从社会保障、医疗、教育等多渠道加强城市与乡村社会保障一体化建设,让乡村居民真正脱离对土地的依赖,从而推进乡村居民身份转型。

3.1.6 乡村旅游有助于乡村文化保护与转型

没有文化的乡村旅游终究会失去魅力和黏性,更别说品牌和效益。文化是民族的血脉,是人民的精神家园。文化自信是更基本、更深层、更持久的力量。大众旅游时代,人们对旅游品质的需求不断提高,文化旅游备受青睐。越来越多的人们走出家门,去体验不同地方丰富多样的特色文化,去追寻悠久历史所留下的沧桑痕迹。文化空间上,发展乡村旅游能促进乡村文化转型。乡村文化转型,需要解决乡村文化断裂问题,这就需要寻找重建文化认同的途径。乡村旅游产品和城市游客消费偏好的独特性,要求乡村必须保持与城市地区差异明显的文化和景观氛围,因此以旅游为支撑产业的乡村往往会自觉或愿意保护本地区环境、文化和景观遗产,乡村旅游从而成为其重建文化认同的有效途径。

以地域文化传承和“乡村性”文化遗产保护为主要手段,缓解乡村社会转型过程的文化整合困难。社会经济的发展要求乡村文化为适应新的社会环境需要而不断发展,乡村旅游城市化与现代化所引发的地域文化和外来文化的碰撞和交融是引发乡村社会文化转型过程的根源。通过“乡村性”文化凝结乡村意象,在城乡交流中设计乡村旅游体验性产品,展现丰富多彩的乡村精神文化,提高旅游产品的文化品位,实现乡村文化自我再生产和文化重构,无疑可以让旅游成为乡村文化碰撞的耦合剂,解决乡村社会转型过程的文化整合困难。

3.1.7 乡村旅游有助于城乡融合

发展乡村旅游,最终促进城乡融合。美丽乡村建设是乡村旅游发展的动因与动力,能为乡村旅游带来源源不断的客户资源;乡村旅游则是乡村可持续性、绿色发展的一条捷径。当乡村旅游遇到美丽乡村建设,我们既要解决城里人的休闲需求,提高生活质量和生命价值,又要兼顾农村人生产和生活,甚至是生存的现实需求。旅游资源资本化将促进技术与生产要素的城乡融合,资本化的乡村旅游资源,吸引大量的城市投资者,城市资源与生产要素以各种形式参与乡村旅游发展,实现技术与生产要素的城乡融合。发展乡村旅游,也推动了城乡规划的融合。2017 年以来,国家开发银行累计支持乡村旅游扶贫项目 15 个,承诺贷款超过 400 亿元,带动贫困人口超过 4000 人,扶贫项目覆盖云南、四川、安徽等多个省市。

3.2 乡村旅游发展现状

3.2.1 乡村旅游发展规模

随着我国人均可支配收入的提高,乡村旅游行业市场规模也得到快速发展。截至目前,全国休闲农业和乡村旅游示范县(市/区)共 388 个、中国美丽休闲乡村 560 个。随着我国居民消费水平的不断提高、城乡空间距离的缩短,乡村旅游向多元化发展,产品日趋精致化、高端化。农家乐、民俗村、田园农庄、农业科技园、古村落、乡村度假村等业态层出不穷。乡村旅游业发展已成为旅游业新的主要力量,通过发展乡村旅游业启动乡村旅游消费市场,推进我国乡村旅游实现消费大众化、产品特色化、服务规范化、效益多元化的发展。智慧化发展也逐步应用到乡村旅游产业,未来“旅游+”“互联网+”等行动将推动发展休闲旅游、旅游电子商务、城镇旅游等业态,拓展乡村旅游产业链、价值链。

乡村旅游规模效应显现。2016 年乡村旅游人次达 13. 6 亿,平均全国每人一次,是增长较快的领域之一,乡村旅游收入达 4000 亿以上,乡村旅游投资为 3000 亿,乡村旅游事业体超过 200 万家,乡村旅游不再是简单的“农村旅游”和“农业旅游”,而是成为与城市相对应的一个空间概念,逐渐形成一个新的大产业。2017 年,全国乡村旅游达 25 亿人次,同比增长 16%,约占国内旅游人数的一半,旅游消费规模超过 1. 4 万亿元,同比增长 27. 3%,超过国内旅游收入的 30%①。2012~2017 年中国休闲农业与乡村旅游收入统计如图 3-1 所示。

2017 年,江苏乡村旅游实现营业总收入近 900 亿元,比上年增长 20. 8%,接待游客总人

---

① 2017 年乡村旅游达 25 亿人次同比增长 16%[N/OL]. 人民日报海外版,2018-10-26. http://www. ce. cn/culture/gd/201810/26/t20181026_30631488. shtml.

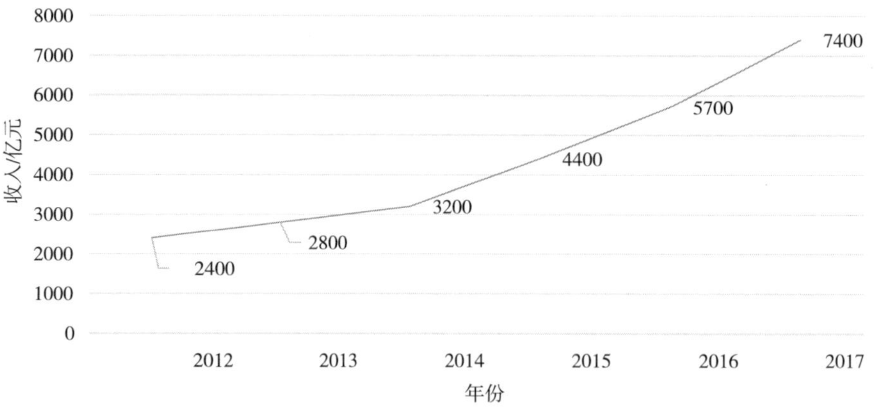

图 3-1　2012~2017 年中国休闲农业与乡村旅游收入统计

数 2.87 亿人次，同比增长 16%，全省乡村旅游直接从业人员总数已达 42 万人左右①。"望得见山，看得见水，记得住乡愁"，乡村旅游正成为全国旅游消费中发展最快、潜力最大、带动性最强、受益面最广的领域之一。江苏乡村旅游发展起步较早，早在 2009 年，江苏就曾在常州溧阳举办第一届江苏乡村旅游节，至今该节日已成为江苏乡村旅游品牌的重要组成部分，有效促进了江苏乡村旅游的发展。有数据显示，截至 2017 年底，江苏省拥有中国乡村旅游模范村 39 个，全国特色景观旅游名镇（村）43 个，各类乡村旅游经营户 3.7 万家，乡村旅游规模不断壮大，呈现百舸争流的态势，乡村美、产业旺、百姓富、生活好的田园画卷已在绘就。"聚焦乡村旅游，助力乡村振兴"已成为农村发展、农业转型、农民致富、环境改善的重要渠道，现在的江苏大地农村美丽、农业兴旺、农民富庶、生活幸福。实践已经证明，发展乡村旅游是实现乡村振兴的重要力量、重要途径和重要引擎，拓宽了百姓富民之路。乡村振兴离不开乡村旅游的鼎力支持。

3.2.2　乡村旅游发展模式

近二十年的发展，学界探索出了许多行之有效的乡村旅游开发方法，创新了多种开发模式：企业为主体开发经营主体开发模式（企业独立开发、企业独立开发经营社区居民参与、股份合作制企业开发），村集体为主体开发经营主体开发模式（村集体经济开发、村集体组织全民参与开发），村民为主体自主开发模式（政府引导村民自主开发、社区旅游机构组织农户自主参与开发），政府主导村民参与开发模式，混合型开发模式（公司+农户开发、企业+村委会+农户开发、村集体组织村民自愿自主参与开发）②。

乡村旅游发展模式的类型主要有以下八种：一是以城市为依托，城郊乡村旅游发展模式，如江宁乡村旅游模式。二是以传统景区为依托，环景区乡村旅游发展模式。三是以产业为基础，特色庄园为依托的乡村旅游区发展模式。四是以文化利用为依托，乡村文化活

① 江苏乡村旅游节开幕 2017 年乡村游营收近 900 亿[N/OL]. 新华日报，2018-4-30. http://js.people.com.cn/n2/2018/0430/c360311-31522520.html.

② 陈效萱. 乡村性与乡村旅游可持续发展耦合研究[D]. 青岛：青岛大学，2017.

化与社区发展模式。五是以古建筑为依托,古村古镇乡村旅游发展模式。六是以创新创意为依托,传统民间艺术推动乡村旅游发展模式,如无锡泥人文化创意博览园、灵山小镇拈花湾等。七是以科技为依托,科技引导现代乡村旅游发展,如江苏茶博园等。八是以产业融合为依托,田园综合体乡村旅游发展模式。

3.2.3 乡村旅游发展特征

乡村旅游发展特征主要有以下九个。一是乡村旅游发展路径由自发无序状态向政策、规划等有序引导转变;二是乡村旅游发展形式由点状、分散状态向规模化、集聚化转变;三是乡村旅游发展模式由单一依托型向多层次、多元化模式转变;四是乡村旅游发展功能由经济功能为主向乡村经济、社会、环境综合复兴转变;五是乡村旅游经营主体由农民单一主体向多元投资主体并存转变;六是乡村旅游消费群体由思乡老人、知青为主的消费群体向各年龄层次消费群体均衡转变;七是乡村旅游消费内容由以吃住为主的农家乐向业态多样化的乡村旅游综合体转变;八是乡村旅游经营由经验式管理向品牌化、规范化转变;九是乡村旅游营销手段由口碑传播向信息化、网络化、自媒体化转变。

3.3 乡村旅游业态发展现状测度

3.3.1 调查问卷的基本概述

3.3.1.1 调查问卷的设计

分析乡村旅游业态发展环境和条件的差异,缘于区域与因素的复杂性,加之统计数据和资料缺失,且各地乡村旅游业态发展状态的度量信息存在差异与困难,不易取得满意效果。因而采用目的地居民和游客的评价和认知,运用德尔菲法与综合专家意见,拟定调研的各项指标,分析苏南地区五市乡村旅游业态的现实条件和发展潜力。“乡村旅游业态研究调查问卷”分为说明调查的内容、调查目的及感谢被调查者的参与和调查问项两大部分,第二大部分是问卷的主体,涵盖个人基本情况、乡村旅游资源现实评价、乡村旅游的总体评价、乡村旅游业态的其他建议四个方面内容:一是对受访者基本情况的调查,包含其人口学统计特征(性别、年龄、居住区域、受教育程度、政治面貌、婚姻状况以及职业类别)、收入和出行目的等;二是关于城市乡村旅游资源现实评价,包括受访者对苏南各市区域乡村旅游资源、业态及形象的认知等方面内容;三是关于对苏南各市区域乡村旅游业态发展环境和条件的总体评价;四是对该区域内乡村旅游业态的其他建议。其中第一、二项采用选项的做法,第三项采取李克特5级量表来测度受访者对相关指标的评价,第四项是对受访者的主观评价的信息采集。

3.3.1.2 指标选取原则

为了使所建立的乡村旅游现状描述指标体系能系统全面、客观准确地反映苏南地区乡村旅游现状,并有助于发现现阶段乡村旅游中存在的问题,为乡村旅游业态创新提供参考,构建乡村旅游业态指标体系应遵循以下几条原则。

a.科学性原则。一是指标的选择必须以反映乡村旅游现状和根源为目标,把握评估指标内涵的准确性和完备性;二是要求数据的选取和处理要以统计原理为依据;三是要求指标选取充分考虑定性和定量指标相结合,静态与动态指标相结合,既考虑现实情况,同时关注发展性指标,并且这些指标具有内在联系,成为有机的整体。

b.系统性原则。乡村旅游业态的维度涵盖业态规模、业态空间、业态价值、产业集聚、业态生态等多个方面,涉及自然禀赋、居民发展意识、市场需求等多个方面,每个维度都包括多个评估指标。因此,必须建立一个覆盖面广、并能系统反映乡村旅游业态特征的指标体系。但这一指标体系并非是各个评估指标的简单组合,而应按照层次性和系统性把指标体系分为目标层、领域层和指标层等。

c.可操作性原则。乡村旅游业态指标体系的建立必须能满足可行性和可操作性的原则要求:第一,反映乡村旅游业态面貌和根源的指标具有较强的实用性和现实性,如果实际操作难度较大的指标,即使理论含义符合预期,也应放弃或者转而选取与其含义、实质相近且具有代表性的变量来代替;第二,问卷所设问题应便于被调查者回答,指标变量的设置应满足少而精的原则,以防过于繁杂。

在文献梳理的基础上,综合前人的研究成果,提出乡村旅游业态评价指标,通过对比与扩充,设计调查问卷,构建指标体系。经过对比整理,最终形成了19个指标的初始量表,并采用李克特5级量表进行测度。要求被调查者表明对调查问卷所列选项的感知(5=极满意、4=很满意、3=一般、2=较差、1=极不满意),问卷指标及量表设计如表3-1所示。

表3-1 问卷指标及量表设计

编码	指标解释	指标量化(值)				
		1	2	3	4	5
A1	发展速度	极不满意	较差	一般	很满意	极满意
A2	发展方式	极不满意	较差	一般	很满意	极满意
A3	市场饱和度	极不满意	较差	一般	很满意	极满意
B1	空间承受能力	30千米以内	31~50千米	51~70千米	71~90千米	91~100千米
B2	经营形态	极不满意	较差	一般	很满意	极满意
C1	功能性价值	极不满意	较差	一般	很满意	极满意
C2	情境性价值	极不满意	较差	一般	很满意	极满意
C3	情感性价值	极不满意	较差	一般	很满意	极满意
C4	认知性价值	极不满意	较差	一般	很满意	极满意
C5	社会性价值	极不满意	较差	一般	很满意	极满意
D1	区位条件	极不满意	较差	一般	很满意	极满意
D2	聚集形态	极不满意	较差	一般	很满意	极满意
D3	市场需求	极不满意	较差	一般	很满意	极满意
D4	居民支持	极不满意	较差	一般	很满意	极满意
E1	独特性	极不满意	较差	一般	很满意	极满意

续表

编码	指标解释	指标量化(值)				
		1	2	3	4	5
E2	业态创新	极不满意	较差	一般	很满意	极满意
E3	业态丰度	极不满意	较差	一般	很满意	极满意
E4	业态融合	极不满意	较差	一般	很满意	极满意
E5	生态环境	极不满意	较差	一般	很满意	极满意

3.3.1.3 数据收集

正式调查前,调查组在江苏禾木农博园进行了45份问卷试调查,在此基础上,对相关指标的科学性和准确性进行调整完善。本次调查以网络调查为主,现场调查为辅。问卷调查时间选择在2016年9~12月双休日和节假日进行,通过网络发放问卷,同时调查人员深入苏南各市乡村旅游区开展实地调研,并现场回收。研究者对回收的1230份问卷进行了处理,第一步,未填写人口统计学信息的问卷视为无效问卷,予以剔除。第二步,剔除整页选择同一数字或没有实效的问卷。最后,有效问卷为1203份,有效率为97.80%。5个城市乡村旅游问卷发放、回收、有效率、线下线上情况如表3-2所示。

表3-2 样本的发放情况

类别	苏州	南京	镇江	无锡	常州	合计
发放样本数(份)	300	300	300	300	300	1500
回收样本数(份)	270	251	259	223	227	1230
回收样本率(%)	90	83.67	86.33	74.33	75.67	82
有效样本数(份)	265	248	251	218	221	1203
有效样本率(%)	98.15	98.80	96.91	97.76	97.36	97.80
线上调查比例(%)	51.70	34.27	40.64	22.94	28.51	
线下调查比例(%)	48.30	65.73	59.36	77.06	71.49	

3.3.2 描述性统计分析

描述性统计分析是对已获得的单变量数据进行整理、概括,显示其分布特征和共有性质的统计方法。本节主要对调查对象的基本情况进行描述性统计分析,包括调查对象的性别、年龄、居住地、受教育程度、月收入、职业、旅游目的以及样本来源等方面的情况。表3-3为被调查者的基本统计特征描述。从性别分布来看,男性567人,占样本总数的47.13%;女性636人,占样本总数的52.87%,女性比例高于男性。从年龄上来看,被调查者以中青年居多,其中20岁以下年龄段204人,占样本总数的16.96%;21~30岁年龄段445人,占样本总数的36.99%;31~40岁年龄段319人,占样本总数的26.52%;41~50岁年龄段200人,占样本总数的16.62%;51~60岁年龄段26人,占样本总数的2.16%;61岁以上年龄段9人,占样本总数的 0. 75%。从居住地来看,其中本市居民 447 人,占样本总数的 37. 16%;苏南(非本市)地区 398 人,占样本总数的 33. 08%;本省(非苏南)居民 247 人,占样本总数的 20. 53%;外省(含境外)居民 111 人,占样本总数的 9. 23%。从受教育程度来看,被调查者受教育程度普遍较高,其中初中及以下 143 人,占样本总数的 11. 89%;高中(含职高、中专)文化程度 238 人,占样本总数的 19. 78%;专科文化程度 434 人,占样本总数的 36. 08%;本科文化程度 282 人,占样本总数的 23. 44%;硕士及以上 106 人,占样本总数的 8. 81%。从职业类别来看,被调查者以学生、公务员(含事业单位)、白领为主,其中学生 321 人,占样本总数的 26. 68%;公务员(含事业单位)341 人,占样本总数的 28. 34%;白领人员 165 人,占样本总数的 13. 72%;工人 130 人,占样本总数的 10. 81%;自由职业者 147 人,占样本总数的 12. 22%;其他人员 99 人,占样本总数的 8. 23%。从样本来源来看,线上受访者 437 人,占样本总数的 36. 33%;线下受访者 766 人,占样本总数的 63. 67%。对 5 组样本的具体分析见表 3-3。

表 3-3 样本的主要分布情况

变量	类别	频数					百分比(%)				
		苏州	南京	镇江	无锡	常州	苏州	南京	镇江	无锡	常州
性别	男	109	103	149	101	105	41. 13	41. 53	59. 36	46. 33	47. 51
	女	156	145	102	117	116	58. 87	58. 47	40. 64	53. 67	52. 49
居住地	本市	113	84	131	56	63	42. 64	33. 87	52. 19	25. 69	28. 51
	苏南(非本市)地区	85	79	57	79	98	32. 08	31. 85	22. 71	36. 24	44. 34
	本省(非苏南地区)	47	55	39	62	44	17. 74	22. 18	15. 54	28. 44	19. 91
	外省(含境外)	20	30	24	21	16	7. 54	12. 10	9. 56	9. 63	7. 24
年龄	20 岁以下	38	38	59	34	35	14. 34	15. 32	23. 51	15. 60	15. 84
	21~30 岁	103	107	97	61	77	38. 87	43. 15	38. 65	27. 98	34. 84
	31~40 岁	70	65	53	67	64	26. 42	26. 21	21. 12	30. 73	28. 96
	41~50 岁	44	32	33	51	40	16. 60	12. 90	13. 14	23. 39	18. 10
	51~60 岁	7	4	7	5	3	2. 64	1. 61	2. 78	2. 30	1. 36
	61 岁以上	3	2	2	0	2	1. 13	0. 81	0. 80	0. 00	0. 90
月收入(千元)	1. 5 以下	52	64	58	33	44	19. 62	25. 81	23. 11	15. 14	19. 91
	1. 501~2. 5	49	32	49	38	44	18. 49	12. 90	19. 52	17. 43	19. 91
	2. 501~4. 0	74	72	74	68	72	27. 93	29. 03	29. 48	31. 19	32. 58
	4. 001~8. 0	71	59	60	63	41	26. 79	23. 79	23. 91	28. 90	18. 55
	8. 001 以上	19	21	10	16	20	7. 17	8. 47	3. 98	7. 34	9. 05
受教育程度	初中及以下	14	15	70	24	20	5. 28	6. 05	27. 89	11. 01	9. 05
	高中(含职高、中专)	57	55	42	40	44	21. 51	22. 18	16. 73	18. 35	19. 91
	专科	108	98	78	62	88	40. 76	39. 52	31. 07	28. 44	39. 82
	本科	64	60	46	64	48	24. 15	24. 19	18. 33	29. 36	21. 72
	硕士及以上	22	20	15	28	21	8. 30	8. 06	5. 98	12. 84	9. 50

续表

变量	类别	频数					百分比(%)				
		苏州	南京	镇江	无锡	常州	苏州	南京	镇江	无锡	常州
职业	学生	62	76	81	47	55	23.40	30.64	32.27	21.56	24.89
	公务员(含事业单位)	80	65	69	76	51	30.19	26.21	27.49	34.86	23.08
	白领	30	36	37	29	33	11.32	14.52	14.74	13.30	14.93
	工人	25	27	22	33	23	9.43	10.89	8.76	15.14	10.41
	自由职业者	41	24	27	25	30	15.47	9.68	10.76	11.47	13.57
	其他	27	20	15	8	29	10.19	8.06	5.98	3.67	13.12
旅游目的	观光游览	103	108	102	76	76	38.87	43.55	40.64	34.86	34.39
	休闲度假	122	137	105	101	117	46.04	55.24	41.83	46.33	52.94
	探亲访友	68	76	49	64	61	25.66	30.65	19.52	29.36	27.60
	商务公务	52	38	32	33	42	19.62	15.32	12.75	15.14	19.00
	购物	27	32	10	24	19	10.19	12.90	3.98	11.01	8.60
	其他	53	49	37	27	23	20.00	19.76	14.74	12.39	10.41
样本来源	线上	137	85	102	50	63	51.70	34.27	40.64	22.94	28.51
	线下	128	163	149	168	158	48.30	65.73	59.36	77.06	71.49

3.3.3 苏南乡村旅游业态评价区域差异

通过对采集数据编码,使用 Excel 2011 和 SPSS 19 软件进行数据处理与分析。针对 5 组样本进行信度和效度分析,各量表的信度系数均在 0.7 以上(表 3-4),超过基本标准,其可靠性较为理想。

表 3-4 问卷的信度检验与比较

指标	苏州	南京	镇江	无锡	常州
信度系数	0.718	0.763	0.814	0.795	0.813

在此基础上,计算苏南五市各个指标评价的均值和标准差(表 3-5),以此衡量 5 组样本对具体问题的选择倾向。

表 3-5 苏南各市区域均值与标准差情况

项目类别	指标	指标代码	苏州		镇江		南京		常州		无锡		苏南
			均值	标准差	均值	标准差	均值	标准差	均值	标准差	均值	标准差	均值
业态规模	发展速度	A1	3.461	0.996	3.255	0.961	3.827	0.923	3.439	0.989	3.427	0.967	3.483
	发展方式	A2	3.572	0.948	3.367	0.924	3.923	0.989	3.686	1.027	3.536	0.925	3.616
	市场饱和度	A3	3.476	1.068	3.375	0.951	3.891	0.965	3.802	1.054	3.596	0.952	3.622

续表

项目类别	指标	指标代码	苏州		镇江		南京		常州		无锡		苏南
			均值	标准差	均值	标准差	均值	标准差	均值	标准差	均值	标准差	均值
业态空间	空间承受能力	B1	3.636	1.048	3.386	0.920	3.960	0.947	3.691	0.967	3.762	0.849	3.684
	经营形态	B2	3.528	0.987	3.359	0.898	3.907	0.979	3.641	0.966	3.682	0.939	3.620
业态价值（游客体验价值）	功能性价值	C1	3.569	0.906	3.319	0.878	3.875	0.933	3.695	0.980	3.640	1.031	3.616
	情境性价值	C2	3.710	1.039	3.578	2.085	4.028	0.979	3.848	1.063	3.534	1.089	3.741
	情感性价值	C3	3.520	0.956	3.375	0.892	3.871	0.922	3.505	1.079	3.691	2.780	3.590
	认知性价值	C4	3.606	0.985	3.386	0.929	3.944	0.988	3.752	1.120	3.493	1.020	3.636
	社会性价值	C5	3.520	0.956	3.375	0.892	3.871	0.922	3.505	1.079	3.691	2.780	3.590
业态（产业）集聚	区位条件	D1	3.636	1.048	3.386	0.920	3.960	0.947	3.691	0.967	3.762	0.849	3.684
	聚集形态	D2	3.476	1.068	3.375	0.951	3.960	0.947	3.802	1.054	3.596	0.952	3.636
	市场需求	D3	3.580	1.119	3.386	0.920	4.040	0.908	3.802	1.036	3.596	0.952	3.678
	居民支持	D4	3.636	1.048	3.343	0.985	3.911	0.935	3.734	1.014	3.596	0.952	3.642
业态生态	独特性	E1	3.532	0.952	3.378	0.923	3.915	0.951	3.707	1.046	3.596	0.952	3.623
	业态创新	E2	3.487	0.991	3.291	1.023	4.036	2.771	3.707	1.064	3.596	0.952	3.619
	业态丰度	E3	3.591	0.920	3.394	0.925	4.073	2.134	3.784	1.046	3.596	0.952	3.686
	业态融合	E4	3.509	1.046	3.303	1.010	4.060	0.969	3.806	1.103	3.596	0.952	3.650
	生态环境	E5	3.703	0.997	3.474	0.855	4.117	2.660	3.865	1.033	3.596	0.952	3.751

3.3.3.1 乡村旅游业态规模的评价

对苏南地区乡村旅游业态规模评价均值进行比较分析，从图 3-2 可知，各地对乡村旅游发展速度（A1）评价均值有所差异，苏南地区均值为 3.483，仅南京地区超过均值，排名为，南京>

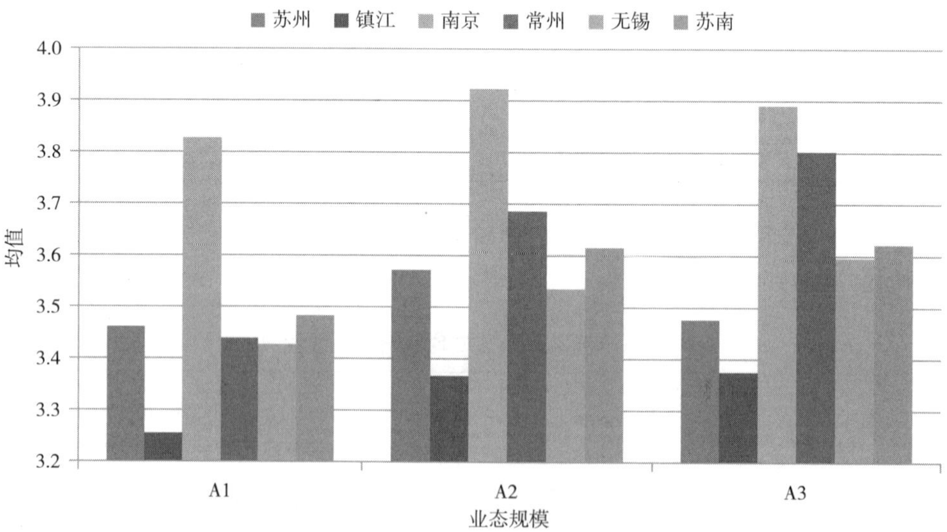

图 3-2 苏南各市乡村旅游业态规模的评价

苏南>苏州>常州>无锡>镇江。从乡村旅游发展方式(A2)来看,被调查者给予较高评价,除镇江外,均值都超过3.5,南京、常州超过3.6,排名为,南京>常州>苏南>苏州>无锡>镇江。从市场饱和度(A3)来看,苏南各市乡村旅游业态集中程度还有提升的空间,排名为,南京>常州>苏南>无锡>苏州>镇江。总体而言,乡村旅游业态规模的评价排名,南京>常州>苏南>无锡>苏州>镇江。镇江乡村旅游业态发展规模指标评价均值较低。

3.3.3.2　乡村旅游业态空间的评价

对苏南地区乡村旅游业态空间评价均值进行比较分析,从图3-3可知,各地对乡村旅游空间承受能力(B1)评价均值有所差异,苏南地区均值为3.684,南京、无锡、常州地区超过均值,苏州、镇江均低于均值,镇江最低,排名为,南京>无锡>常州>苏南>苏州>镇江。从乡村旅游经营形态(B2)来看,被调查者给予较高评价,除镇江外,均值都超过3.5,南京超过3.7,排名为,南京>无锡>常州>苏南>苏州>镇江。总体而言,苏南地区乡村旅游业态空间评价均值具体排名,南京>无锡>常州>苏南>苏州>镇江。镇江乡村旅游业态空间指标评价均值较低。

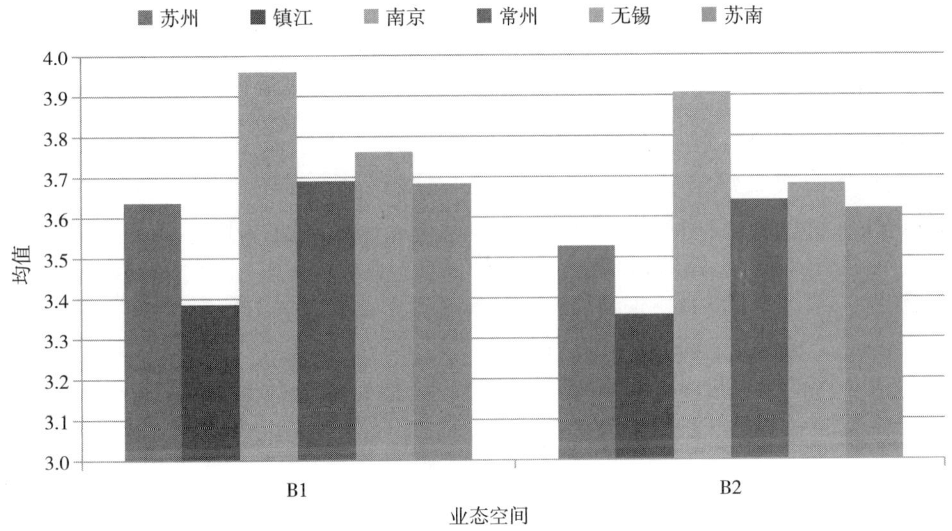

图3-3　苏南各市乡村旅游业态空间的评价

3.3.3.3　乡村旅游业态价值的评价

对苏南地区乡村旅游业态价值评价均值进行比较分析,从图3-4可知,各地对乡村旅游功能性价值(C1)评价均值有所差异,苏南地区均值为3.616,南京、常州、无锡均超过均值,苏州、镇江均低于均值,镇江最低,该指标具体排名为,南京>常州>无锡>苏南>苏州>镇江。从乡村旅游情境性价值(C2)来看,被调查者给予较高评价,除镇江、无锡外,均值都超过3.7,南京、常州超过3.8,该指标具体排名为,南京>常州>苏南>苏州>镇江>无锡。从情感性价值(C3)来看,苏南地区均值为3.59,该指标具体排名为,南京>无锡>苏南>苏州>常州>镇江。从乡村旅游认知性价值(C4)来看,苏南地区均值为3.636,该指标具体排名为,南京>常州>苏南>苏州>无锡>镇江。从乡村旅游社会性价值(C5)来看,苏南地区均值为3.59,该指标具体排名为,南京>无锡>苏南>苏州>常州>镇江。苏南各市乡村旅游业态集中程度还有提升的空间。总体而言,镇江乡村旅游业态价值指标评价均值较低,乡村旅游业态价值的评价总体排名,南京>常州>苏南>无锡>苏州>镇江。

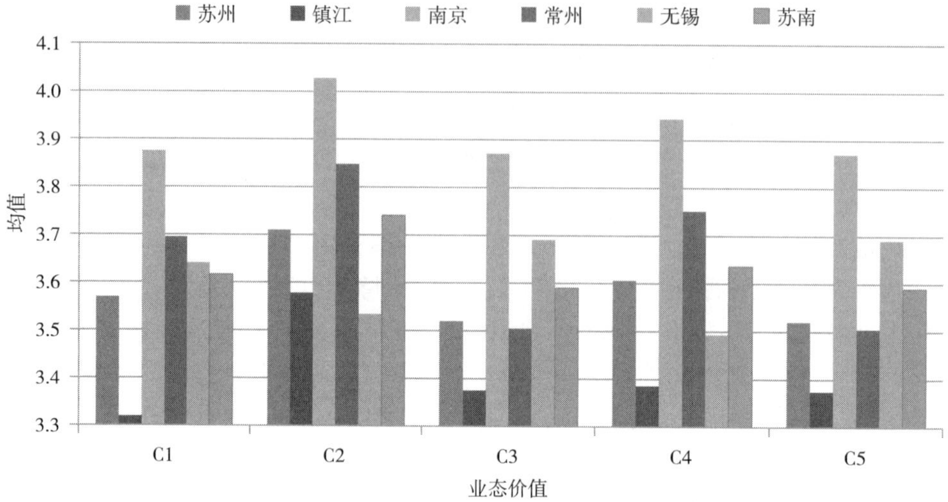

图 3-4　苏南各市乡村旅游业态价值的评价

3.3.3.4　乡村旅游业态集聚的评价

对苏南地区乡村旅游业态集聚评价均值进行比较分析,从图 3-5 可知,各地对乡村旅游区位条件(D1)评价均值有所差异,苏南地区均值为 3.684,南京、无锡、常州均超过均值,苏州、镇江均低于均值,镇江最低,该指标具体排名为,南京>无锡>常州>苏南>苏州>镇江。从乡村旅游业态聚集形态(D2)来看,排名为,南京>常州>苏南>无锡>苏州>镇江。从乡村旅游业态市场需求(D3)来看,被调查者给予较高评价,除镇江外,均值都超过 3.58,排名为,南京>常州>苏南>无锡>苏州>镇江。从居民支持(D4)来看,苏南各市乡村旅游业态集

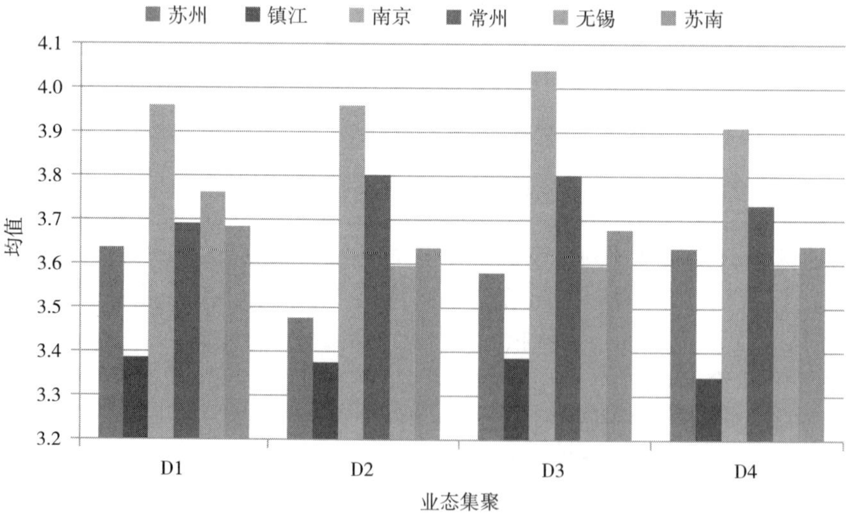

图 3-5　苏南各市乡村旅游业态集聚的评价

中程度还有提升的空间。该指标具体排名为,南京>常州>苏南>苏州>无锡>镇江。总体而言,镇江乡村旅游业态集聚指标评价均值较低,排名为,南京>常州>苏南>无锡>苏州>镇江。

3.3.3.5 乡村旅游业态生态的评价

对苏南地区乡村旅游业态生态评价均值进行比较分析,从图 3-6 可知,各地对乡村旅游业态独特性(E1)评价均值有所差异,苏南地区均值为 3.623,南京、常州均超过均值,苏州、无锡、镇江均低于均值,镇江最低,排名为,南京>常州>苏南>无锡>苏州>镇江。从乡村旅游业态创新(E2)来看,排名为,南京>常州>苏南>无锡>苏州>镇江。从生态丰度(E3)来看,排名为,南京>常州>苏南>无锡>苏州>镇江。从业态融合(E4)来看,排名为,南京>常州>苏南>无锡>苏州>镇江。从生态环境(E5)来看,排名为,南京>常州>苏南>苏州>无锡>镇江。苏南各市乡村旅游业态生态还有提升的空间。总体而言,南京>常州>苏南>无锡>苏州>镇江。镇江乡村旅游业态生态指标评价均值较低。

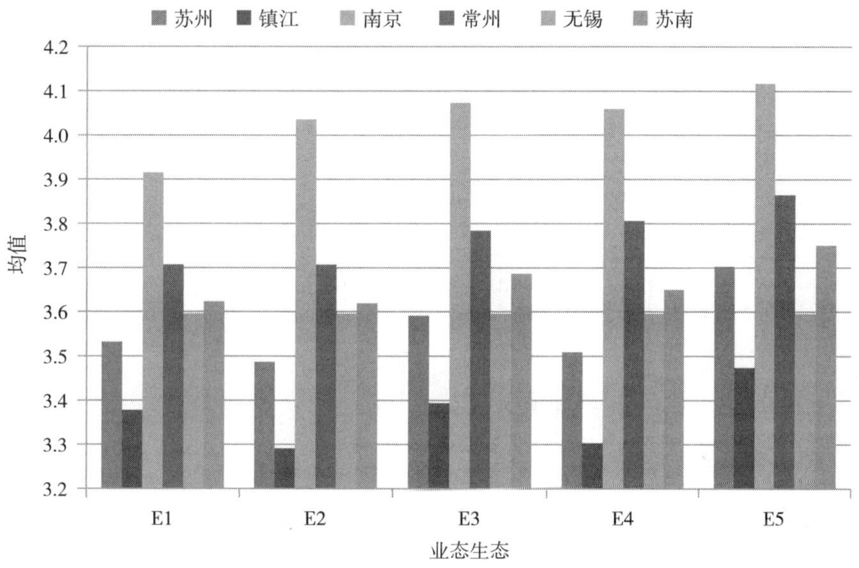

图 3-6 苏南各市乡村旅游业态生态的评价

苏南地区乡村旅游业态各指标评价区域差异总体情况如图 3-7 所示,图 3-7 是对图 3-1 至图 3-6 的汇总。

3.3.4 层次分析法(AHP)分析

3.3.4.1 建立结构模型

对乡村旅游业态发展的综合评价是一个很复杂的问题。运用德尔菲法,根据调查问卷及综合专家意见,发现共有五个方面是被认为对乡村旅游业态发展的综合评价比较重要,可作为主要评价准则,即业态规模、业态空间、业态价值、业态集聚和业态生态。最底层为各地区层,即待评价的市;最高层为目标层,即综合评价各地区乡村旅游业态发展。评价指标体系层次如图 3-8 所示。

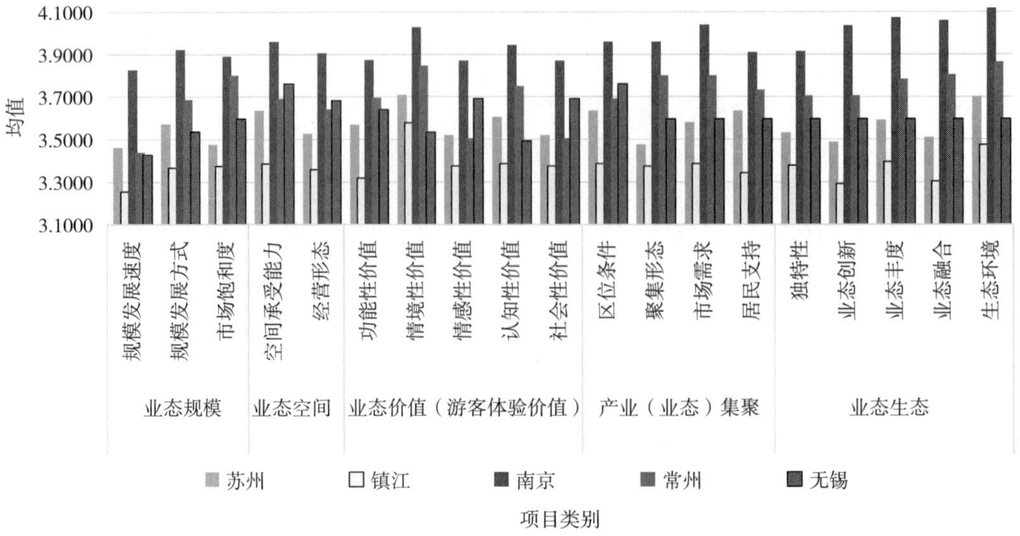

图 3-7　苏南地区乡村旅游业态评价区域差异

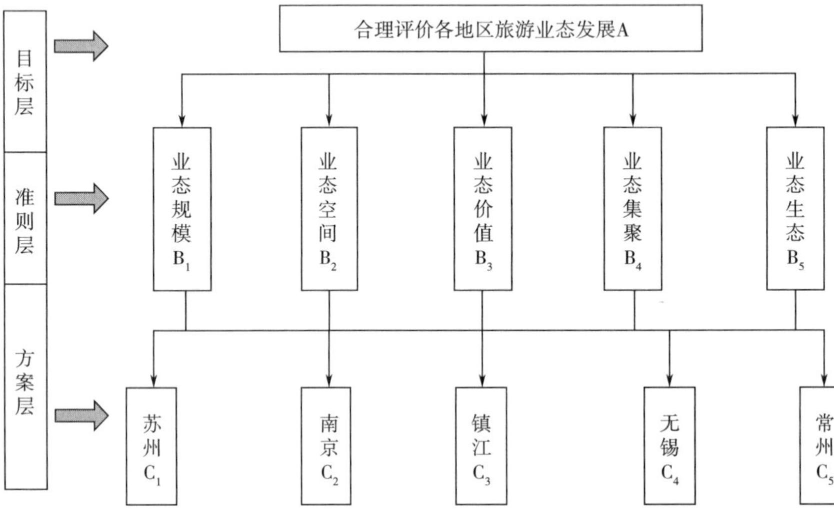

图 3-8　评价指标体系层次图

3.3.4.2　构造判断矩阵

建立递阶层次结构后，采用德尔菲法，邀请 5 位专家进行判断和比较，建立判断矩阵。判断矩阵是层次分析法的核心，它是由各个对象两两比较得出的，判断矩阵元素的值反映了人们对各因素的相对重要性(优劣、偏好、强度等)的认识，一般采用 1~9 及其倒数的标度方法，如表 3-6 所示。

表 3-6 判断矩阵元素的标度方法

标度	含义
1	表示两个元素比较,具有相同的重要程度
3	表示两个元素比较,前者比后者稍微重要
5	表示两个元素比较,前者比后者明显重要
7	表示两个元素比较,前者比后者强烈重要
9	表示两个元素比较,前者比后者极端重要
2,4,6,8	表示上述相邻判断的中间值
倒数	若元素 e_i 与元素 e_j 的重要性之比为 a_{ij},则元素 e_j 与元素 e_i 的重要性之比为 $a_{ji}=1/a_{ij}$

将两两比较结果写入矩阵,便可得到下列的矩阵形式:

$$A=\begin{pmatrix} a_{11} & a_{12} & a_{13} & a_{14} \\ a_{21} & a_{22} & a_{23} & a_{24} \\ a_{31} & a_{32} & a_{33} & a_{34} \\ a_{41} & a_{42} & a_{43} & a_{44} \end{pmatrix}$$

本文针对已建立的评价指标,邀请乡村旅游及旅游业专家对各指标比较打分。指标的评价打分结果由各位专家形成最后统一意见,如无法形成统一,则采取多数人的意见获取平均值,这里选择的是多数人的意见并进行数据处理。具体判断矩阵如表 3-7~表 3-12 所示。

表 3-7 各市乡村旅游业综合评价得分(***A-B***)判断矩阵

A	B_1	B_2	B_3	B_4	B_5	W_i
B_1	1	7	3	1	3	0.347
B_2	1/7	1	1/5	1/7	1/5	0.037
B_3	1/3	5	1	1/3	1	0.135
B_4	1	7	3	1	3	0.347
B_5	1/3	5	1	1/3	1	0.135

注:$\lambda_{max}=5.073$;$C_I=0.018$;$R_I=1.12$;$C_R=0.016<0.1$

表 3-8 业态规模(B_1-C)判断矩阵

B_1	C_1	C_2	C_3	C_4	C_5	W_i
C_1	1	1/3	3	1	3	0.205
C_2	3	1	5	3	3	0.438
C_3	1/3	1/5	1	1/3	1/3	0.062
C_4	1	1/3	3	1	1	0.164
C_5	1/3	1/3	3	1	1	0.132

注:$\lambda_{max}=5.184$;$C_I=0.046$;$R_I=1.12$;$C_R=0.041<0.1$

表 3-9　业态空间(B_2-C)判断矩阵

B_2	C_1	C_2	C_3	C_4	C_5	W_i
C_1	1	1/2	2	1/2	1/2	0.132
C_2	2	1	5	2	2	0.364
C_3	1/2	1/5	1	1/3	1/3	0.071
C_4	2	1/2	3	1	1	0.217
C_5	2	1/2	3	1	1	0.217

注：$\lambda_{max}=5.057$；$C_I=0.014$；$R_I=1.12$；$C_R=0.013<0.1$

表 3-10　业态价值(B_3-C)判断矩阵

B_3	C_1	C_2	C_3	C_4	C_5	W_i
C_1	1	1/4	2	1	1/2	0.129
C_2	4	1	5	2	2	0.407
C_3	1/2	1/5	1	1/3	1/3	0.069
C_4	1	1/2	3	1	1	0.184
C_5	2	1/2	3	1	1	0.211

注：$\lambda_{max}=5.058$；$C_I=0.014$；$R_I=1.12$；$C_R=0.013<0.1$

表 3-11　业态集聚(B_4-C)判断矩阵

B_4	C_1	C_2	C_3	C_4	C_5	W_i
C_1	1	1/3	2	1	1/2	0.137
C_2	3	1	4	3	2	0.402
C_3	1/2	1/4	1	1/2	1/3	0.079
C_4	1	1/3	2	1	1/2	0.137
C_5	2	1/2	3	2	1	0.245

注：$\lambda_{max}=5.036$；$C_I=0.009$；$R_I=1.12$；$C_R=0.008<0.1$

表 3-12　业态生态(B_5-C)判断矩阵

B_5	C_1	C_2	C_3	C_4	C_5	W_i
C_1	1	1/5	3	1	1/3	0.108
C_2	5	1	6	4	3	0.483
C_3	1/3	1/6	1	1/3	1/4	0.051
C_4	1	1/4	3	1	1/3	0.113
C_5	3	1/3	4	3	1	0.245

注：$\lambda_{max}=5.180$；$C_I=0.045$；$R_I=1.12$；$C_R=0.040<0.1$

3.3.4.3 计算特征根与特征向量并进行层次单排序及一致性检验

本文采用和积法计算各判断矩阵的特征根与特征向量，首先计算 A 的特征向量。通过 $AW=\lambda_{max}W$ 的解 W，$W=(0.347,0.037,0.135,0.347,0.135)^T$，经归一化处理后即同一层次相应因素对于上一层次某因素相对重要性的排序权值，这一过程称为层次单排序或判断矩阵的一致性检验，计算公式如下：

$$\lambda_{max}=5.073, C_I=\frac{\lambda_{max}-n}{n-1}=\frac{5.073-5}{5-1}=0.018$$

C_I 为一致性指标，C_I 越小，说明一致性越高，考虑到一致性偏离有随机原因，因而检验判断矩阵一致性时还需要与平均随机一致性指标 R_I 相比较，当 $C_R=C_I/R_I<0.1$ 时，矩阵具有满意的一致性，否则需要调整判断矩阵。平均随机一致性指标的值为 R_I，对于1~9 阶判断矩阵，R_I 的值如表 3-13 所示。

表 3-13 矩阵阶数与 R_I

矩阵阶数	1	2	3	4	5	6	7	8	9
R_I	0.00	0.00	0.58	0.90	1.12	1.24	1.32	1.41	1.45

计算 $C_R=C_I/R_I=0.018/1.12=0.016<0.1$，因此层次单排序的结果有满意的一致性。准则层各指标的赋权过程简略，计算结果如表 3-14 所示。

表 3-14 准则层各矩阵特征向量与一致性检验结果

矩阵	包含指标	权重	λ_{max}	C_I	C_R
B_1	C_1, C_2, C_3, C_4, C_5	0.205, 0.438, 0.062, 0.164, 0.132	5.184	0.046	0.041<0.1
B_2	C_1, C_2, C_3, C_4, C_5	0.132, 0.364, 0.071, 0.217, 0.217	5.057	0.014	0.013<0.1
B_3	C_1, C_2, C_3, C_4, C_5	0.129, 0.407, 0.069, 0.184, 0.211	5.058	0.014	0.013<0.1
B_4	C_1, C_2, C_3, C_4, C_5	0.137, 0.402, 0.079, 0.137, 0.245	5.036	0.009	0.008<0.1
B_5	C_1, C_2, C_3, C_4, C_5	0.108, 0.483, 0.051, 0.113, 0.245	5.180	0.045	0.040<0.1

3.3.4.4 评价指标体系的权重及总排序

对同一层次所有因素对于最高层（总目标）相对重要性的排序权值，称为层次总排序。这一过程是从高层到最底层逐层计算进行的。根据表 3-14 的计算结果，现对该总排序进行检验。

首先计算：

$$\begin{aligned} C_I &= \sum_1^5 W_i C_{Ii} \\ &= 0.347\times0.046+0.037\times0.014+0.135\times0.014+0.347\times0.009+0.135\times0.045 \\ &= 0.028 \end{aligned}$$

再计算：

$$R_I=\sum_1^5 W_i R_{Ii}$$

$= 0.347\times1.12+0.037\times1.12+0.135\times1.12+0.347\times1.12+0.135\times1.12$

$= 1.121$

同样，最后计算：

$C_R = C_I / R_I = 0.028/1.121 = 0.025 < 0.1$

因此，认为层次总排序结果具有满意的一致性。

由以上数据结果可以计算各市对总目标的总权重为：

$W_1 = 0.205\times0.347+0.132\times0.037+0.129\times0.135+0.137\times0.347+0.108\times0.135$

$= 0.155$

同样得出，五市的优先排序分别为：0.425，0.200，0.155，0.152，0.067，所以五市乡村旅游综合评价中，南京市最优，其次分别为常州、苏州、无锡，最后为镇江。

在构建评价体系时，层次分析法采用了定性和定量的方法相结合，有效地改进了传统仅凭个人主观打分的片面性，可以更合理、科学地做出评价。但是对准则层的选择、各准则层对最高目标的权重以及各市对准则层之间的权重会带上评价者的主观意见，以致这种评判结果难免会带有一定的主观性。所以，在使用层次分析法时，尤其是在构造判断矩阵时，尽量大量调研，以保证结果更科学、客观，从而提高评价的质量①。

3.3.5 乡村旅游业态发展问题

实地访谈中发现，乡村旅游在解决“三农”问题、拓展农业产业链、价值链、助力脱贫攻坚、统筹城乡建设、助推乡村振兴、保护乡村文化等方面发挥了巨大的影响。随着乡村旅游的大发展，也出现许多问题。许多乡村旅游区在一哄而上的风光过后，已是步履维艰，难以为继。

由于受自然条件所限和制度上的安排，乡村旅游业态还存在不少困难和问题，制约因素还很多。在宏观层面，产业融合度不够，创新机理缺失；微观层面，农村中青年人才流失严重，致富的领路人稀缺，供需结构出现错位、匹配度不高，业态创新机制不健全，业态创新路径需进一步加大拓展。乡村旅游业态发展指导思想存在偏差，如重速度、轻效益；重数量、轻质量；重规模、轻品牌；重形式、轻实绩；重整齐划一、轻因地制宜；重行政推动力、轻市场原动力；乡村旅游业态数量与质量、规模与效益的“不平衡不充分”。

乡村旅游综合竞争力要素发展“不平衡不充分”，具体表现为旅游产品同质化问题突出、创新能力不足，产品文化特色薄弱、对游客的吸引力不足，开发管理不规范、品牌意识不强，产业开发方式粗放、生态意识淡薄。产品开发相对单一，拳头产品仍然较少。参与性、体验性、高品质、个性化、精细化的乡村旅游供给不足，难以满足乡村旅游市场日趋多层次、多样化和高文化品位的旅游需求；低水平、同质化、粗放式的乡村旅游产品大量存在。

---

① 吉根宝，郭凌，王斐，等．乡村振兴视角下旅游业态评价与创新机理研究——以江苏省苏南五市为实证调研对象[J]．南京林业大学学报（人文社会科学版），2019，19（04）：31-43.

4 乡村旅游业态创新机理分析

乡村旅游融合了生产、生活和生态,这便决定了其具有乡村振兴的天然"基因",是开启乡村振兴之门的一把金钥匙①。乡村旅游可以将生态资源转化为经济产业资源,集聚乡村人才回流,尤其是通过乡村旅游创新,改善乡村居住环境,优化乡村产业结构、生产和生活方式、空间格局,更多地承载乡村振兴之重任。而这些目标的实现离不开创新思路开拓和创新机制培育。新业态的创新发展是乡村旅游转型升级的必由之路。乡村旅游需要转型升级,需要构建更丰富的产业形态。拥有高附加值、高技术含量的乡村旅游新业态成为乡村旅游核心竞争力的集中体现。

4.1 乡村旅游业态创新概念与思路

4.1.1 乡村旅游新业态概念

服务业新业态本质上是一种供给创新。不管是服务供给本身,还是供给方式、经营组织等,都要求实现一种相对较新的形态②。乡村旅游新业态是乡村旅游与其他产业融合产生的旅游新业态,本质上是一种创新。在某种程度上说,产业融合的过程产生了大量的旅游新业态,旅游新业态的大量出现是产业融合的表现特征③。乡村旅游业态的变化发展实质上是乡村旅游内部构成要素变化发展的结果,其构成要素一般包括目标顾客、产品结构、服务方式、消费环境、企业空间布局等,乡村旅游业态创新首先应该是对乡村旅游构成要素的调整与改革。对乡村旅游业态构成要素以及要素组合进行调整与改革的结果是目标顾客获得了新的价值和利益,以及乡村旅游企业提升了市场竞争力。乡村旅游新业态是指相对于乡村旅游主体产业有新突破、新发展,或者是超越传统的单一观光模式,具有可持续成长性,并能达到一定规模,形成比较稳定发展态势的业态④,可分为全新型旅游新业态、改进

① 舒伯阳,刘玲. 乡村振兴中的旅游乡建与包容性发展[J]. 旅游学刊,2018,07: 9-10.

② 张磊,刘长庚. 供给侧改革背景下服务业新业态与消费升级[J]. 经济学家,2017(11):37-46.

③ 杨彦锋. 互联网技术成为旅游产业融合与新业态的主要驱动因素[J]. 旅游学刊,2012,27(9):7-8.

④ 杨玲玲,魏小安. 旅游新业态的"新"意探析[J]. 问题研究,2009(6):23-26.

型旅游新业态、换代型旅游新业态和仿制型旅游新业态四类①。乡村旅游新业态划分为全新业态、融合业态和改造业态三种类别。乡村旅游新业态主要模式有商业运作模式、组织管理模式、表征呈现模式、内容创意模式、资本运作模式等。

乡村旅游业态创新能有效推进乡村旅游供给侧结构性改革，培育农村农业发展新动能。乡村旅游供给侧结构性改革需要从"供给与需求"的整体观理论来分析，改革的着力点在乡村旅游的供给侧，但改革内因则在需求侧。乡村旅游供给侧结构性改革最终的目的是要解决乡村旅游产品的供给与消费需求的不适配问题，其主要表现在以下三个方面：一是供大于求，即乡村旅游产品供给过剩；二是供不应求，即乡村旅游产品供给量小于需求量，高质量、高品位、差异化产品不足；三是供不适求，即乡村旅游产品供给与需求结构不相符，或者是供给为零，但存在潜在需求。因此，需要及时作出调整，最终实现乡村旅游供给与需求的动态平衡。

4.1.2 乡村旅游业态创新原则

乡村旅游业态创新包括以下几个原则：可行性原则、整体优化原则、重点创意原则、效益原则、文化保护与传承原则、真实性原则、生态与可持续性原则。

4.1.2.1 可行性原则

乡村旅游业态创新可行性原则的最基本要求就是要从实际出发，量力而行，尽力而为，要对乡村旅游业态创新的组织规划、业态创新目标及可能性结果进行审慎的评估，确保既要达到目的，又符合规律。坚持需求导向，提高新业态的服务能力。以乡村旅游多功能拓展为主线，推动乡村旅游转型，引导乡村旅游新业态朝规范化发展，满足市场高端化、个性化需求。

4.1.2.2 整体优化原则

乡村旅游业态创新整体优化原则强调的是，乡村旅游必须与当时当地的社会、政治、经济、科技以及人们的文化素质水平相协调，业态创新更多要考虑整体优化。坚持城乡互促，提高乡村旅游新业态要素集聚力。通过城乡要素的有效流动，提高乡村旅游新业态发展活力，最终富裕农民。

4.1.2.3 重点创意原则

乡村旅游业态创新重点在创意，在乡村旅游资源转变为乡村旅游资本与产品的过程中要突出重点，坚持创新驱动，凸显乡村旅游新业态的产业引领性。找准创意点，在内容、体制和技术等主要环节力求创新。在转换过程中，要注重提炼内涵，提升乡村旅游供给质量。创意是对乡村旅游资源的高层次加工，是依靠创意人才的智慧、灵感和想象力，借助于高科技对乡村旅游资源的再创造、再提高，它会衍生出无穷的乡村旅游新产品、新服务和新商机，是乡村旅游与乡村文化融合创造的"裂变器"。

4.1.2.4 效益原则

乡村旅游业态创新，不是为了创新而创新，创造效益是基础。乡村旅游既要提高企业

---

① 汪燕，李东和．旅游新业态的类型及其形成机制研究[J]．科技和产业，2011，11(6)：9-12+65.

效益,也要提高效率,包括企业的经济效益、社会效益和生态效益,因此,乡村旅游业态创新必须围绕这个中心来制定和展开,要从合理处理局部与全局、近期与长期、内部与外部、微观与宏观等方面的关系出发,统筹兼顾,权衡利弊,以促进效益最大化。

4.1.2.5 文化保护与传承原则

文化是旅游的灵魂,旅游是文化的载体。没有文化的旅游,欠缺魅力;没有旅游的文化,欠缺活力。乡村旅游是文化的一种表现形式,而文化的内涵与品质,又决定着乡村旅游的知名度、美誉度。乡村旅游业态创新需要融合乡村优秀传统文化,持续发展。乡村旅游业态创新要秉承乡村文化保护与传承的原则。

4.1.2.6 真实性原则

乡村旅游业态创新要遵循真实性原则。真实性(authenticity)源于希腊语的"authentes",意为"权威者"或"某人亲手制作"。乡村旅游体验真实性不是客观存在的真实,而是强调主观体验的真实,融入主体动机和感知的文化的真实①,保持目的地传统文化的原生性和完整性,又可以部分地满足游客对其他地方真实生活的体验②。乡村旅游真实性显著影响游客对乡村旅游地的质量感知。

4.1.2.7 生态与可持续性原则

旅游新业态的本质正是旅游业可持续发展所需的创新战略,突破传统旅游行业的增长方式和运作模式,对一种旅游行业的组织形式、经营方式、经营特色和经济效率等进行的可持续性业态创新,是以产业组织形式和经营方式的创新为主线,根据旅游者消费心理和市场需求的变化,以满足其享受感知的新产品和新服务为内容的旅游产业形式③。乡村旅游也是如此,乡村旅游业态创新必须要坚持生态可持续,既不能影响乡村旅游长期发展,也不能妨碍他人的发展,其核心是克服经济活动的负外部性。同时,要兼顾长远,不能妨碍后人的发展。它的核心是拥有各种权利(包括所有权、开发权等)的当代人必须克制自己的欲望,主要是克制自己过度生产、过度消费的行为,以免破坏后人的发展环境,影响后人的发展。

4.1.3 乡村旅游业态创新思路

业态创新将进一步推动乡村旅游快速高品质发展,提升其在乡村振兴中的作用。苏南乡村旅游业态创新思路如下:其一,引领产业融合。乡村旅游业态的创新是推动乡村旅游转型升级、乡村产业振兴、乡村文化保护的重要力量,乡村社会的经济发展必须紧紧抓住乡村旅游业态更新的契机,将其视为经济升级转型的重要标志,加强对乡村旅游业态创新的关注与研究,同时各级政府部门应注重对乡村旅游业态更新的推进作用,起到引导、拉动的角色,尤其是行业管理部门,更应该用长远发展的眼光,来制定推动新型乡村旅游业态发展

---

① 王芳. 基于体验真实性的南京红楼文化旅游产品设计[J]. 江苏商论,2009(09):94-96.

② 赵鹏,黄成林. 基于"舞台真实性理论"的旅游演艺产品开发——以大型山水实景演出为例[J]. 乐山师范学院学报,2011(12):35-37.

③ 郭旸,沈涵. 基于生态内生化的旅游新业态的体系构建与规制研究[J]. 生态经济,2011(4):120-122+129.

的策略与机制，为其保驾护航，从而达到对一二三产业融合的引领作用。其二，规避风险。新型业态的出现一定程度上形成了对传统业态的挑战，因而，应尽量避免乡村旅游业态新旧更替过程中的恶性竞争，此外，新型乡村旅游业态最好能够做到由传统业态的参与、转型而来，实现平稳过渡，规避市场适应过程中可能会产生的风险。其三，需求导向，助力乡村振兴。从注重物质空间的环境改善到注重乡村的综合振兴；从重视村庄本体到重视村庄与田园山水的共同营造；从注重景观环境的美丽到注重乡土文化的挖掘彰显。新型乡村旅游业态的出现是以消费者的需求为基础，拓宽消费者的消费需求，实现乡村经济的转型，以形成内需型的经济发展模式，注重对新型乡村旅游业态的创新，推动乡村旅游供给侧结构性改革，助力乡村振兴。

基于“互联网+”技术、绿色发展理念、居民价值观念转变及大量资源闲置过剩等条件，在供给侧和需求侧双重驱动下，进行多层次乡村旅游业态创新。第一层面，乡村旅游行业内部的发展和整合，乡村旅游业态创新围绕的重心是产品，是对乡村旅游产品品种、类型、价值的创新；第二层面，乡村旅游与旅游行业之间的交叉渗透，乡村旅游业态创新围绕的重心是业务，是对企业业务进行有机关联和有序整合；第三层面，乡村旅游业与现代服务业各个行业的紧密关联，乡村旅游业态创新围绕的重心是资本和技术，是乡村旅游对资本运转和技术应用能力的提升；第四层面，乡村旅游与工业、农业、教育等国民经济其他产业的联动，乡村旅游业态创新的重点是市场利益和社会效益的统筹兼顾。

从乡村旅游业态创新活动角度看，应基于科学发现、技术发明、工程化、商业化、规模市场化和社会推广应用等环节，对乡村旅游业态创新；从乡村旅游业态创新要素角度看，应体现在创造性转化、创新性利用人才、资金、技术、基础设施、制度和文化等资源方面；从乡村旅游业态创新体系角度看，必须强化乡村旅游企业、高等院校、科研院所、中介组织和社会自然人等创新创造能力，并推动乡村旅游业态创新主体互动、互融、互通；从乡村旅游业态创新阶段的角度看，取决于根据外界环境变化，不断调整乡村旅游业态创新战略和选择创新发展路径的能力。

4.2 乡村旅游新业态产业体系结构

乡村旅游的业态创新是乡村旅游企业为适应科技进步、市场竞争、消费者需求变化，通过不断创新所形成的新的乡村旅游类型及与之相关的生产、经营、销售、服务和管理形态。

4.2.1 乡村旅游业态体系框架

乡村旅游新业态作为其产业未来增长的关键领域，在乡村振兴中的价值传递、审美增值、资源活化、原创培育、经济增长等方面的作用更加凸显，促进乡村旅游产业规模化、集约化、专业化水平的提高。立足乡土、乡音、乡愁、乡居，“沉浸体验”“跨界融合”“科技引领”将是乡村旅游业态创新的主要模式与战略方向。乡村旅游业态体系框架如图 4-1 所示。

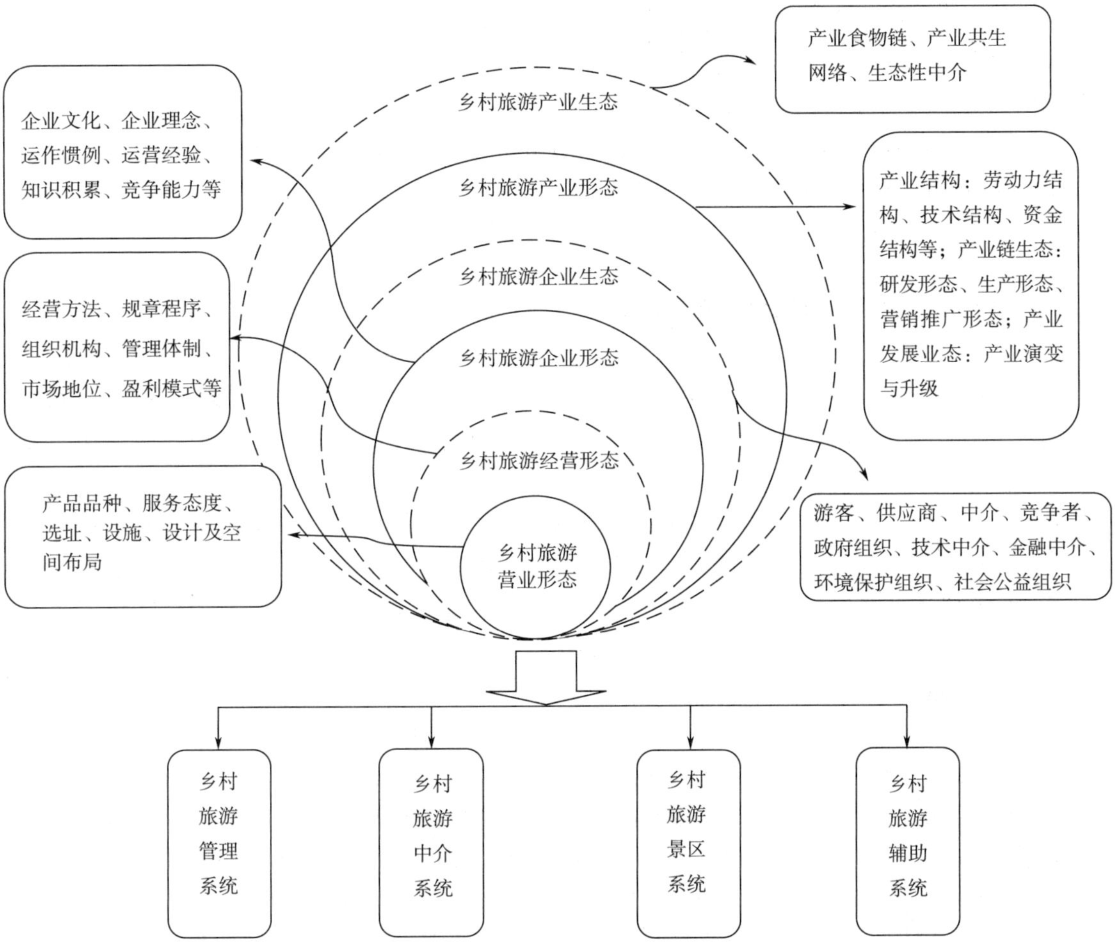

图 4-1 乡村旅游业态体系框架

乡村旅游营业形态：面对乡村旅游者，所有与乡村旅游者直接接触、能够直接影响其购物体验的活动。包括乡村旅游产品品种、旅游消费环境、乡村旅游人员的服务态度、区位选址和价格、吸引乡村旅游者购物的娱乐设施、企业识别系统（CIS）设计与空间布局等。

乡村旅游经营形态：指支持营业形态的乡村旅游企业内部系统，包括乡村旅游企业在生产、营销、人员、财务等管理活动中，运用的经营方法、规章程序、盈利模式、管理体制、市场地位、组织机构等外显性因素。

乡村旅游企业形态：指乡村旅游企业呈现给外部游客或组织的整体形象，不仅包括乡村旅游营业形态的内容，还包含乡村旅游企业文化、乡村旅游企业理念、乡村旅游运作惯例、乡村旅游生产运营经验、乡村旅游知识积累、乡村旅游竞争能力等内隐性因素。

乡村旅游企业生态：游客、乡村旅游供应商、乡村旅游中介、乡村旅游竞争者、政府组织、乡村旅游技术中介、金融中介、环境保护组织、社会公益组织等乡村旅游外部利益相关者构成了乡村旅游的生存环境和生态圈，乡村旅游企业在互动过程中形成具有边界可渗透、成员易流动、形式不固定等特点的乡村旅游实体或虚拟结构，从而共同构成了乡村旅游企业的生态。

乡村旅游产业形态:包括乡村旅游产业结构状态(乡村旅游的技术结构、资金结构、劳动力结构)、乡村旅游产业链生态(研发形态、生产形态和营销推广形态)、乡村旅游产业活动质态以及乡村旅游产业发展业态(乡村旅游产业的演变与升级)等。

乡村旅游产业生态:由相互作用的技术世界和非技术世界构成,包括乡村旅游产业食物链、乡村旅游产业共生网络(产业共生共享、区域创新空间等)、乡村旅游生态性中介(消费中介、绿色中介等)。

4.2.2 乡村旅游管理系统

乡村旅游管理系统包括:乡村旅游管理目标子系统、乡村旅游管理对象子系统、乡村旅游组织管理子系统、乡村旅游开发管理子系统、乡村旅游信息管理子系统和乡村旅游创新管理子系统。

其中乡村旅游管理目标子系统和乡村旅游管理对象子系统是分析系统。其他四个子系统是功能系统。乡村旅游管理目标子系统,作为分析系统是乡村旅游各功能系统的目标集合的系统描述。乡村旅游管理对象子系统是乡村旅游被管理要素(人、财、物、信息、技术、时间、社会信用等一切资源)集合的系统描述。对人的管理主要涉及乡村旅游经营与业态创新过程中人员分配、工作评价、人力开发等。对资金的管理主要涉及乡村旅游经营与业态创新过程中财务管理、预算控制、成本控制、资金使用、效益分析等。对物的管理主要涉及乡村旅游经营与业态创新过程中资源利用、物料的采购、存储与使用,设备的保养与更新、办公条件和办公设施等。对信息的管理主要涉及乡村旅游经营与业态创新过程中组织外部、内部信息的快速收集、传递、反馈、处理与利用、发展趋势的准确预测等。对技术的管理主要涉及乡村旅游经营与业态创新过程中新技术新方法的研发、引进与使用,各种技术标准和工作,方法的制定与执行等。对时间的管理主要是乡村旅游经营与业态创新过程中如何合理安排工作时间并提高工作效率,在最短的时间内达到组织目标等。对社会信用的管理,如在乡村旅游经营与业态创新过程中通过组织的实践活动、媒体宣传和从事公益事业等手段,树立本组织良好的社会声誉和社会地位,为乡村旅游企业组织目标的实现创造良好的环境。

组织具有综合效应,这种综合效应是组织中的成员共同作用的结果。乡村旅游组织管理就是乡村旅游经营与业态创新过程中通过建立组织结构,规定职务或职位,明确责权关系,以使组织中的成员互相协作配合、共同劳动,有效实现组织目标的过程,形成乡村旅游组织动态循环系统。包括确定实现乡村旅游企业组织目标所需要的活动,并按专业化分工的原则进行分类,设置相应的工作岗位;根据组织的特点、外部环境和目标需要划分乡村旅游工作部门,设计组织机构和结构;规定乡村旅游企业组织结构中的各种职务或职位,明确各自的责任,并授予相应的权力;制订规章制度,建立和健全乡村旅游企业组织结构中各方面的相互关系。其目标是:一是挖掘目标客户。鉴于任何一家乡村旅游企业的人力资源和资金都是有限的,更不可能满足所有乡村游客的需要。应结合企业自身情况找准市场定位,挖掘目标客户,创新业态,这样才会更有效率和针对性。二是满足旅游者产品需要。乡村旅游经营团队要经常在与旅游者沟通的基础上,为乡村旅游者提供满意的产品服务,以满足其需要,并为乡村旅游市场公用信息模块和乡村旅游产品信息模块提供着支持与服务。三是提高团队客户管理的精确性。能否有效提高乡村旅游客户管理的精确性是客户管理的主要衡量目标。数据存储模块和数据分析模块在提高乡村旅游管理团队客户管理精确性方面发挥着重要的技术支持作用。四是提高乡村旅游者忠诚度。激烈的市场竞争使乡村旅游团队开发新业态、新消费者的成本居高不下,忠诚的老客户是团队稳定的利润来源。

乡村旅游开发管理子系统应具备的要素有以下三个:一是制造一个鼓励创新、适合乡村旅游业态研发的环境,必须采取弹性而目标化的管理,不以死板的制度限制员工的创意,必须要求实质的成果。二是将营销的观念融入乡村旅游业态创新和产品研发中,为使有限的资源发挥最大的效益,研发部门也须有"营销感",最好是让营销人员参与研发的过程,如此产品才具有市场价值。三是乡村旅游业态创新与产品研发策略的制定与掌握,有了策略方针,才能对手中所掌握的有限资源进行更好的规划、运用,以求在最短的时间内,达到最高效益。

通过系统描述,解释系统要素,阐明要素之间的关系和结构,从而正确地把握有关乡村旅游管理的基本概念。四个功能系统是以主线为基础,围绕五个管理中心展开的,按乡村旅游不同管理类别划分的管理职能的集合。所形成的系统功能以实现子系统目标的方式,来保证乡村旅游管理大系统目标的实现。对乡村旅游管理系统构架模式认识的意义就在于领导者和管理者对乡村旅游业态创新问题要树立系统的理念,并在乡村旅游决策和管理运作中贯彻这种观念,以提高乡村旅游业态创新效率或减少失误。特别是对于像苏南地区乡村旅游资源丰富的区域具有一定的指导意义。

4.2.3　乡村旅游中介系统

乡村旅游中介是指协助乡村旅游企业推广、销售旅游产品给最终消费者的集体或个人。其主要包括乡村旅游批发商、乡村旅游经销商、乡村旅游零售商、乡村旅游代理商以及随着互联网的产生与发展而出现的在线网络服务商(OTA)。

乡村旅游中介在旅游市场营销中占有特殊的地位,对旅游产品营销渠道的形成和运行起着重要的作用。乡村旅游中介的功能主要体现为市场调研、促进销售、开拓市场和组合加工产品等。一是乡村旅游市场调研。乡村游客是乡村旅游企业生产经营成败的关键所在,其数量之多少、层次之高低、购买力之大小对乡村旅游企业的经济效益有着重要的影响。乡村旅游中介利用自己直接面向乡村游客的有利地位,真实、客观、全面地调查、掌握乡村旅游消费者的意见和需要,从而为乡村旅游企业提供准确、及时的信息,帮助乡村旅游企业应对市场的变化趋势做出及时的反应,使乡村旅游产品和服务的供应能不断适应乡村旅游消费者的需求。二是乡村旅游市场开拓。乡村旅游市场需求的频繁变化和强有力竞争,客观上要求乡村旅游企业不断进行市场开拓,使之在市场中生存与发展。乡村旅游中介专门进行乡村旅游产品的购销工作,对乡村旅游市场的变化及走向有着强烈的敏感性,能对乡村旅游市场的趋势有较为准确的研判,并善于捕捉市场营销机会。三是促进乡村旅游产品销售。乡村旅游产品要获得众多旅游消费者的青睐,一定要将潜在的乡村旅游需求转化为现实的乡村旅游需求。乡村旅游中介往往是乡村旅游营销的专门人才,各自拥有独特的渠道、丰富的经验、良好的公共关系,能沟通乡村旅游生产企业与旅游消费者之间的联系。四是组合加工产品。任何一个乡村旅游企业都不能提供不同旅游者在完整的乡村旅游活动中所需的食、住、行、游、购、娱等环节的各类乡村旅游产品。乡村旅游中介运用自身与多家乡村旅游企业的联系,具有对多种乡村旅游产品进行加工、组合的能力。

4.2.4　乡村旅游景区系统

乡村旅游景区系统指乡村旅游目的地的"乡土性",即乡村旅游乡土特色、乡村旅游发展环境、乡村旅游管理水平及乡村旅游成长能力。包括:乡村旅游景观子系统、乡村旅游景区标识子系统、乡村旅游景区服务子系统等。

乡村旅游景观是指乡村在开发旅游的过程中所形成的旅游景观格局,包括自然景观和人文景观的综合表现。既是乡村旅游核心吸引力也是乡村旅游目的地的核心竞争力,它决定了乡村旅游目的地的市场潜力,是乡村旅游目的地发展的拉动力;乡村旅游景观须有足够的体验价值,是旅游者前往乡村旅游目的地的内生动力,对于乡村旅游目的地的口碑宣传、培育忠诚旅游者与重游旅游者作用重大,是业态创新的资源基础。

建筑环境景观要素、农耕文化生存景观要素、非物质文化要素,乡村丰富的地域文化及乡情民俗构成了乡村旅游景观的主要内容。涉及乡村旅游景区地质地貌、水文、气候、动植物,以及地域的社会、人文、历史等方面,也包括街巷、广场、居住区、标志性景观、边沿景观、村落周边水系、小游园、旅游景观小品、建筑景观、庭院景观等微景观因素。乡村旅游核心吸引力与乡村旅游体验价值影响权重较大。

乡村旅游景区标识子系统需要强调个性化与形象气质。个性化要从景区村落当地地域文化中汲取精华,体现地方特色,从而使标识系统的某些特征具有不可替代性。比如标识的造型设计可以取材于当地特有的装饰符号、生活生产用具、建筑形式等;在材料上选取具有地方特征的原材料,更好地融于环境,体现乡土气息;标识内容也要尽量反映当地的历史、文化等。把个体特征统一到整体的风貌形象中去,达到整体上的功能作用,体现乡村景区目的地的最佳形象气质。同时,要在景观造型和信息功能上相互补充,构建一个类型多样、功能完备的乡村景区标识体系,体现乡村标识系统的整体气质。

乡村旅游景区服务从服务的有形性、保证性、响应性、可靠性、体验性等角度,基于游客需求,开发乡村旅游新产品、新服务、新业态,创新服务理念、服务手段、服务方式、服务内容。

4.2.5　乡村旅游辅助系统

乡村旅游辅助系统主要指乡村旅游公共服务体系、智慧化乡村旅游信息平台、乡村旅游配套设施装备的生产支撑企业或提供者。包括快捷便利的交通、舒适的住宿、方便整洁的如厕,更涵盖了个性化和高品质的服务。例如对老年人、残疾人、儿童、孕妇等群体的特殊关爱,以及现代化的智慧旅游功能等。乡村旅游配套设施设备集成房屋(节能房屋、轻钢房屋、木屋、集装箱房屋)、露营地装备(房车露营地、游艇码头露营地、乡村露营地)、户外休闲(房车、游艇、登山服饰、登山装备、山地自行车、皮划艇、急救设备、木船)等生产设计企业或提供者。全面构建结构完善、高效便利、集约共享的旅游公共服务体系,必须依靠政府、市场以及社会多方力量的合作，通过创新机制和健全法规，才能切实保障乡村社区旅游公共服务体系实现高水平、可持续发展。

4.2.6 乡村旅游产业体系

乡村旅游产业体系构成包括乡村旅游支撑产业、乡村旅游核心产业、乡村旅游衍生产业。具体如下。

a. 乡村游憩行业。包括乡村旅游区(点)、乡村主题公园、田园综合体、乡村休闲体育运动场所、农业产业集聚区、乡村康疗养生区、旅游村寨、农场乐园等经营管理和运作的行业。

b. 乡村接待行业。旅行社、乡村酒店、农家乐、乡村民宿、乡村旅居、会议接待、会议拓展、乡村论坛、会展等。

c. 乡村旅游交通与物流行业。包括乡村旅游区外部的公路客运、铁路客运、航运、水运等，也包括乡村旅游区内部的索道等小交通；乡村旅游商品配送、特色农产品(伴手礼)配送等。

d. 乡村娱乐与购物业。集购物、观赏、休闲和娱乐等于一体的乡村休闲步行街、特色商铺、创意市集、乡村文化演艺、乡村演艺秀场、创意休闲等。

e. 乡村建筑行业。乡村绿化、传统村落生态恢复、新农村、旅游特色村镇设施建造、艺术装饰等。

f. 乡村旅游生产制造业。乡村旅游交通工具生产、乡村旅游游乐设施生产、土特产品加工、乡村旅游工艺加工、乡村旅游衍生品加工、信息终端及虚拟旅游等设备制造。

g. 乡村旅游营销行业。乡村旅游商务行业(包括电子商务)、乡村旅游媒介广告行业、展览、节庆等。

h. 金融业。乡村旅行支票、旅行信用卡、乡村旅游投融资、旅游保险、乡村旅游衍生金融产品等。

i. 乡村旅游智业。乡村旅游规划、策划、管理、投融资、景观建筑设计等咨询行业以及乡村旅游相关教育培训行业。

4.3 乡村旅游新业态产业体系构建途径

4.3.1 搭建平台，为体系构建提供智力支撑

搭建政、产、学、企联动平台，为乡村旅游新业态产业体系构建提供智力支撑。主要表现为以下两点。

a. 加强乡村旅游业态创新基础研究工作，以智库推动乡村旅游新业态发展。智库是长期从事与公共政策相关研究与倡导工作的组织，被誉为“弥合知识与权力之间鸿沟的桥梁”①。在乡村旅游新业态发展过程中，一是利用现有智库，如政府部门直属或直管的旅游

① 宋瑞. 以智库建设推动中国旅游创新发展[J]. 旅游学刊，2016，31(2)：1-3.

研究机构、相关研究单位、旅游研究处室等,高等院校的旅游教学与科研单位,自主经营的旅游规划咨询机构以及旅游综合体,旅游企业(集团)的研发和策划机构①;二是成立乡村旅游学会和乡村旅游智库,逐步构建乡村旅游智库群。在苏南旅游行业中形成研究乡村旅游新业态的良好氛围,为乡村旅游创新业态和新业态发展提供理论支撑。

b. 搭建多方参与协作平台,为乡村旅游新业态提挡升级提供智力支撑。建立政府、学者、业主、企业、农民、游客等交流互动平台,为苏南乡村旅游新业态发展出谋划策。同时,加强乡村旅游新业态开发中的人力资源建设,根据乡村旅游新业态发展特点,加强经营管理者、从业人员、村民等相关人员的旅游知识和业务技能培训,提高苏南乡村旅游新业态的供给水平。

4.3.2 基于大数据,提升乡村旅游供给质量和效率

加快乡村旅游新业态产业融合创新,提升乡村旅游产业供给的质量和效率。主要表现为以下两点。

a. 基于供给侧结构性改革,创新驱动乡村旅游新业态发展。在中央财经领导小组第十一次会议上,习近平总书记强调,在适度扩大总需求的同时,着力加强供给侧结构性改革。在随后召开的国务院常务会议、中央经济工作会议上,均提出更加注重供给侧结构性改革。供给侧改革是要对乡村旅游新业态的生产要素、生产技术、生产方式及技术创新进行改革提升。重点振兴"休闲乡村旅游新业态制造业",为苏南地区乡村旅游新业态的结构升级和技术进步提供科学指引。突出发展"度假科技",提升苏南地区乡村旅游新业态科技创新规模和深度。创新推进"假日改革",所有的生产要素最终可归结为时空要素,应积极探索各地政府"地方假"和企业"带薪休假"相结合的假日审批权下放改革。充分发挥乡村旅游企业的创新精神、市场敏锐性及商业智慧,通过新技术、新产品、新业态、新模式等改造苏南地区乡村旅游新业态,实现新价值、新需求、新市场,形成新供给和新动能。

b. 基于大数据,创新优化乡村旅游新业态供给结构。苏南地区应高瞻远瞩,做好乡村旅游业态创新规划。乡村旅游新业态规划应从全域旅游的视角出发,全面审视苏南地区乡村旅游新业态的发展实际,合理进行整体规划,铸造破解供给难题的金钥匙。制定发展规划,顶层设计做引领。规划是乡村旅游新业态健康有序发展的基础,利用区位条件、资源特色、生态环境、社会经济及客源市场等进行认真翔实的调查与评价,将乡村旅游纳入苏南地区整体规划,进行统筹安排,多规合一,全面规划。对村庄布局、土地利用、住宅建设、基础设施、产业发展、公共服务、村务管理等进行整体设计规划,科学划分生产功能区、生活功能区、生态涵养功能区,以村庄改造、合作社建设、生态修复、村规民约建设为工作着力点,集中发展乡村旅游,促进农业一二三产业融合发展。对乡村旅游新业态开发活动进行有序周密安排,减少盲目开发和投资失误;避免雷同与重复建设,提升乡村旅游新业态开发的效果。全面寻求国家、长三角、省发展契机,借势发力,全力打造乡村旅游的升级版,在更高平台、更深层次、更广领域实现全面发展,综合各方面的机遇、政策契机、市场需求和资源禀赋

① 吉根宝,王丽娟,彭燕琼,等.供给侧视角下的农家乐融合创新研究——以句容市为例[J].江苏农业科学,2016,44(8):553-556.

等提出系列未来发展目标，包括战略定位、发展目标、形象定位、市场定位等，勾画蓝图，全面突破。利用大数据，调整供给结构，提升乡村旅游供需平衡。根据市场需求，及时对不能适应市场变化和供给过剩的乡村旅游进行转型升级，盘活苏南地区乡村旅游存量，创新业态，优化供给。

4.3.3 基于产业融合创新，拓宽乡村旅游产业边界

重塑苏南地区乡村旅游产品形象，提供更多的个性化产品，坚持乡村“旅游+”的产业融合发展思路，加强乡村旅游与农业、工业、文化产业、商业、体育业、养老产业等的融合发展，创新创意休闲农业、文化创意、研学旅游、户外运动、养生养老等乡村旅游新业态。通过资源整合改造传统业态，产业融合催生新业态，构建苏南地区完整的乡村旅游业态体系，增强旅游供给与游客需求匹配度，把游客留下来，凝聚财气。推动苏南地区乡村旅游从小、弱、散经济向产业经济转变，从粗放低效方式向精细高效方式转变，从封闭的旅游自循环向开放的“旅游+”转变，从企业单打独享向社会共建共享转变，从景区内部管理向全面依法治理转变，从部门行为向政府统筹推进转变，从单一乡村旅游区建设向综合目的地服务转变。通过乡村旅游+产业融合，延伸产业链，创新业态。途径主要有乡村旅游与创意产业融合创新、乡村旅游与酒店服务业融合创新、乡村旅游与农业生产融合创新、乡村旅游与教育融合创新、乡村旅游与科技融合创新（如智慧乡村旅游）、乡村旅游与旅游地产融合创新、乡村旅游与生态融合创新、乡村旅游与文化融合创新、乡村旅游与美丽乡村建设融合、乡村旅游与新型城镇化建设融合、乡村旅游与田园综合体融合、乡村旅游与宜业宜居宜游的特色村镇建设融合等。

4.3.4 培育特色乡村旅游系列产品，激活供给

基于满足多元化需求，采取走出去、引进来，创新乡村旅游产品，坚持“以农民为主体、让农民共同致富”的理念，探索实施“公司+项目+村民入股”的综合性发展模式，打造苏南地区特色乡村旅游系列产品。一是转变观念，客观认识乡村旅游资源本质属性；二是打造风格各异、环境多样的乡村旅游产品，如引入中国台湾“生产—生态—生活”三生一体的建设模式，“山间民宿，山腰农耕，山下休闲”的联动经营模式，打造诗意的乡村旅游；三是开创不受约束的农家生活，如让游客体验大汗淋漓的农家劳作等；四是突出重点、亮点和示范点，不能一哄而上，以数量增长代替质量增长；五是发展个性化乡村旅游产品，适应市场变化，打造特色项目；六是注重保持乡村自然和人文环境的原真性与真实性；七是注重乡村旅游产品和组织形式的多样性。

4.3.5 线上线下融合，拓展客源市场、改善环境

a. 基于“互联网+”，加大乡村旅游市场研究与宣传力度，拓展乡村旅游客源市场。实施“省市联合、区域联动、企业联手、媒体跟进”的乡村旅游大营销战略，整合和优化苏南地区乡村旅游营销资源，全方位、多渠道、大密度地开展旅游宣传，进一步提升苏南地区乡村

旅游品牌价值和品牌效应，继续扩大乡村旅游品牌知名度和影响力。一是采取环境营销，通过环境衬托尽显乡村旅游魅力，精品店铺营造一流购物体验，精致环境展现商品艺术意境、展现农产品浓郁的乡土风情；二是积极开展体验营销，通过乡村情怀体验、农耕体验，感受农产品制作过程；三是大力推进网络营销，构建乡村商品销售网络平台，利用“互联网+”功能，通过自媒体营销方式，构建乡村旅游的新型营销方式；四是借助活动、拍卖和展会营销，提升苏南地区乡村旅游的知名度，打造品牌。

b. 加大政策引导，提升苏南地区乡村旅游的综合效益。建立和健全管理机制，制定相应的政策法规，不断提高经营者的管理水平，逐步实现苏南地区乡村旅游管理的规范化。一是加大政策支持，鼓励乡村旅游产业主体培育，提升产业融合度，提高农民参与度，扩大受益覆盖面；二是降税减负，改变发展方式，提升综合效益；三是鼓励工商资本融入，培训新型乡村旅游经营主体。

4.3.6 营造产业生态，打造乡村旅游价值链

乡村旅游产业价值链以农业为主，第一、二产业为乡村旅游相关产业提供物质支撑，乡村旅游相关产业发挥资源优势，乡村旅游市场要素合成相关乡村旅游产品与服务。乡村旅游服务提供商通过旅行中介渠道向游客提供市场所需的产品和服务，创造价值，形成一条完整的旅游产业链。主要包括乡村旅游基础价值链、乡村旅游核心价值链、乡村旅游支撑价值链。通过资源、市场、功能、品牌、文化、情感、资金、技术、人才、制度等要素融合，产生新价值。乡村旅游产业价值链如图 4-2 所示。

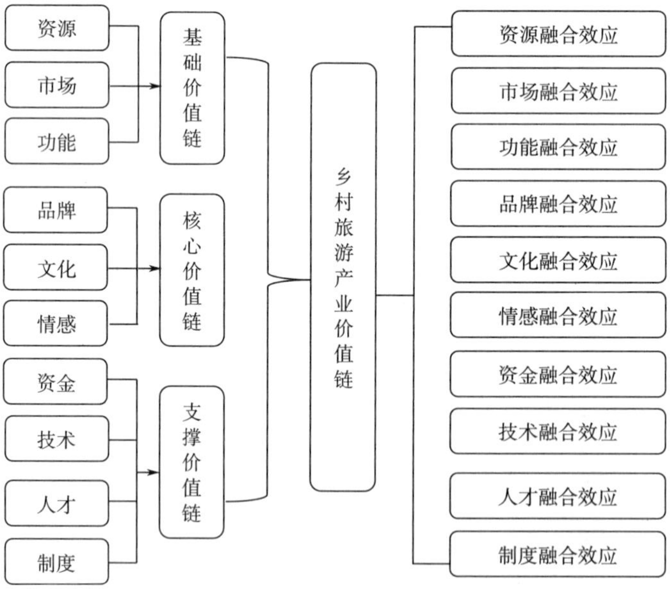

图 4-2　乡村旅游产业价值链

乡村旅游基础价值链由乡村旅游的资源、市场、功能价值构成。乡村旅游资源利用的广泛性是乡村旅游产业资源融合机制的根本。凡能对旅游者产生吸引力，乡村生产、生活、

生态均可以为乡村旅游业开发利用,并可产生经济效益、社会效益和环境效益的各种事物和因素都可构成乡村旅游资源。从乡村旅游的市场上看,市场特征与乡村旅游市场比较相似,甚至存在交集。乡村旅游产业与其他产业融合的最早表现是市场交集的增大,边界趋于模糊化。通过不同产业生产流程、业务内容的改造,最终形成对旅游者产生吸引力的功能更完善、价值更广泛的乡村旅游产品,从而改变了其他产业的传统生产方式或生产特征。与乡村旅游业融合的产业可以获得不断流动的新的乡村旅游市场空间,实现更快的增长速度,并通过核心技术与价值的改造提高乡村旅游绩效。从乡村旅游的功能发展上看,既要在乡村旅游产品的层次上有所改善,还应在乡村旅游业态层次上有所提升。多元化的乡村旅游市场需求使得乡村旅游在功能上得以迅速拓展,开发了观光、度假、娱乐、休闲、健身等多方面的乡村旅游产品,也提高了乡村旅游产品的功能附加值。

乡村旅游核心价值链由品牌、文化、情感价值构成。品牌融合是乡村旅游市场融合的更高层次,打造区域亮点,集中体现区域特色。如无锡灵山小镇拈花湾,小镇整体建筑风格与日本奈良非常相似,又融入了中国江南小镇特有的水系,打造出了一种独有的建筑风格,形成独特的形象符号,塑造品牌。乡村旅游是将当地文化转换为价值的重要形式和有机载体。文化是乡村旅游产业的灵魂,乡村旅游产业是乡村文化活化的载体。乡村文化的保护与创造性转化与创新性利用是乡村旅游发展的重要任务。情感融合主要体现在乡村旅游对旅游者产生的远离城市、体验乡村的心理与生理享受,而情感价值最大化,并将情感价值转化为经济价值,从而提高乡村旅游价值链效益。

乡村旅游支撑价值链由资金、技术、人才、制度价值构成。资金是乡村旅游产业生存和发展的核心资源。通过跨界经营、服务外包、战略结盟、兼并重组等方式,发展成多元化经营的乡村旅游企业和大型乡村旅游集团,实现产业间的资金融合。高新技术的创新和跨界融合,一直是产业融合的重要形式和动力①。引进信息、物联网、智能、安全、环保、纳米等高新科技成果,改造乡村旅游目的地的基础设施和服务设施水平,创造新价值,创新新业态。人才是乡村旅游产业融合的主体和推动力,随着乡村地位的提升和乡村旅游产业融合的深入,越来越多的人才将在相关部门就业。制度是乡村旅游企业为了达到某种目的,维持某种秩序而人为制定的程序化、标准化的行为模式和运行方式。以乡村旅游企业文化核心价值体系为依据,建立能够自我管理、自我约束的制度机制,通过有效激励和约束,使乡村旅游企业员工的积极性和自觉能动性不断得以充分发挥。

有效整合资源,营造良好的产业生态,打造苏南地区乡村旅游产业链。一是乡村旅游产业链横向整合。建立苏南区域性旅游协作,加强城乡互动、共建共享。传统景区在区位优势、品牌建设、市场营销、技术支持等方面都较乡村旅游景区有优势。乡村旅游景区可以与著名旅游景区联合构建旅游线路,融入苏南,甚至长三角区域旅游整体推广体系中,实现旅游信息和客源共享,实现城乡旅游景区之间的合作和双赢。二是乡村旅游产业链纵向整合。推进苏南地区乡村旅游产业链纵深化,强化乡村旅游建设主体,以知名乡村旅游企业为龙头,优化配置相关产业,形成生产和销售产品完整的产业链,使得旅游产业带动诸多产业融合发展,最大限度地使旅游收益留在乡村。在乡村旅游发展过程

---

① 付业勤,郑向敏. 旅游与会展产业的融合:产业价值链分析、路径与对策[J]. 西北农林科技大学学报(社会科学版),2014,14(3):146-153.

中要转变产业运作方式,通过“资源变资产,现金变股金,村民变股民”,多产业融合构建完整的产业链,实现由单一的经济功能向经济、社会、文化、教育等综合功能转变。三是发挥乡村旅游产业链中核心企业的龙头作用。建立一批有实力的龙头企业,通过吸引投资,塑造品牌,形成具有较强核心竞争力的乡村旅游企业集团。围绕乡村旅游进行产业链整合,以市场为导向,以科技为动力,借助核心企业的影响力带动苏南地域乡村的发展,由“点”带动“线”的发展,再由“线”带动“面”的发展,通过乡村旅游产业的发展促进整个苏南区域乡村振兴。

4.4 乡村旅游业态创新机理

4.4.1 影响乡村旅游业态创新的主要因素

政策引导、城镇化拉动、投资驱动、新消费革命等推手助力苏南地区乡村旅游发展,而影响乡村旅游业态创新要素主要是宏观政策演化、功能演化、地位演化、需求演化等,如图4-3所示。

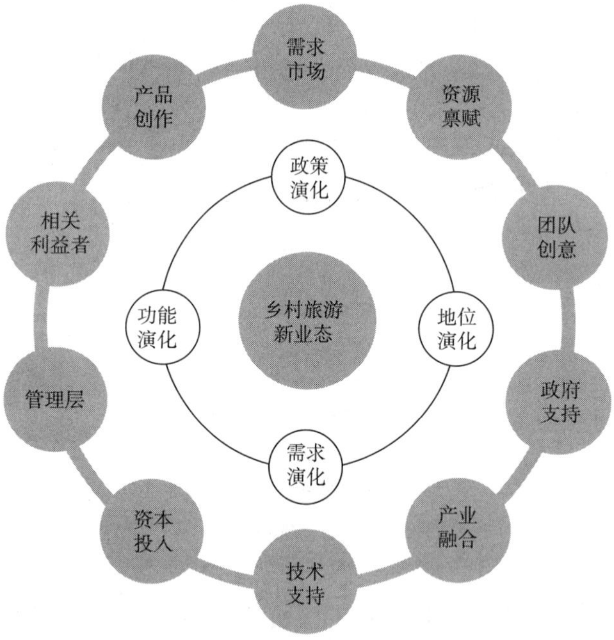

图 4-3 影响乡村旅游业态创新的主要因素

a. 宏观政策演化。国家宏观政策调控是乡村旅游业态演化的外在推动力。从关注三农到关注乡村旅游,中央一号文件从 2004 年开始连续 17 年聚焦“三农”问题,并在 2013 年至 2018 年连续 6 年将乡村旅游发展作为推动农业农村发展的重要抓手,与此同时各类旅游发展意见也都明确提出发展乡村旅游业，这成为乡村旅游业态创新的基础和外部推力。如2016年中央一号文件指出，大力发展休闲农业和乡村旅游。强化规划引导，采取以奖代补、先建后补、财政贴息、设立产业投资基金等方式扶持休闲农业与乡村旅游业发展。2017年6月，农业部办公厅印发《关于推动落实休闲农业和乡村旅游发展政策的通知》，在用地政策、财政政策、金融政策、品牌创建等六方面给予政策扶持，推动落实休闲农业和乡村旅游发展政策。相关部门先后印发了国办发〔2015〕93号、农加发〔2016〕6号、旅发〔2016〕121号、发改综合〔2018〕1465号等文件，有力促进了乡村旅游发展。2018年1月《中共中央国务院关于实施乡村振兴战略的意见》明确提出，实施休闲农业和乡村旅游精品工程，建设一批设施完备、功能多样的休闲观光园区、森林人家、康养基地、乡村民宿、特色小镇。利用闲置农房发展民宿、养老等项目。

b. 乡村旅游功能演化。功能演化是乡村旅游业态演化的内在驱动力。乡村旅游要素集聚较快地推动着乡村旅游功能演变和空间规模的扩张与分化。由初级的农家乐单一功能逐渐向"有看头，有玩头，有住头，有吃头，有买头，有疗头，有行头，有说头，有学头，有拜头，有享头，有回头"等多元化功能拓展，既有单一功能的极致放大，也有多元化功能的配套发展。湖州德清县把"有住头"民宿做到极致，打响"洋家乐"特色品牌，实现了要素的升级。产业横向延伸，由单一乡村旅游产业向关联产业延伸，如农业、工业、艺术、文化等，通过产业叠加融合形成更加丰富多元的产品、空间和业态。苏州"青蛙村"通过发展青蛙经济激活休闲农业，以文化创意注入闯出一条致富路，成功实现了乡村旅游业向生活产业的延伸。

c. 乡村旅游地位演化。过去乡村旅游以陪衬、配套、附属的角色出现和生存，地位较为尴尬。经过多年发展，乡村旅游影响力得到明显提升，由小、弱、散、差，不成体系，逐步提升为国家战略层面。首先表现在提升产业融合。实践表明，乡村旅游成为农村一二三产业深度融合的强大推动力。促进农业从单一的生产功能向休闲观光、农事体验、生态保护、文化传承等多功能拓展，满足城乡居民走进自然、认识农业、体验农趣、休闲娱乐的需要，而且能够借助其较高的经济效益，充分调动各类经营主体加大投入改善农业基础设施、转变经营方式、运用新技术、保护产地环境的积极性。其次表现在旅游扶贫富农成效突出。乡村旅游已成为农民收入的重要增长极，也是保障农民收入持续较快增长的希望所在和突出亮点。同时，乡村旅游成为乡村振兴重要切入点，更是旅游发展的主要动力源，为乡村旅游产业振兴、文化振兴、社会治理提供了新思路、新模式。

d. 乡村旅游需求演化。需求的不确定性和易变性一直影响乡村旅游的产品、服务，乃至影响乡村旅游业态的演变。需求演化主要是由内在动机和外在刺激所引起的，需求是一个动态的概念，它具有高度的时空与情境依赖性。一方面，随着时间和空间的变化，乡村旅游者、经营者、乡村居民等相关利益者的需求会发生量和质的变化。另一方面，相关利益者也会主动地寻求需求的变异，在这样一个互动机制的作用下，促使乡村旅游需求不断进行演化。乡村旅游观念开放程度逐渐增强，使乡村旅游形式从单一走向多元，新的旅游业态随乡村旅游发展层出不穷；乡村旅游的内外部空间联系从封闭平面走向开放立体，达到网络化、分区化；乡村旅游支持系统从缺失逐步走向健全，更加趋于理性；乡村旅游社会分层经历了"小众旅游""大众旅游"，最终发展到"全民旅游"；乡村旅游产业演变态势可以概括为低开—高走，将走向平稳发展；乡村旅游的开发导向经历了个人需求导向—产品导向—

项目投资导向的演化①。

乡村旅游业态创新驱动机制的十大驱动因子是:需求市场、资源禀赋、团队创意、政府支持、产业融合、技术支持、资本投入、管理层、利益相关者以及产品创作,并构建了乡村旅游业态创新驱动机制模型。乡村旅游企业经营理念、组织管理、企业选址、盈利方式、产品生产方式、产品形态、价格策略、营销模式、服务方式的优化是乡村旅游业态创新完善的基础。

4.4.2 乡村旅游业态创新机理②

苏南地区乡村旅游业态创新需形成必要的驱动机制,推动乡村文化保护、活化与利用。乡村旅游业态创新的机理来自传统业态的“推力”、新业态的“拉力”以及支持系统带来的“中间障碍因素”作用,通过乡村旅游业态创新内外驱动力、知识存量、创新文化、创新方法等共同驱动乡村旅游业态创新(图 4-4)。

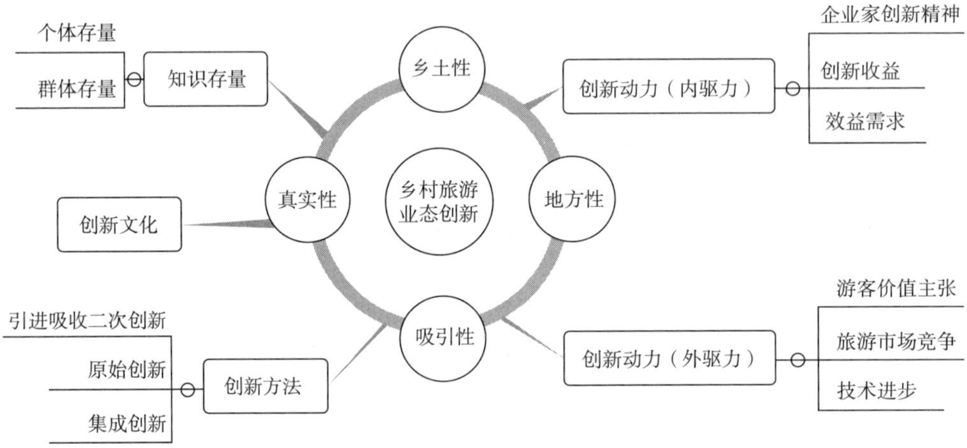

图 4-4　乡村旅游业态创新机理

a. 内、外驱动力是乡村旅游业态创新的动力源泉。乡村旅游业态创新的内驱动力主要受到企业家创新精神、创新收益和效益需求三方面因素的影响。首创性、成功欲、冒险和以苦为乐、精明与敏锐、强烈的事业心,构成了企业家精神的五大财富,其核心是企业家的成功欲③。企业家是创新的灵魂,创新要素的整合者,其创新精神尤为重要,作为乡村旅游业态创新主体,包括乡村旅游企业管理者或经营者的创新意识、创新兴趣、创新魄力、创新决心和相关的思维活动。乡村旅游业态创新动力来源有两方面:一是对乡村旅游企业利益的

① 范黎丽. 我国乡村旅游发展的演变规律和演进机制研究——以苏南乡村旅游发展为例[D].南京:南京师范大学,2008.

② 吉根宝,郭凌,王斐,等. 乡村振兴视角下旅游业态评价与创新机理研究——以江苏省苏南五市为实证调研对象[J]. 南京林业大学学报(人文社会科学版),2019,19(04):31-43.

③ 郭俊华,白永秀. 经济转型时期的企业家创新精神及其培育机制[J]. 兰州大学学报(社会科学版),2009,37(06):138-143.

追逐,二是独特的理性精神即企业家精神。企业家创新精神则是乡村旅游经济发展和转型的动力源。企业家创新精神的动力体系是指企业家创新精神的形成和发展的动因和动力体系,它包括形成和推动这种创新精神发展和实现的各种推动条件和激励因素,是一个在原动力基础上形成的一个由抽象到具体的动力体系①。乡村旅游企业家精神分为内在动因和环境激励两个方面。内在动因包括相近乡村旅游企业之间的矛盾;社会需求和乡村旅游企业之间的矛盾等,则是企业家创新精神的外在激励因素。

获取收益是乡村旅游生存和发展的核心基础,创造新收益是业态创新的首要目的与动力,因此创新收益因素是乡村旅游内部创新的动力来源。旅游企业经营的本质是创造效益,乡村旅游也是如此。对乡村经济、乡村社会、乡村环境生态等效益获得的需求既是乡村旅游业态创新内生动力,也是契合国家乡村振兴战略的实施。

b. 乡村旅游业态创新的外驱动力主要受到技术进步、游客价值主张和旅游市场竞争三方面因素的影响。技术进步是推进乡村旅游新业态和新模式出现的重要力量,特别是信息技术(如增强现实、虚拟现实、混合现实等)与旅游业的融合互动,强化了乡村旅游产业链不同环节之间以及不同产业链之间的互动关系,乡村旅游企业之间的关系网络也会在"互联网+"的推动下出现趋势,从而催生新的乡村旅游产业形态与模式。游客价值主张是指对游客而言什么是有意义的,即对游客真实需求的深入描述。乡村旅游者的需求是动态变化的,且随着时空的变换,其需求结构会发生根本性的转变,只有对乡村旅游消费者价值取向的发展趋势做出准确的研判,才能为乡村旅游企业拓展新的业态和模式创造机会。消费者价值主张的变化是乡村旅游新业态和新模式的重要推进因素,同时,乡村旅游新业态和新模式的发展也会创造新的价值主张,为乡村旅游新业态和新模式发展拓展新空间。乡村旅游产业内的市场竞争和经营压力,迫使乡村旅游企业不断审视自身的业态模式,并寻求可持续发展的创新路径,拓展新的乡村旅游业态和模式。乡村旅游产业竞争模式由原来的资本竞争、价格竞争转向知识竞争、创新竞争,从而推进乡村旅游新业态的出现。技术进步有利于促进乡村旅游业态创新与转型升级,采取多举措、多途径、提高乡村旅游技术应用创新能力,尤其是共性、关键技术创新能力,大幅度提高技术进步对乡村旅游业态创新与产业升级的推动作用。

c. 乡村旅游业态创新知识存量直接影响乡村旅游业态创新能力的大小。知识存量指企业内部所储存的知识总量,包括企业自身拥有的知识储备、自身创新获得的知识量以及企业内外部共享知识的知识资源②。乡村旅游业态创新的知识存量受知识创新量、知识共享量和知识更新量等影响。业态创新知识创新量指的是乡村旅游企业通过自身知识创新投入,运用乡村旅游业态创新知识能力而获取的业态创新资源,提升增长乡村旅游业态创新知识存量。业态创新知识共享量指的是主导乡村旅游企业和协同企业为了达到协同乡村旅游业态创新的目标,而将乡村旅游业态创新知识存量共享到乡村旅游价值链的业态创新知识资源量。业态创新知识更新量是乡村旅游企业为了更好地适应市场变化进行业态创新,而将业态创新知识存量更新淘汰的量。通过对知识增量累积、知识势能转换以及乡

---

① 赵薇,杰弗瑞·德登. 企业家创新精神原动力研究[J]. 山东社会科学,2010(07):91-96.

② Mundbrod N, Kolb J, Reichert M. Towards a System Support of Collaborative Knowledge Work[C]. // International Conference on Business Process Management. Springer Berlin Heidelberg, 2013: 31-42.

村旅游生态变异等，增强乡村旅游业态创新能力。

d. 乡村旅游业态创新文化既是环境因素，影响或制约乡村旅游业态创新过程，也是渗透到乡村旅游业态创新主体的潜在因素，影响业态创新者的思想和行为。创新文化是指与创新有关的价值观、态度、信念的人文内涵①。业态创新文化包括与乡村旅游业态创新有关的价值观、态度、信念等人文内涵的业态创新观念文化和有助于业态创新的制度、规范等人文环境的业态创新制度文化，包括乡村旅游业态的开发、创新、研究、传播、普及、评价的整个过程中，有利于乡村旅游业态创新的文化或业态创新所需求的文化。乡村旅游业态创新观念文化包括以乡村旅游业态创新为荣的价值观、理性的研判精神、开放协作的竞争意识、不惧失败的风险观和允许失败的宽容精神。乡村旅游业态创新制度文化体现为激励乡村旅游业态创新的“精神家园”。

e. 创新方法是指企业在创新活动中用于解决产品与流程相关的技术、管理与服务难题时，使用和总结出来的思维、科学方法与工具的总称。其具有一定的领域无关性，在某种程度上也是集成和融合领域相关工程技术的“纽带”②。乡村旅游业态创新需要建立科学的创新方法应用体系，将其导入乡村旅游企业并指导乡村旅游企业解决业态创新难题，进而提升乡村旅游业态创新能力。乡村旅游业态创新主要包括业态创新能力的提升以及业态创新能力的转化，而最直观的表现主要为业态知识存量的创新，通过原始创新、引进吸收二次创新、集成创新等方式，对知识存量、标准、业种、业型、业势等创新，进而提升乡村旅游的核心竞争能力和业态创新发展能力。

乡村旅游业态创新除了受内外驱动力、知识存量、创新文化、创新方法等影响，还受自身特征影响，乡村旅游新业态自身还需要具有乡土性、地方性、真实性、吸引性等。乡土性特征是指以土地为魂、以农耕为本、以乡村为根的基本性质，形成独特的本土文化、地方风俗、特有风貌、在地资源和风土人情，社会经济与乡村文化的观念和行为都已经受到了旅游的渗透，并或多或少具有了旅游的特征。地方性是乡村旅游业态创新的根本，既是地方情感和历史传承，也是乡村社会构建过程，其吸引力依托乡村建筑、家装、服饰、农事等形成的物质文化及民风民俗、民间艺术等精神文化要素，根植于本土文化传统和价值观。苏南乡村旅游目的地的吸引力来自苏南乡村地区独特的地方性，吸引游客通过移动与地方发生关联，移动成为连接游客与地方的重要手段。乡村建筑及遗迹、乡民服饰、乡村饮食、乡村语言及口承文化、乡村节庆及礼俗信仰、工具及乡村工艺品等是影响乡村旅游真实性的主要因素，真实性是对目的地文化的保护与发展。苏南乡村旅游业态创新既要满足游客存在寻求“他者”真实文化的心理需求，也要避免文化再生产过程中对苏南乡村旅游目的地的社会文化产生结构性的影响，不破坏其乡村文化的真实性。如乡村文化变迁、乡村社会结构变化、乡村族群认同、乡村情感归属等。

---

① 陈依元．试论科技创新文化内涵体系[J]．宁波大学学报(人文科学版)，2003(4)：32-36.

② 江平宇，张斌斌，郭威．企业实施多创新方法集成与融合应用的 LCUE 矩阵法[J]．科技进步与对策，2018(12)：1-8.

5　乡村旅游业态创新模式与路径

5.1　乡村旅游业态创新动力

乡村旅游市场规模和容量的扩大是乡村旅游新业态产生的前提条件。新业态的出现是乡村旅游需求发展到一定成熟程度的产物，多样化、个性化、高端化的乡村旅游需求是乡村旅游新业态产生的深层根源。专业化分工使乡村旅游新业态产生具有了可能。新技术发展与应用为乡村旅游新业态产生提供了技术支持。政府政策创新为乡村旅游新业态培育提供了良好的外部环境。乡村旅游业态创新动力由引发性动力、内生性动力、外生性动力等构成。

5.1.1　引发性动力

产业关联性、战略匹配性、知识整合力、产业升级等影响乡村旅游业态创新引发性动力。引发性动力在于打造乡村旅游资源主导、功能完善、可自持的产业集群，改善乡村旅游资源粗放利用，提高乡村旅游资源向乡村旅游产品、业态的转化程度。包括乡村旅游各行业内部的发展和整合、旅游行业之间的交叉渗透、与现代服务业各个行业的紧密关联、与其他国民经济产业等的联动。乡村旅游与新业态的关联性越高，新业态越易打造。其一，乡村旅游具有复合型的特征，是新业态创新的外部基础。由于乡村资源多样性、涵盖乡村生产、生活、生态的特点，可以依托其开展多种乡村旅游活动并和众多产业关联。其二，乡村旅游业态发展较为成熟，具有内部要素升级、优化的条件，满足新业态产生的内在条件。其三，乡村旅游消费者的多元化、广泛性，能满足乡村旅游新业态的市场推广。

旅游新业态的本质正是旅游业可持续发展所需的创新战略，突破传统旅游行业的增长方式和运作模式，对乡村旅游行业的组织形式、经营方式、经营特色和经济效率等进行的可持续性业态创新，是以产业组织形式和经营方式的创新为主线，依据旅游者消费心理和需求变化，以满足其享受感知的新产品和新服务为内容的旅游产业形式①。战略匹配性是指乡村旅游企业在运营过程中，业态创新能够实现与原有的产品、服务的战略相似性和战略

① 郭旸，沈涵．基于生态内生化的旅游新业态的体系构建与规制研究[J]．生态经济，2011(04)：120-122+129.

互补性,达到无形资产的匹配、有形资产的匹配、文化的匹配和组织能力的匹配。

乡村旅游企业知识的整合能力,是业态创新引发性动力之一。通过将管理团队从外部的知识,如乡村旅游生产技术、市场等方面的经验性知识,逐步内化为团队知识,并在乡村旅游管理团队成员之间进行有效的互动,实现从试探性互动到磨合性互动再到规范性互动的演化,形成技能的互补性与有效的协调分工,增强成员之间的信任感,积淀共同价值观,为业态创新扫除人为障碍。

产业升级是乡村旅游业态创新的重要推手。消除乡村旅游消费结构的上升而导致原有乡村旅游目的地项目吸引力的下降,避免造成乡村旅游消费者的心理落差,产业升级势必推动乡村旅游业态创新,增强游客对原有乡村旅游目的地的信心和保持乡村地区旅游经济的稳定发展。总体而言,乡村地区旅游产业升级的最大动因就是要提升乡村旅游对游客的吸引力。

5.1.2 内生性动力

通过乡村旅游需求拉动、乡村旅游企业行为推动、乡村旅游产业链支撑实现跃迁行为,构成“乡村旅游需求拉动—乡村旅游企业行为推动—乡村旅游产业链支撑—乡村旅游业态创新—乡村旅游竞争力提升”的内生性动力机制,最终实现乡村旅游企业竞争力的提升。对于乡村旅游企业而言,只有在市场需求拉动下,才有可能把自身所拥有的资源进行整合,进行战略部署,根据不断变化的市场需求,判断理想状态与现实状态的差距,而进行业态调整与创新。乡村旅游新产品创新导致的从需求方面拉动了乡村旅游产业结构升级,新技术、新生产要素创新引发的从供给方面推动了产业结构的升级,乡村旅游新市场的开辟从市场需求方面拉动乡村旅游产业成长,从供给方面促进乡村旅游产业结构的升级,新生产组织形式创新从乡村旅游产业内部推动了乡村旅游产业的发展。

利益驱动是乡村旅游业态创新的直接驱动力。如果没有经济利益、社会利益的驱动,乡村旅游业态创新的行为就不会发生。依靠经济利益或社会利益激励乡村旅游业态创新。通过高附加值和丰厚的盈利空间,吸引了乡村旅游企业,基于利益驱动促进乡村旅游产业与其他产业的融合,期望以差异化的新业态产品获取高额利润。

5.1.3 外生性动力

乡村旅游产业发展竞争压力倒逼乡村旅游业态创新。尽管乡村旅游产业产值的绝对值呈增长趋势,但在发展壮大乡村旅游产业的过程中仍面临诸多压力。乡村旅游产业盲目扩大、无序开发、竞相模仿导致同质化,一定程度上与乡村旅游产业在乡村经济转型过程中本应具有的地位不符,产业基础不扎实,环境保护、文化保护、竞争压力加剧。根据走访的实际情况来看,乡村旅游企业为了走出困境,必须进行产业升级和业态创新。

通过在财税、投融资、土地、交通、产业、对外开放、文化体育等方面政策支持为乡村旅游新业态培育提供良好的外部环境。技术进步指在乡村旅游生产中先进技术对落后技术的替代,为乡村旅游业态创新提供技术支撑。技术进步包括教育导向型、科学导向型、技术导向型。技术导向型技术进步指乡村旅游企业通过生产技术改进与产品研发方面导致的技术进步。教育导向型技术进步指通过教育和培训经费的投入来提高乡村旅游经营者素质和科学文化水平，进而促进技术进步应用水平的提高。科学导向型技术进步指政府用于科学研究的经费投入引起的技术进步①。创意的契机常常来自乡村旅游经营者对乡村旅游市场的经验和特殊认知，利用对市场的特殊感受，将其转化成可以分享的创意想法或表现，是乡村旅游业态创新管理的关键环节。通过分析乡村旅游市场现状和游客需求，捕捉关键知识信息，辨识创新创意契机，将外部资源与内部资源进行重组，推进乡村旅游业态创新。

5.2 乡村旅游业态创新模式

旅游业态创新的模式有资源整合式、专业分化式、组织创新式、服务外包式、技术推动式、区域集中式、业务融合式以及俱乐部式等②。苏南乡村旅游业态发展过程中形成了融合型、商业运作型、资本运作型、表征呈现型、内容创意型、组合型等创新模式。

5.2.1 苏南乡村旅游创新实践

苏南乡村旅游发展起步早，目前已形成无锡市锡山区山联村、苏州市张家港市永联村“公司化”模式，无锡市宜兴市篱笆园“公司+基地+农户+市场”模式，苏州市吴中区旺山村、宜兴市湖父镇、南京市高淳慢城“公司+农户”模式。特色民宿、乡村自驾游基地、房车露营地、乡村精品酒店、乡村特色街区、亲子研学农庄、主题果园、非物质文化遗产传承课堂等新业态纷纷落户苏南乡村。实现了乡村旅游从农家乐单一业态到乡村度假多元复合业态的转型，正在走向乡村旅居新时代。苏南乡村旅游已成为江苏旅游产业中不可忽视的中坚力量，成为挑起“绿水青山”和“金山银山”的“金扁担”、打开乡村振兴大门的“金钥匙”。苏南乡村旅游创新部分案例如表 5-1 所示。

表 5-1 苏南乡村旅游创新部分案例③

典型点	概况	业态	模式	经验	等级
黄龙岘茶文化村	黄龙岘茶文化特色小镇位于江宁街道东南部，集品茶、茶叶、茶艺、茶俗、茶产品研发、茶餐、住宿、特色餐饮等为一体。获“全国改善农村人居环境示范村”“江苏最美休闲乡村”“江苏省五星级乡村旅游示范区”“中国乡村旅游模范村”“江苏省乡村旅游创新项目”	茶产品、精品民宿集群（14 个驿站、露营地）、农家乐、特色酒店、自驾游基地、跑马场、露天观影、创意花房、运动（自行车、夜跑道）；科普项目（兴范书吧、乡贤馆等）	商业运作型，初期农家乐“以奖代补”“农村+公司+农户”；解决创业难题“政府引导+市场运作+公益服务”	政府支持、品牌引领、村民主导、企业参与	江苏省五星级乡村旅游区

① 叶仁荪，王光栋，王雷．技术进步的就业效应与技术进步路线的选择——基于 1990~2005 年中国省际面板数据的分析[J]．数量经济技术经济研究，2008(03)：137-147.

② 张文建．当代旅游业态理论及创新问题探析[J]．商业经济与管理，2010(4)：91-96.

③ 詹庚庆．江苏省乡村旅游发展创新案例汇编[G].南京：江苏省旅游局，2018.

续表

典型点	概况	业态	模式	经验	等级
江宁区石塘人家	石塘人家位于南京市江宁区横溪街道，至今1000余年，2017年接待游客120万人次，综合收入1亿元，先后获“全国最美村镇典范奖”“全国美丽宜居示范村”“全国休闲农业与乡村旅游示范区”“江苏省最美乡村”“江苏省五星级乡村旅游示范区”“江苏省研学旅游示范基地”，2016年度“互联网+”智慧旅游示范项目	会展、赛项、农家乐、民宿、特色商铺、度假客栈、体育营地；乡村旅游+“研学”“休闲”“培训”“养老”；旅行社	1+X发展模式，“旅游+”激发乡村活力；坚持创新，塑业态；共享共建，聚焦富民	集体的钱袋、村民的口袋；生态优先、绿色发展；政府主导，市场运作	江苏省五星级乡村旅游区
江宁区大塘金香草谷	大塘金香草谷位于南京市江宁区谷里街道大塘金村，种植了“梯田式薰衣草”400亩，是南京十大特色乡村之一、“江苏省五星级乡村旅游示范区”“中国魅力田园”	以观赏薰衣草为主，并配套农家乐餐馆、茶社、旅馆、茶餐厅、薰衣草产品商业街，开发了创意旅游商品（手工精油皂、薰衣草小熊等8大品系50余种芳香产品）	产业融合（集婚庆文化、休闲旅游、健康养生为一体）	村庄环境整治，“五水共治”；菜园、果园、庭园，三园共建	江苏省五星级乡村旅游区
溧水区石山下村	石山下村位于南京市溧水区，丘陵地貌的小山村，也是溧水重点打造的特色乡居酒店	美食、乡居民宿、特色商业（小酒廊、咖啡屋、乡村图书馆、特色餐饮等业态）、骑行体验	商业运作、产业链拓展		江苏省五星级乡村旅游区
六合区巴布洛生态谷	巴布洛生态谷位于南京市六合区竹镇镇，是集旅游观光、娱乐休闲和绿色健康食品为一体的现代化智慧农业综合体。园区划分为现代旅游观光葡萄产业园、现代都市牧场科技产业园、现代农业文化体验产业园三大板块	亲子乐园、垂钓、烧烤、房车营地、采摘、水上高尔夫、乡村公寓、客栈、餐饮	集旅游观光、休闲娱乐和绿色生态食品为一体的现代化智慧农业综合体		江苏省五星级乡村旅游区
谷里街道	谷里街道隶属于南京市江宁区，位于江宁区西部，谷里街道内山水及人文资源极为丰富，拥有牛首山、郑和墓、南唐二陵、国家3A级银杏湖风景区等众多的风景名胜区。谷里街道宣传语为“以为在梦里，缘来是谷里”	婚纱摄影基地、民居、民宿、养老、非物质文化遗产	特色小镇，盆景变成百花园、农村变成大景区、大学生变成创业者、农民变成富裕户	环境综合整治、发展乡村旅游。深耕全域旅游，提质美丽乡村，完善配套，实现美丽乡村全域化、产街发展融合化、居民就地城镇化	旅游小镇

续表

典型点	概况	业态	模式	经验	等级
汤佳佳温泉村	汤佳佳温泉村位于南京市江宁区汤山街道，紧邻汤山镇区。先后获“江苏省四星级乡村旅游示范区”“南京市农民创业基地”“江苏省旅游创新型项目”“南京市精品民宿村”“南京市最受网民喜爱的金牌民宿村”“南京市创业基地”。以温泉为主题，集乡村农业、果蔬、草药种植和旅游于一体	温泉、民宿、餐饮	资源融合创新	产业助推，美环境、升品质；机制完善	江苏省四星级乡村旅游示范区
溪田田园综合体	溪田田园综合体位于南京市江宁区横溪街道，规划面积10776亩，主体格局为“一轴二园七乡村一社区”，以江宁美丽乡村生态循环线为主轴，以七仙大福村园区和溪田农业园为核心，以朱高村、陶高村等七个自然村以及吴峰新社区为主体	农事体验、农耕体验、农机观赏、农事观光；文创产品；景观小品；11个景点茶乐园、七仙山茶艺馆、林中木屋、垂钓中心、戏沙池、七仙玫瑰园、天宫采摘园、七仙福田景观等	以农为本，“农业+旅游”振兴乡村产业	涉农产业体系平台，乡村生态体系，传承传统文化，开展综合治理，共建共享；补齐生产、经营、产业、生态、服务、运营等体系短板	田园综合体国家级试点
不老村	不老村地处老山国家森林公园南麓，与宁滁快速道相连，是南京市浦口区着力打造的美丽乡村八颗“珍珠”之一。荣获中国最美村镇50强和2017中国最美村镇生态奖，多个民宿获奖	以各式主题民宿客栈为主，集吃、住、游、购、娱为一体的度假社交空间	专业公司管理+村集体+合作社运营模式，共享共建	人、自然、文化与“慢生活、轻度假”生活方式；创新合作	五星级乡村旅游区创建单位
高淳区桠溪国际慢城	高淳国际慢城旅游度假区位于南京市高淳区桠溪镇西北部、游子山国家森林公园东麓，是中国最佳生态休闲胜地、中国十佳村镇慢游地、全国农业旅游示范点、华东最美金花胜地、江苏省自驾游基地、江苏省四星级乡村旅游点。整合丘陵资源、集观光休闲、娱乐度假、生态农业为一体的农业综合旅游观光景区	瑶池山庄度假村、游客接待中心、桃花扇广场和文林广场、望玉岛四星级宾馆、瑶池农家乐、大山景观台、大山停车场、文化林茶楼、诗廊栈道钓鱼台等。特色的旅游产品和商品、民俗文化表演	品牌融合	最美乡村与慢城标准巧合，绿色经济与慢城理念吻合，文化保护与慢城运动融合	江苏省四星级乡村旅游点，第二批省五星级乡村旅游区创建单位
水墨大埝美丽乡村休闲旅游区	水墨大埝位于南京市浦口区老山林场东部，因境内有大堰水库而得名大堰，现改为大埝。社区坐落于风景秀丽的老山脚下，东靠珍珠泉旅游风景区，西邻国家级老山森林公园度假区，四面环山	自行车展示馆、休闲度假、运动休闲旅游、文化体验旅游、乡村民俗旅游	资源、文化整合	挖掘大埝水库及青奥自行车文化资源，主推山村休闲度假、运动休闲旅游、文化体验旅游、乡村民俗旅游	第二批省五星级乡村旅游区创建单位

续表

典型点	概况	业态	模式	经验	等级
浦口星甸九华村	星甸街道九华村位于南京市浦口区西南,村域面积6.7平方千米。有江苏省赭洛山茶文化主题公园、美迅生态园、省老年爱心护理中心(养生园)三家主题园区,农家乐专业户、茶文化特色乡村三星级示范点、瓜果采摘园及农户果园、九华寺、龙母坟修缮及道路建设、有氧户外运动场所、小杨圩长江鱼特种养殖垂钓园区七个项目,获评第五届全国文明村镇	以"吃茶家饭、住茶农屋、干茶地活、品茶文化"为主题的南京九华生态旅游园区,有生命体验馆、有机茶园观光体验、红酒品鉴、特供优质农产品采摘以及住宿、有氧运动、垂钓、会务接待等业态	以九华独特的茶产业为基础,以"茗茶养性、悟茶养心"为主题,打造集观光、休闲、度假、农家乐等为一体的"九华茶坊",带动全村生态休闲旅游产业的发展	转变模式、优化产业结构、精准帮扶	特色乡村三星级示范点
惠山区田园东方	田园东方位于"中国水蜜桃之乡"无锡市阳山镇,由东方园林产业集团投资建设,田园式生活体验和示范基地,包含生态农业、休闲旅游、田园居住等复合功能。集现代农业、休闲旅游、田园社区等产业为一体的田园综合体	特色客栈、美食、温泉、陶艺,温泉桃花泉、人文客栈花间堂·稼圃集、宣明华德福学校、动植物王国绿乐园、垂钓基地路亚公园、集咖啡馆、书院、手作教室于一体的拾房 FiniinFini 咖啡,还有 TINA 厨房、TINA 咖啡等	构建现代农业+文化旅游+田园社区的产业模式	实现"三生""三产"(农业、加工业、服务业)的有机结合与关联共生。顶层设计规划+专业公司运作+文化+融合	江苏省五星级乡村旅游区
宜兴市篱笆园	篱笆园位于宜兴市湖父镇洑西村,毗邻竹海、张公洞、玉女潭、紫砂圣地丁山等旅游胜地,集吃、住、游、购、娱为一体,为游客提供配套完善、服务贴心的综合乡村旅游体验	茶园、果品园、垂钓中心等基地,"篱笆驿站"乡村旅游连锁品牌以及竹林景观新客房、购物大厅和乡村快乐大舞台	品牌融合		江苏省五星级乡村旅游区
阳山村	无锡市惠山区阳山镇阳山村南临美丽的太湖,北靠京杭大运河,荣获"中国乡村旅游模范村"称号	采摘、桃树认养、农家乐、民宿、主题酒店、朝阳寺、安阳书院、阳山湖、桃花岛等著名景点	按照"食、住、行、游、购、娱"的要求,引导农民发展休闲旅游产业	种桃致富、合作、创业帮扶、民居改造、营造环境	省级旅游度假区
山联村	山联村地处无锡市东北部,与江阴、常熟交界,素有"鸡鸣闻三县"之称。获得"中国美丽乡村""中国特色村""全国休闲农业与乡村旅游示范村""首届江苏省最美乡村""2017 名村影响力排行榜(300佳)"荣誉	农家乐集群、茶社、旅游商品、民宿、酒吧、养老、健身、观光、会务接待,集农家游乐、客栈度假、生态体验、人文历史、会务经济五大项目为一体的"农业观光休闲游"	核心景区+特色农旅+养老,新农村建设与经济发展、生态旅游、以农富农相得益彰的特色之路、可持续发展之路	以农养农,做强一产;创意打造二产,创品牌;创新创业三产,能人带动发展	江苏省四星级乡村旅游区

续表

典型点	概况	业态	模式	经验	等级
白塔村	宜兴市西渚镇白塔村地处宜兴与溧阳交界处，该村深度挖掘、保护和开发历史文化资源，以于伶纪念馆为代表的一批文化设施相继建成，使白塔村成为远近闻名的生态文化村。“无锡市农业旅游示范基地”“国家3A级旅游景区”“全国休闲农业与乡村旅游示范点”“中国慢生活休闲体验村”“中国最美村镇”	生态农业观光园区、旅游、休闲、住宿、餐饮、垂钓、会议、“猪文化馆”、绿色生态游、瓜果采摘游、度假休闲游，行香竹苑、阅宜兴、云香喜舍等一批特色精品民宿，综合性主题公园	有根、有味、有品、有美、有戏、有招、有富、有新、有魂的九有理念，乡村旅游合作社+观光农业+高效农业+品牌+文化	组建专业合作社，推进农业产业化，组织培训；将农特产品实行整体策划、分头包装，挖掘文化资源，创新打造“白塔味道”品牌、禅德品牌，并通过素博会(国际素食文化暨绿色生活名品博览会)、“白塔乡村旅游季”等活动扩大知名度	江苏省四星级乡村旅游区
和平村	马山和平村地处江苏省无锡市马山西半山，东西两侧濒临太湖，北靠灵山大佛和拈花湾小镇，周围群山起伏，峰峦环抱，是马山国际旅游度假区具有生态风光、人文底蕴、休闲美丽的自然村落，先后获得“全国农业旅游示范点”“无锡市美丽乡村”“江苏省四星级乡村旅游示范点”“江苏省水美乡村”等荣誉称号。“体验式乡村旅游”是和平村正在着力打造的特色旅游名片	采摘、烧烤、农家菜等农家乐，团队户外拓展、小木屋、蒙古包、帐篷客，滚铁环、挖坑捉鱼、丢沙包，丛林穿越、沙滩卡丁车、龙舟竞技、湖畔烧烤、竹筏漂流、家庭园艺、蒙古包帐篷木屋、特色民宿、美食，村级非物质文化遗产文化馆，马灯舞、舞狮、渔舟剑桨等民俗表演	政府指导、村委主导、全民参与工作体系，多规合一，打造特色、文旅产品集聚，旅游+农业、旅游+精品民宿、旅游+民俗文化	打造特色旅游名片“体验式乡村旅游”，采摘游领衔“福地”变“富地”，特色民宿留客靠品质，民俗文化添彩，特色旅游生态村见雏形；村民返乡创业，致富帮扶	江苏省四星级乡村旅游示范点
永联村	永联村隶属于江苏省苏州市张家港市南丰镇，位于张家港市东部。建有4个国家级标准比赛专用钓池和9个休闲垂钓池。缩小比例的江南水乡、功能丰富的休闲农庄、农耕主题文化走廊的定位建设，园内有农耕历史体验区、土地利用区、动物养殖区、农家休闲区、乡村能源区、江南作坊区、农家谚语区、果树采摘区、生肖区九大功能区，游客凭门票可参观园内所有景点。是4A级景区、江苏省五星级乡村旅游区、中国江鲜美食之乡、中国最具魅力休闲乡村	农耕历史体验区、土地利用区、动物养殖区、农家休闲区、乡村能源区、江南作坊区、农家谚语区、果树采摘区、生肖区、各类拓展运动，攀岩、射箭、骑马等；餐饮、娱乐、水疗、客房、茶座	乡村休闲+田园风光+养生度假为主的江南乡村旅游生活深度体验区	突出“农”字特色，放大资源优势，打造农业全产业链，坚持共建共享	江苏省五星级乡村旅游区

续表

典型点	概况	业态	模式	经验	等级
旺山村	苏州市吴中区越溪街道旺山村位于苏州市西南，有“环秀晓筑”养生度假村；“钱家坞”吃住农家乐；“耕岛”农事参与体验区；九龙传说“九龙潭”；登高览胜“七子山”；千年古刹“宝华寺”；禅茶文化“叆叇岭”；欢乐天地“南山头”八大景区。先后获得“全国文明村”“国家级生态村”“国家5A级旅游景区”“中国人居环境范例奖”“全国特色景观旅游名村”“全国生态文化村”“全国农业旅游示范点”“江苏最有魅力休闲乡村”	“环秀晓筑”养生度假村；“钱家坞”吃住农家乐；“耕岛”农事参与体验区；九龙传说“九龙潭”；登高览胜“七子山”；千年古刹“宝华寺”；禅茶文化“叆叇岭”；欢乐天地“南山头”等、土特产、特色餐饮、住宿、民俗联欢、乡村小宿、农家餐饮、小河垂钓、森林氧吧、健身保健、文化创意	发挥资源优势，结合农产品销售、农业观光为一体，科学规划，开发“农家乐”等特色旅游经济，以点带面，健全农民增收长效机制，走出了一条立足生态特色建设和谐新农村的新路子	发展乡村旅游：围绕优势，找定位；围绕民俗，展风情；围绕形象，创品牌；围绕农民，促增收；围绕前景，谋未来	国家5A级景区
树山村	树山村位于江苏省苏州高新区西部，国家级生态村、全国农业旅游示范点、江苏省四星级乡村旅游区、苏州市十大生态旅游乡村、“安全文明村”“苏州市生态农业示范村”、农村现代化建设示范村、苏州市科普教育基地	餐饮、住宿、游乐、农业、文创、梨花旅游文化节	政府主导+国企挑梁+居民参与，共同出资组建了苏州新灏农业旅游发展有限公司，对树山村进行新农村建设及乡村旅游开发	旅游联盟融合生态农旅拓展发展新空间；完善设施，增强乡村旅游区内在吸引力；树立“树山+”理念，产业融合，创新机制，构建苏式乡村全域旅游目的地	江苏省四星级乡村旅游区，第二批省五星级乡村旅游区创建单位
青蛙村	青蛙村原名西巷村，坐落于苏州西南50千米处的一个自然村落，三面环山，一面是太湖，荣获省级村庄整治示范村、市美丽村庄建设示范点，是江苏省乡村旅游创新项目	两栖小镇——青蛙主题文化创意生态村，农家乐、民宿	农房农业合作社+文创+合作	农房农业专业合作社，并与专业公司合作，挖掘当地特色，为民房找出文化创意点	江苏省乡村旅游创新项目
电站村	城厢镇电站村位于太仓市区北端、金仓湖西延区，先后荣获“全国科普惠农兴村先进单位”“全国农业旅游示范点”“国家级生态村”“中国特色农庄”“江苏省文明村”“江苏省勤廉文化示范村”“江苏省休闲观光农业示范村”“江苏省四星级乡村旅游区”等荣誉。是集生态、休闲、观光、旅游“四大功能”为一体的“农家乐园”	大生态游、运动游、农家乐品牌游，并在“吃、住、摘、游、购、娱”要素的基础上，开发垂钓、采摘、耕作、养殖等，有老兵茶舫、村史馆、房车露营基地、休闲小屋、果蔬配送、家庭配送等业态	农业+生态+合作+产业链	利用科技“智囊团”的优势，与农科院所、高等院校、咨询机构合作，致力开发农业生态旅游新项目、引进林果新品种、开发农业旅游特色产品、提升农产品品牌效应	江苏省四星级乡村旅游区

续表

典型点	概况	业态	模式	经验	等级
昆山市祁浜村	祁浜村位于昆山市周庄镇的中西部,东临云南村,西靠吴江肖甸湖村,南与双庙村接壤,北与龙亭村隔湖相望,先后获得了省级卫生村、生态村、苏州市先进村、中国优秀国际乡村旅游目的地、江苏省"特色田园乡村建设范例村庄"。依托水乡古镇旅游文化品牌,成立"乡村游公司",全力打造"香村·祁庄"民宿品牌	乡村民宿、乡村酒店、乡村文化体验、乡村户外运动、乡村亲子体验等乡村旅游度假产品	农业生产+乡村旅游+互联网+高校合作人才培养模式;乡村旅游+互联网+农户+旅游公司+村集体融合发展共赢的产业模式	打造精品,带头示范;注重生态,优化设施;培养文化自信,合作人才培养	中国优秀国际乡村旅游目的地
常熟市蒋巷村	蒋巷村位于常、昆、太三市交界的阳澄水网地区的沙家浜水乡,东濒上海、南临昆山、西接苏州、北依常熟。先后被表彰为全国文明村、全国文明村镇建设先进村、十佳小康建设红旗村、国家级农村现代化示范村、全国民主法治示范村、全国农业旅游示范点、江苏省文明村、卫生村、百佳生态村、循环经济示范村、民主法治示范村、人居环境范例奖	"新农村考察游""学生教育游""农家乐趣味游""田园风光游""休闲生态游"五大旅游产品。江南农家民俗馆、农艺馆、综合科普馆、村史展览馆、中小学生体育锻炼基地、书院等旅游产品	围绕"农"字做活旅游文章,紧贴"农业"做好旅游产品,走出了一条个性化、特色化、规模化和品牌化的农旅融合发展之路	"以工业反哺农业",进而创新开拓农业生态旅游产业,"农业起家,工业发家,旅游旺家"	江苏省五星级乡村旅游区
昆山市计家墩村	计家墩村位于江苏省昆山市锦溪镇南首,西至陈墓荡,村东锦商公路南北而过,南与青浦商塌一河相望	乡村+民宿、乡村+文创、古镇+乡村,陶艺、茶道、亲子体验、皮划艇	乡村+民宿+文创+古镇,空心村改造	村民拆迁,公司运作,引进民宿品牌,整合水乡生态、民俗文化、创新资本和经营理念,打造"新乡村生活",创意搭台,民宿集聚、新型业态生根	
美岕山野温泉度假村	美岕山野温泉度假村位于江苏省溧阳市南山景区管委会、溧阳市戴埠镇戴南村,坐落于溧阳市区与南山竹海之间的龙潭森林之中,占地2000亩,集森林、树屋、温泉、山野四种生态元素于一身	森林树屋、森林温泉、SPA松鼠屋、花园酒店、露天泳池、电影院、开心农场、亲子乐园、山地车道、百果园、多个秋千区、生态林和有机植物观赏区、挖笋、采茶体验区、垂钓区、萤火虫观赏点、玫瑰园区等	生态+旅游+文化+服务	创新现代度假产品;研创丰富有趣的山野文旅互动体验活动;从山野到田野,创建以农场为核心的田园野趣项目;山民管家式服务,引领度假软实力	

续表

典型点	概况	业态	模式	经验	等级
溧阳市南山花园	溧阳南山花园位于江苏省溧阳市南山景区管委会、溧阳市戴埠镇戴南村，坐落于溧阳市区与南山竹海之间的龙潭森林之中，占地500亩①，建筑面积7000多平方米。溧阳南山花园酒店是集会议、餐饮、客房、康乐和户外休闲为一体的综合性生态度假酒店，酒店背山面湖，静谧雅致，属于简欧别墅风格	客房、美食、康乐中心、商务会议和户外休闲、树屋及温泉会所、音乐广场、溪谷酒吧、生态度假、高端温泉养生	景区+酒店+休闲		江苏省五星级乡村旅游区
句容市岩藤农场	岩藤农场位于江苏省镇江市句容市后白镇，东临道教圣地茅山，南临新104国道，西接南京禄口国际机场	花卉苗木基地、绿色蔬菜种植基地、生态粮食作物、湘莲观赏基地、花卉景观、会议中心、生态餐厅、客房和荷兰风车、节庆、亲子、木屋、烧烤、骑行、水上游船、垂钓	多业态融合		江苏省五星级乡村旅游区

①1亩=666.6平方米。

5.2.2 融合型创新模式

融合型创新模式是将各种创新要素通过与乡村旅游创造性的融合，使各创新要素与乡村旅游之间互补匹配，从而使乡村旅游的整体功能发生质的飞跃，形成独特的新业态。通常有资源融合、功能融合、产业融合、品牌融合、文化融合等模式。

a. 资源融合是对不同来源、不同层次、不同结构、不同内容的乡村资源进行识别与选择、汲取与配置、激活和有机融合，是具有较强柔性、条理性、系统性和价值性的乡村旅游新资源，并创造出新的业态的一个复杂的动态过程。资源融合的关键是乡村旅游资源要素的吸引物化，发掘乡村其他产业资源要素的旅游价值，通过融合提高乡村旅游新业态的吸引力。如江宁区大塘金香草谷、汤佳佳温泉村等乡村旅游区。

b. 功能融合是通过乡村旅游企业与其他企业合作，增强乡村旅游功能，形成新业态的一种模式。如六合区巴布洛生态谷、不老村。

c. 产业融合是通过“乡村旅游+”或“+乡村旅游”与其他产业深度融合形成新业态。如黄龙岘茶文化村、石塘人家。

d. 品牌融合是品牌之间的融合，立足于规模效益的基础上，尊重自身乡村旅游品牌和合作方品牌自身的发展和经营规律，围绕“共存共生”的理念，进行融合创新培育新业态。推进乡村旅游供给侧结构性改革，深挖特色乡村旅游品牌附加值，通过孵化其示范带动、产业辐射、技术集聚和宣传推介效应，促进农村一二三产业融合发展，打造“品牌+”产业发展新业态。如祁浜村依托良好的区位优势，发展乡村生态旅游，与周庄镇旅游公司合作成立“昆山水乡周庄乡村旅游服务有限公司”，依托周庄水乡旅游品牌，打造“香村·祁庄”品牌。拓展乡村旅游体验项目，建设民宿、旅游接待中心、林荫游园大道、农产品交易中心、旅游特产经营部、荷塘月色湿地公园、观赏和经济农作物的种植等，以村庄自然风貌机理，还原村庄淳朴田园风光，引导和带动村民参与，以管家式服务理念，从吃、住、行、游、购、娱等方面让每一位游客轻松享受乡村乐趣，体验生态的乡村之旅。

e. 文化融合模式传承创新优秀文化，将文化创意、苏南乡村文化保护与乡村旅游开发完美融合，形成乡村旅游新业态。近几年，高新技术和信息化手段在乡村旅游及相关领域得到广泛应用，催生出众多的乡村文化旅游新兴业态。如临湖镇柳舍村举办临湖镇首届乡村文化旅游节，做强乡村农文旅新业态。创新了“柳舍一碗面”赏味、戏曲文艺进村活动、传统锡剧《夜明珠》乡村旅游新产品。临湖镇先后开展端午节民俗体验、“做一天农民”农事主题体验活动、临湖镇第三届民宿论坛等 15 场活动，让游客在体验浓郁的乡村风情、欣赏戏曲文艺节目、品尝湖鲜美食的同时，还能参与丰富多彩的互动乡村文化体验活动。

5.2.3　商业运作型创新模式

乡村旅游商业运作型创新模式的核心是通过乡村旅游产业链的延伸和融合来孕育新的乡村旅游业态。乡村旅游产业基于横向或纵向的延伸创新乡村旅游的产业或产品，以衍生品或延伸业务实施商业运作，不断创造出具有生命力的乡村旅游产业链条，使乡村旅游产业新业态逐步走向成熟化。在整个乡村旅游运作链条中，抽离或改变其中某个乡村旅游元素可以改变乡村旅游产业形态的发展。因此，乡村旅游运作方式是发展创新业态的重要途径之一。通过业务模式、渠道模式、组织模式等创新，培育乡村旅游新业态。

业务模式即乡村旅游企业向游客提供品牌、产品等价值和利益的创新。渠道模式即乡村旅游企业通过向客户传递业务和价值渠道，包括渠道倍增、渠道集中/压缩等。组织模式即乡村旅游企业创新建立先进的管理控制模型、数字化组织等。乡村旅游的组织模式包括乡村旅游对乡村旅游产业中生产与资源组织管理方式的变革及乡村旅游企业或行业内组织结构的调整和创新。乡村旅游产业组织管理模式调整与变革能够增强乡村旅游产业发展活力，使乡村旅游在产业中获取更大的发展自由度与自主权，从而推动具有显著发展潜力的创新旅游新业态形成。如开发乡村故事，开发乡村电视剧，开发乡村旅游内容，实景演出、户外演出、室内演出、夜间演艺和衍生品等。

5.2.4　资本运作型创新模式

资本运作型创新模式是在乡村旅游产业新业态发展模式中区别度不高的一种模式。通过多元化投资机制、投融资运作机制、市场化融资机制、特许经营运作机制、公益性项目商业化运作机制、乡村旅游资源整合机制、财务战略规划机制等创新，将乡村旅游企业资本同乡村旅游其他生产要素结合起来优化配置，才能将资本的使用价值发挥到更大，从而创造更多的价值。通过多元化投融资的资本运作方式来发展旅游新业态，尤其是在乡村旅游产业中，通过无形资产来进行产业化运作，力图以更小的资本投入获取更大的乡村旅游发展空间与机遇。

5.2.5 表征呈现型创新模式

新业态可以在这些原有业态的基础上,借助新技术等应用来进行多渠道、多元化的呈现,这种新的表征呈现模式可以带动乡村旅游产业新业态在多终端的呈现、多平台的应用过程中得以实现。如电站村利用科技“智囊团”的优势,与农科院所、高等院校、咨询机构合作,致力开发农业生态旅游新项目、引进林果新品种、开发农业旅游特色产品、提升农产品品牌效应。再如祁浜村依托水乡古镇旅游文化品牌,成立“乡村游公司”,全力打造“香村·祁庄”民宿品牌,形成农业生产+乡村旅游+互联网+高校合作人才培养模式;乡村旅游+互联网+农户+旅游公司+村集体融合发展共赢的产业模式。

5.2.6 内容创意型创新模式

内容的创意主要来源于对乡村旅游内涵的深入挖掘,而非浅层次的表达和呈现。内容创意型创新模式是乡村旅游新业态产生与发展的“源头活水”。乡村旅游产业新业态的内容只有具备独创性,乡村旅游的商业运作才能获得持续发展。乡村旅游的商业运作和资本运作、管理创新和表征呈现形式的多样化等乡村旅游新业态创新模式必须以内容创新为基础。内容创新是乡村旅游业态成功开发的基础,对于乡村旅游吸引力的形成、市场竞争力、新业态的培育至关重要。如号称“农耕文化游的新乐园”的永联村,永联村投资建设的苏州江南农耕文化园,按“特征鲜明的江南水乡,功能丰富的休闲农庄,农耕主题的文化走廊”总体构思建设,设有农耕历史区、动物养殖区、农家休闲区、江南作坊区、农户展示区等九大功能区域,常年开展骑马、射箭、赛狗、小猪跳水等游乐活动,一年一度的长江美食节的举办,更是打响了“吃江鲜到永联”的金字品牌。

5.2.7 组合型创新模式

组合型创新模式指利用两种及以上的乡村旅游业态创新模式、乡村旅游业态创新方法的互补性,通过找到它们的融合与组合点,形成单个或多个乡村旅游新业态。如江宁区谷里街道、溪田田园综合体、昆山计家墩村等。

5.3 乡村旅游业态创新的实施路径

乡村旅游业态创新的实施路径,既可以从乡村旅游企业内要素的整合到乡村旅游企业间要素的协同创新业态,也可以结合价值创造或流程创建乡村旅游业态创新生态,或以乡村旅游企业自主创新撬动业态创新,以及多方合作在乡村旅游产业共生中形成新业态。具体围绕政策支持、创新主体、要素融合与协同、平台打造,推进苏南乡村旅游业态创新。

5.3.1 加大政策支持

鼓励乡村旅游业态创新,构建良好的推动新业态发展的政策环境。一是设立乡村旅游创新引导专项资金,鼓励创新。为促进乡村旅游新业态培育与发展,设立旅游业态创新引导性资金。二是地方政府应采取有效的政策手段,营造适合乡村旅游业态多样化发展的公平的市场竞争环境。三是优化乡村旅游集聚环境政策,促进乡村旅游业态的多样性、高层次发展。

5.3.2 业态创新主体培育

通过各方齐力、资源整合、功能协同、优势互补来形成乡村旅游产业发展动力,培育业态创新主体,提升乡村旅游产业发展效率。一是培育以乡村旅游企业为主的业态创新主体。将乡村旅游企业作为业态创新政策的扶持主体,通过创意创新宣传、创意创新政策引导,增强乡村旅游企业的创意创新意识,加大乡村旅游企业的创意创新投入,提高乡村旅游企业的业态创新能力。二是培育以高校、科研机构为主的乡村旅游业态创新主体。积极加大创意创新开发投资,加速乡村旅游业态创新成果转化。三是培育政府、社会机构、高校、旅游企业多方合作为主的乡村旅游业态创新主体,推进乡村旅游研究成果的产业化、商品化。通过各方协力,推动形成“政府引导、企业主导、社会参与、百姓消费”的乡村旅游产业发展新态势。四是通过资源整合、功能协同,推进乡村旅游业态创新,优化乡村旅游市场结构,培育乡村旅游龙头企业,扶持乡村旅游小微企业,推动双市场结构的形成。

5.3.3 要素融合与协同

在乡村旅游消费需求变化感知的基础上,辨识乡村旅游市场机会,通过创意创新创业行为,构建乡村旅游新的元素,创新业态。通过寻找现有乡村旅游价值功能的“痛点”行为,对现有乡村旅游价值功能进行减少、剔除、增加和创造,形成新的乡村旅游价值功能,培育新的乡村旅游业态。根据旅游市场需求的变化,在经济和技术可能的条件下,将具有相容性和互补性的旅游元素串联或融合成新业态,并伴随乡村旅游市场需求的动态变化添加和淘汰旅游功能,调整或整合乡村旅游业态。

一是基于创新创意创业的视角,乡村旅游要素融合与协同。以建立完善乡村旅游创新业态为目标的创意网络、项目网络、创意空间培育;以新技术革命为契机的乡村旅游载体创新、表达形式创新、生产方式创新、业态创新和商业模式创新;以挖掘地方特色乡村文化资源为特征的乡村旅游新产品和项目的协同创新。围绕乡村旅游协同创新重点环节集中各方资源,组织苏南乡村旅游企业联合攻关。加快培育创意创新跨界乡村旅游服务体系,积极发展各类乡村旅游经纪公司、经纪人,乡村旅游跨界创意创新培训、价值评估、渠道推广、知识产权、业务模块整合等乡村旅游中介机构。

二是基于产业融合视角,优化乡村旅游+产业融合路径。推动乡村旅游向产业链两端延伸、价值链高端攀升,加快乡村旅游产业结构创新、链条创新与形态创新,提高乡村旅游产业链整体发展水平和创新创意能力。首先,以“乡村旅游+产业”促进乡村旅游产业品质提升。苏南地区应突出乡村旅游元素作为重要新兴生产要素的功能,以创意拓展乡村旅游新业态的可能性边界,提高乡村经济潜在增长率,为此,要将乡村旅游与农业生产过程、农村风貌、农民劳动生活场景、乡村生态环境、农副土特产品、乡村文化(地方特色文化、流行文化、乡村民俗、生活文化)、体育、商业、教育、科技、金融、乡村旅游装备研发生产、乡村旅游商品加工包装技术、生产场地及遗迹等功能进行叠加、置换和创新,延长产业链,培育乡村旅游新业态。其次,基于科学技术应用的视角,创新乡村旅游业态。以“乡村旅游+互联网”助推乡村旅游数字革命。利用科学技术与乡村旅游融合,做活存量、做足增量,激发乡村旅游消费意愿、打通乡村旅游产业链、推进跨界融合,构建智慧乡村旅游体系。加快推动乡村旅游创意产品与设计服务的生产、营销的数字化、网络化进程,推动乡村旅游业态创新。

5.3.4 业态创新平台打造

整合区域创新资源,合力打造苏南乡村旅游业态创新平台。一是构建苏南乡村旅游业态协同创新共同体。通过苏南区域创新链、产业链、资源链、政策链与乡村旅游深度融合,加快区域合作,推动构建苏南乡村旅游业态协同创新共同体。二是鼓励乡村旅游龙头企业积极培育企业内部创新文化,使乡村旅游企业突出业态创新的孵化作用。发挥乡村旅游企业内外部资源平台,使有创业意愿的高管、员工以及产业链上新创业者等具有自主创新优势,为创业者提供资金、技术、市场支持,搭建开放的业态创新生态圈。三是搭建乡村旅游新业态创新实体平台。乡村旅游新业态创新的实体平台可以围绕某一乡村旅游区或某一乡村旅游产品与服务等添加新的乡村旅游价值功能,组合乡村旅游要素,形成供应商、消费者、投资者、乡村社区及其他利益相关者连接起来的业态圈,实现乡村旅游新业态经营的范围效应和连接效应。四是搭建乡村旅游业态创新的互联网虚拟平台。围绕游客参与乡村旅游新业态创新和乡村旅游新业态规划,包括线上分包、了解乡村旅游业态创新的各种要素信息、乡村旅游新业态网络营销、乡村旅游个性化方案提供和新业态业务预订等,整合乡村旅游各种新业态发展的条件和资源,实现乡村旅游新业态线上线下联动效应。

5.4 乡村旅游新业态

随着苏南乡村旅游的快速发展,涌现出一系列乡村旅游新产品、新业态。其“新”之处在于乡村旅游产业内部要素的融合创新、乡村旅游产业要素与其他产业的融合创新。根据乡村旅游业态更新和创新程度,将其分为全新型、衍生型、提升型三种类型乡村旅游新业态。根据空间尺度将其分为小尺度的乡村民宿、博物馆、酒店等,中等尺度的农园、公园、庄园、农庄等,大尺度的综合体、特色小镇等。

5.4.1 民宿

民宿是后现代休闲旅游的重要产品形式,已成为促进区域旅游地转型升级和乡村振兴发展的新业态和新动力①。民宿是利用自用住宅空闲房间,结合当地人文、自然景观、生态、环境资源及农林渔牧生产活动,以家庭副业方式经营,为旅客提供体验乡野生活的住宿处所②。民宿所提供的服务是有限服务,其经营规模一般较小,客房数在 5～30 间。民宿不仅是乡村休闲的新思维、新出路,更是乡村生活的新体验、新升级。苏南乡村民宿通过专业化、个性化、主题化、在地文化利用、主客互动文化、家空间氛围的创新发展导致民宿多元化和差异化凸显,涌现出一批精品。如苏州素园无舍、甘木民宿、黛粉国、花山隐居、花间堂·季香等。民宿对乡村旅游业态创新的启示是:对历史与现实、城市与乡村、人文与科技的沟通、理解与融入,对旅游社交空间与场景的构建,应该是未来乡村旅游业态创新策划设计的核心。

5.4.2 文化创意农园

文化创意农园指以城市周围农业基地为基础,融合了文化创意产业与农业基地,创新利用文化创意,使基地转变为一个拥有丰富产品与多种产业形态的农园,是乡村旅游转型升级的一种模式。北京西山的凤凰有机农场已经成为中国第一个获得德米特认证的生物动力农业基地,凤凰有机农场以有机蔬菜为主业,以药用与食用山药为特色,再融合教育、瑜伽、中医与茶艺,正在形成一个具有中国特色的文化创意农园。文化创意农园对乡村旅游业态创新的启示是:基于乡村历史文化资源,利用创新理念和技术手段开发出的各种乡村文化旅游产品和文化旅游服务,培育新业态。贴近乡村生活,促进乡村旅游和文化元素的融合;推进乡村文化资源数字化,善用旅游社交媒体平台;创新乡村文化服务形式,注重游客的参与和体验。

5.4.3 特色小镇

特色小镇是指依托某一特色产业和特色环境因素(如地域特色、生态特色、文化特色),建设的具有产业定位、文化内涵、社区功能和旅游特征的区域综合开发项目③。永联村乡村全域旅游无界限,以江南田园风情小镇创建为契机,按照江南田园风情特色,加大生态投入,统筹景区、街区和社区,打造处处体现江南田园风情、四季景色各异的美丽永联。永联村全域旅游以永联小镇为核心,周边 3 平方千米为“一带四片”。其中,一带为“水乡风情带”,主要功能为滨水观光、休闲、游憩。“四片”分别为“田园深度体验片”,主要功能为乡村生活体验、田园观光游憩、创意农业休闲;“小镇休闲度假片”,主要功能为体验长江江鲜、江南小吃美食及温泉养生度假、全龄养生养老等;“乡村牧场休闲片”,主要功能为动物主题游乐、农耕文化体验;“钢铁工业旅游片”,主要功能为钢铁工业旅游④。永联江南田园风情

① 张海洲,虞虎,徐雨晨,等. 台湾地区民宿研究特点分析——兼论中国大陆民宿研究框架[J]. 旅游学刊,2019(01):95-111.

② 陈秀美. 民宿行前期望、体验、目的地意象对再访意愿影响之研究——以东港地区民宿为例[D]. 彰化:大叶大学,2016.

③ 王洁平. “特色小镇热”的“冷思考”[N]. 江苏旅游观察,2019-01-21.

④ 薛海燕. 江苏永联村打造江南田园风情小镇:留住美丽 记住乡愁[N]. 经济日报,2018-09-03.

小镇创建的启示是：乡村旅游业态创新，一是要强调“特色”，指的是新业态要有特质和个性，具有特色产业或特色人文或特色风貌，具有个性。二是突出“文化之特”，即要有宜人的风貌和宜居的环境，也要围绕特色产业彰显地方文化，拥有一定居民和生活状态的小镇生活区域；同时提供一个能吸引外地游客来观光、休闲、度假的生活环境，本质上就是倡导和提供一种生活方式。三是体现“功能”，乡村旅游业态创新要体现产业融合功能、文化功能、社区生活功能、社交功能、旅游功能等。

5.4.4 田园综合体

田园综合体是推动乡村振兴战略实施、推进农村一二三产业深度融合、深化供给侧结构性改革和加快培育农业农村发展新动能的一个绝佳切入点，是乡村旅游业态创新的主流发展方向。在拥有特定资源禀赋或经济条件的乡村区域，以农业为基础，延伸和融合创意、科技、加工、旅游、餐饮、住宿、娱乐、会展、博览、文化、商贸、物流、电商等第二、三产业，能够充分展示农业多功能性的农业经营形式①，也是乡村旅游新型业态。

阳山田园东方位于无锡市惠山区阳山镇，由东方园林产业集团投资 50 亿元建设，是国内首个田园综合体项目。规划总面积约为 416. 4 公顷，于 2013 年 4 月初启动建设。包含现代农业、休闲文旅、田园社区三大板块，主要规划有乡村旅游主力项目集群、田园主题乐园、健康养生建筑群、农业产业项目集群、田园社区项目集群等。形成系列特色产业，如春花：亿年古火山无锡阳山盛产水蜜桃，万亩桃花，千年古刹吸引各地游客。每到阳山桃花节开幕之际，桃花盛开，山林尽染，游人如织。夏桃：阳山水蜜桃以其形美、色艳、味佳、肉细、汁多甘厚、入口即化等特点而驰名中外。秋鱼：每年处暑开始，是鱼类迅速繁殖成长的季节，群鱼四处游动，觅食积极。天然的野生青鱼，肉质肥嫩，味鲜腴美。冬浴：田园东方，面朝华东唯一火山安阳山，在将纯天然山水美景尽纳胸臆的同时，也充分利用了珍贵的亿年火山温泉资源打造“桃花泉”②。

阳山田园东方创新的启示是：一是以产业为核心，围绕特色产业来发展，一二三产业“三产融合”。二是突出品牌特色，产业、文化、旅游“三位一体”。三是构建生态优先发展理念，生产、生活、生态“三生同步”。田园综合体将推动农业发展方式、农民增收方式、农村生活方式、乡村治理方式的深刻变化，实现新型城镇化、城乡一体化、农业现代化更高水平的良性互动，实现乡村旅游发展全面转型，乡村全面振兴。

① 刘建芳，王伟新，肖建中，等. 田园综合体商业模式创新的国际经验及启示[J]. 世界农业，2018，473(09)：34-38+106.

② 阳山田园东方项目考察案例解析[DB/OL]. http://www.sohu.com/a/212648333_114835.

6　基于文化保护利用的乡村文化旅游业态发展研究

乡村文化绵延数千年，是国人生命之所依、灵魂之所系，是乡村居民、怀乡人士存放“乡愁”之精神家园，是推动中国崛起和民族复兴的思想基础和精神动力，更是乡村发展的重要根基和突出优势。然而，现代化及城镇化的快速发展对乡村文化造成巨大冲击，乡村文化日渐衰落，正面临价值低估、地位边缘、文脉撕裂、内容变异、主体空心、传承艰难等困境①。乡村文化“失根”“无根”的“漂浮”状态是发展不平衡不充分的重要表现，也是实现乡村振兴必须克服的短板。乡村文化的传承与保护是让乡村居民“望得见山、看得见水、记得住乡愁”的内在保障②。乡村旅游与文化深度融合，创造性转化和创新性利用，乡村文化再认同，构建适应现代乡村社会发展的乡村新文化价值是乡村文化振兴的重要途径。

6.1　乡村文化旅游融合创新的原则

6.1.1　宜融则融，能融尽融原则

乡村文化和乡村旅游有可以融合的一面，也有各自相对独立的一面，推动乡村文化和乡村旅游融合发展，坚持宜融则融，能融尽融，避免片面强调特殊性和完全忽视特殊性两种倾向。遵循乡村文化与乡村旅游的发展规律及客观差异，找准乡村文化与乡村旅游融合发展的切入点，因地制宜地推进乡村文化保护传承与乡村旅游融合发展，增强乡村文化利用与乡村旅游融合的效果。以多元化的生活空间，多样化的生活体验，满足人们多样化、个性化消费需求，提升人们旅游生活品质，让传统乡村文化、先进乡村文化在乡村旅游这个丰富

① 黄震方，陆林，苏勤，等．新型城镇化背景下的乡村旅游发展——理论反思与困境突破［J］．地理研究，2015(08)：1409-1421.

② 刘正阳．乡村文化的传承与保护［J］．人民论坛，2018(21)：130-131.

多彩的载体上演绎得愈加绚烂多彩。

6.1.2 以文促旅,以旅彰文原则

乡村文化为乡村旅游发展赋予内涵和灵魂,乡村旅游为乡村文化的彰显创造载体与空间。以乡村文化为灵魂丰富乡村旅游内涵,创新业态,促进乡村旅游发展;以乡村旅游为载体彰显乡村文化魅力,促进乡村文化利用与繁荣,形成乡村旅游依乡村文化兴盛,乡村文化借乡村旅游繁荣的局面。

6.1.3 统筹协调,互补共赢原则

强化乡土风情、乡居风貌和文化传承,尊重村民发展意愿,推进乡村文化与乡村旅游在理念、职能、产业、市场、服务等方面融合。统筹推进乡村文化事业、乡村文化产业与乡村旅游融合发展,处理好乡村文化资源保护利用和乡村旅游发展的协同互补关系,坚持合作共赢,推动乡村文化和乡村旅游产业的相互促进、互补协调、共同提升和可持续发展。

6.1.4 市场导向,项目带动原则

以消费者对乡村文化和乡村旅游的美好生活需求为导向,通晓消费需求,把脉市场,激发产业主体创新发展的活力,创造性转化,积极推进乡村文化旅游产业市场化进程,培育壮大乡村文化旅游企业,加快乡村文化旅游项目开发,以项目带动乡村文化旅游,以互联网、物联网、文化创意等赋能,创造现代人喜欢的乡村旅游产品,提供消费者满意的旅游服务,增强乡村文化旅游市场吸引力和核心竞争力。

6.1.5 特色创新,质量发展原则

挖掘乡村文化内涵,突出文化旅游乡村特色,引导乡村文化旅游特色化发展,基于当地资源禀赋,立足区位特点,走特色化发展、差异化发展道路,打造特色鲜明的乡村文化旅游新产品和新业态。创新乡村文化旅游发展机制、产品、业态、模式和路径,以创新推动乡村文化旅游产业融合发展。坚持走乡村文化旅游高质量融合发展之路,提升乡村文化旅游品质、品位和品牌。在融合中创造性转化,创新性发展,增加乡村旅游的有效供给,让人们在乡村文化浸润中增加文化和情感上的共鸣,提升乡村文化自信;在乡村旅游体验中感受乡村文化的魅力与生活的美好,并能拥有更多、更直接、更实在的获得感和幸福感。

6.1.6 乡村文化利用与保护并举原则

“万物有所生,而独知守其根”。乡村承载着丰富的历史信息和文化基因。善待乡村文

化是传承中华文脉、守住民族之魂的题中应有之义。乡村文化保护与利用是对立统一的，关键是把握好“度”：既不能过度开发使乡村文化异化，也不能过度保护使其丧失活力，唯有保护和利用并举，才能实现乡村文化传承及可持续发展。

加强乡村文化保护是乡村旅游开发利用的前提。保护乡村文化是为了提高文化旅游资源的再生能力，获取社会效益和经济效益。乡村文化往往具有特定的基本属性和传承规律，乡村旅游只有完整保护其特有属性，才能保持乡村文化的经济与社会价值；特色的乡村文化方能吸引游客，带动乡村旅游产业的发展。总之，保护乡村文化，首先要保护乡村文化真实性，不能随意破坏更改，更不能造假。其次，保护乡村文化的完整性。

乡村文化开发利用是保护传承的有效途径。对乡村文化的合理开发利用，实质是挖掘文化遗产的商品属性，使其转化为乡村旅游产品，实现其价值，推动乡村文化的保护传承。合理开发利用乡村文化，实际上也是对乡村文化的有效保护，增强乡村文化的生命力、可持续发展力。既实现传承乡村文化的目的，又为内需的拉动、就业的扩大、经济发展的促进发挥重要作用。当然，乡村文化开发利用必须合理适度，前提是乡村文化要得到有效保护。要保留传统文化，但不是一味地、被动的保存或者是原封不动的保存，要实现传统要素和现代功能的有机结合①。

6.2 乡村文化旅游吸引力体系构建

6.2.1 乡村文化旅游吸引力体系构建思路

立足苏南地区发展的战略定位，围绕产业融合“创新”发展、乡村文化旅游“协调”发展、生态文明“绿色”发展、内外联动“开放”发展、富民惠民“共享”发展、城乡统筹“联动”发展、乡村振兴“优先”发展等战略，以文化创新为驱动，以优质发展为导向，以产业融合为依托，以优化环境为抓手，运用系统化思维，提升乡村文化旅游吸引力，推动苏南地区乡村文化旅游高质量发展。一是基于家族文化的传承展现苏南乡村文化；二是基于乡村活动展现苏南乡村文化；三是基于乡土建筑风貌展示苏南乡村文化；四是基于乡民的参与彰显苏南乡村文化之魂；五是基于市场主体的培植活化乡村文化；六是基于乡村美食的利用活化乡村文化；七是基于文化集体记忆激活乡村文化。只有构建完善的乡村文化旅游吸引力体系，才能全面增强苏南乡村文化旅游吸引力。

6.2.2 构建乡村文化旅游吸引力体系

旅游吸引力作为旅游活动发生和发展的基础，它通过影响旅游者的最终出游决策，包括出游方式、出游方向及相关旅游设施的空间分布和变动，进而影响一国一地或一个景区

---

① 吴必虎．基于乡村旅游的传统村落保护与活化[J]．社会科学家，2016，2(226)：7-9.

旅游业的总体发展特征和发展程度①。旅游吸引力是人们对挑战、冒险的渴望,或满足自尊、被承认的期望,或逃避现实、消除压力的欲望等内在“推力”与独特的旅游景观、新奇的旅游活动项目、优质的旅游设施和旅游服务等外在“拉力”共同形成合力的结果②。乡村文化旅游吸引力是乡村旅游活动发生与发展的基础,由乡村文化资源吸引力、乡村景观环境吸引力、乡村活动资源吸引力、乡村生活吸引力、乡村生产吸引力、乡村生态吸引力、乡村旅游品牌吸引力、乡村旅游功能吸引力八方面组成体系。

a. 打造乡村文化资源吸引力。乡村文化资源是多种多样的,在保护的基础上,通过创新思维来梳理从乡村文化层次、文化元素分类、文化信息定义到旅游资源类型等多个层级之间的逻辑关系,基于乡村文化资源吸引力的丰度与规模、完整度、珍稀或奇特程度,对乡村文化信息进行设计转译、文化创意利用,并与旅游进行对接,唤醒旅游者的乡村记忆与乡愁情结,提高乡村文化资源的创新性转化与创造性利用效果,形成乡村文化资源吸引力。

b. 打造乡村景观环境吸引力。乡村景观环境吸引物的自然环境在决定旅游者对乡村旅游的态度和未来再次购买意向方面有重要作用,同时影响着他们对亲朋好友的传播意愿。厘清乡村景观环境的形成与发展演变规律、其驱动机制,结合其动态演变机理、发展趋势和丰富的乡村历史传统文化内涵,保护利用乡村历史和传统文化,注重与自然景观环境的和谐关系③。市场导向,因地制宜,切合实际地对乡村景观环境、乡村田园意象进行综合整治和建设④,构建宜游的景观环境,形成乡村景观环境吸引力。

c. 打造乡村活动资源吸引力。充分发挥和调动乡村居民的主体作用和积极性,引导他们利用各种方式参与到活动中来,整合优化乡村节事节庆、民俗体育、乡创、民俗风情等活动资源,强调活动的真实性,为游客提供更加富有乐趣的体验活动,增强乡村活动资源吸引力。

d. 打造乡村生活吸引力。释道及民间信仰等中国传统文化是乡村生活秩序运行的内生推力⑤。把传统优秀文化再次融入乡村的日常生活,培育村民精神世界、整合乡村精神秩序、协和有序化的乡村人伦社会结构。重构或再现传统的“春播秋收”“日出而作、日落而息”,以农为生、依照“农时”生活、聚族而居的乡村美好生活情趣,构建生活宜居的支撑体系,形成乡村生活吸引力。

e. 打造乡村生产吸引力。以农、林、牧、副、渔等广泛的农业资源为基础,以不破坏基本农田保护区和农业生态环境,保证乡村生产为前提,局部地改变原来的农业生产结构,把农业与旅游业结合在一起,利用农业生产过程和农村空间开发乡村旅游产品,吸引游客前来参观,为游客提供特色服务,提升乡村生产吸引力。

f. 打造乡村生态吸引力。乡村生态系统具有承载人口、改善环境、提供产品、增加收

---

① 廖爱军. 旅游吸引力及引力模型研究[D]. 北京:北京林业大学,2005.

② 谌贻庆,毛小明,甘筱青. 旅游吸引力分析及模型[J]. 企业经济,2005(06):115-116.

③ Foltête J C,Girardet X,Clauzel C. A Methodological Framework for the Use of Landscape Graphs in Land-use Planning[J]. Landscape and Urban Planning,2014,124:140-150.

④ 庞珺. 农村景观环境的形成、演变与驱动机制探讨[J]. 山东农业大学学报(自然科学版),2018,49(6):1088-1092.

⑤ 夏当英,宣朝庆. 乡村生活秩序重构中的传统文化复兴——以皖南H镇为例[J]. 河北学刊,2018(04):175-181.

入、扩大就业、观光旅游、传承文化、科普教育、培养人才，以及为城市居民养老提供场所等多方面的作用与功能①。通过规划引领、环境整治、结构优化、功能提升、条件改善、公共服务强化、法律法规完善、投入力度加大等措施优化乡村生态系统，提升乡村生态吸引力。

g. 打造乡村旅游品牌吸引力。品牌吸引力是指乡村旅游产品或服务品牌的一种态度，是消费者感知到的品牌品质和个性吸引力②。乡村旅游品牌知识、品牌价值等的认知程度影响游客对乡村旅游品牌的衡量、判断和选择。乡村旅游品牌品质指消费者对乡村旅游品牌功能性或者实用性方面的评价，主要包括乡村旅游品牌信誉、品牌质量等方面。乡村旅游品牌个性是乡村旅游品牌的基础，主要体现消费者对乡村旅游品牌的人类特征和象征性感知，具体包括乡村旅游品牌个性是否鲜明、是否有趣、是否受大众欢迎等方面。当乡村旅游品牌符号及其无形价值有助于游客定义其自身的社会身份时，该品牌将对游客产生较强的吸引力，且能引发游客对乡村旅游企业认同的形成。通过乡村旅游品牌定位、品牌形象设计、品牌形象整合传播、品牌形象建设及维护塑造乡村旅游品牌品质和品牌个性，提升乡村旅游品牌吸引力。

h. 打造乡村旅游功能吸引力。基于对食、住、行、游、购、娱等基本要素相关产业的集合，融合商、养、学、闲、情、奇等功能性（拓展性）要素，打造功能完善的乡村旅游综合体，从而创新乡村旅游业态、功能、项目、服务等，提升乡村旅游功能吸引力。

6.3 苏南乡村文化旅游发展瓶颈问题

6.3.1 产业链与创新链融合度不高，乡村文化旅游内涵有待彰显

苏南乡村文化旅游产业内部要素联动不足，关联产业融合度不高，集聚发展程度和跨区域协作发展水平较低。乡村旅游产业主体培育不够，大型现代乡村旅游企业和龙头企业较少，乡村旅游名企强企支撑力度偏弱。乡村文化旅游产业发展方式比较粗放，产业结构需要调整优化，产业链仍需延伸，乡村旅游产业亟待转型升级，提质增效。在乡村旅游重点领域和关键环节的创新仍需深化，尤其是乡村文化创新的能力亟待突破，创新链与产业链整合的效率、融合度有待加强，尚未形成可复制、可推广的成功模式，乡村旅游内涵提升还需进一步深入开展。

6.3.2 供给与需求匹配度不高，乡村文化旅游业态丰度有待提升

乡村旅游面临着供给侧的压力、产品结构单一、开发盲目无序、发展理念落后、人才匮乏等问题，影响了乡村旅游的有效供给。从产品开发来看，参与式、体验式和互动式的精品匮乏，存在“好看、好听，但不好玩”的问题，游客旅游体验度差，缺乏重复消费的欲望。苏南

① 黄国勤．我国乡村生态系统的功能、问题及对策［J］．中国生态农业学报（中英文），2019，27（02）：177-186.

② 钟帅，唐小飞．基于关系互动视角的品牌资产研究［J］．预测，2012，31（05）：9-13+20.

乡村文化旅游供给与游客需求失衡，匹配度较低，产品同质化，业态略显单一。传统业态仍有较大提升空间，新业态的培育模式、路径还需加大研究力度。

6.3.3 资源整合与开发聚合度不高，乡村文化旅游特色有待强化

苏南乡村文化旅游资源整合与开发聚合度有待强化。各行政区域未形成联动效应，点与点、区域与区域之间的互动合作空缺，尚未形成合力。旅行社、乡村旅游区、农家乐、民宿等旅游企业之间，旅游管理部门与其他部门之间各自为政，缺乏有效沟通和联动机制。乡村旅游投融资渠道不宽，乡村文化特色挖掘不深，乡村旅游产品同质化趋势明显，乡村旅游精品和拳头产品偏少，市场知名度和吸引力低，新产品和新业态培育相对不足，特别是市场前景好的乡村旅游度假型产品建设相对滞后，具备国际吸引力的产品开发缓慢，乡村旅游品质有待进一步提升。

6.3.4 发展与环境契合度不高，乡村文化旅游环境氛围有待改善

乡村文化旅游发展与环境契合度不高也是制约苏南乡村文化旅游发展的主要瓶颈之一，乡村旅游市场环境还需进一步加强综合治理。一是乡村旅游的边际效益下降，乡村旅游产业在新的时期发展空间急需拓展，并改善现有的投融资环境，培育新的动能。二是由于出游方式上散客化趋势明显，乡村旅游空间行为出现全域化特征，导致乡村旅游供给的全域化。游客散客化趋势也导致了政务服务发生了质的变化。这也需要苏南地区在政务服务水平方面进一步优化，出台相应的扶持政策，为乡村旅游企业转型升级创造出更加优质的经营环境。三是由于旅游核心竞争力由乡村景点竞争转向乡村旅游目的地的综合竞争，迫使政府管理部门转变思路，加强消费领域治理，改善消费环境中不适应、不协调、不合理的状态。

6.4 苏南乡村文化旅游业态提升策略

6.4.1 以文化创新为驱动，丰富苏南乡村文化旅游内涵聚灵气

从文化的角度看，乡村旅游是一种依赖于乡村资源并感受和体验乡村文化的旅游活动，其“聚焦点”就在于乡村区别于城市的文化特性和本真属性①。以乡村文化促进乡村旅游，以旅游彰显乡村文化，凝聚灵气，凸显苏南乡村文化旅游气质，凝练苏南乡村文化旅游内涵。

6.4.1.1 理念机制创新

利用新一轮机构改革，结合苏南地区以往经验教训，进一步优化旅游体制机制，改革创

---

① 侯智瀚．乡村旅游新业态下的乡村建筑改造[D]．邯郸：河北工程大学，2018.

新，为旅游内涵提升奠定基础。坚持走市场化之路，采取公司化管理制度，推行管理权、经营权分离，激发乡村旅游活力。瞄准关键环节，打通乡村文化与乡村旅游融合梗阻点。以乡村旅游产业为导向，强化乡村文化创新源头供给；以旅游市场为导向，加强乡村文化创新资本供给，解决“最先一公里”和“最后一公里”问题。

一是把培育文化创新型乡村旅游企业作为乡村文化旅游内涵之“肤”，强化支持力度，推动其成为研发投入、创新决策、成果转化的主体。二是把做大平台载体作为培育乡村文化旅游创新的功能，呈现乡村文化旅游内涵之“体”。深化产学研合作，与苏南高校院所建立多个产学研联合体，开展乡村文化与乡村旅游创新项目合作。三是把集聚高端人才作为推动乡村文化创新的基础，培育文化情怀，提升文化利用功力，增强乡村文化旅游内涵之“骨”。设立年度人才引进专项资金。四是围绕乡村旅游产业链，深度挖掘乡村传统特色文化，丰富旅游内涵之“魂”。重点挖掘吴越文化、宗教文化、园林建筑文化、山水文化和红色文化等。如对古朴的乡村民居、气派的乡村宗祠、简易的乡村集市等的打造，再现苏南完整的乡村村落形态。五是依托文化创新链撬动乡村旅游产业增长点。发展前瞻性旅游产业，突出乡村文化旅游内涵之“核”，引导人才、资金、载体等创新要素集聚，打造先导乡村文化旅游产业创新集聚区。如无锡灵山小镇·拈花湾，从佛经中“佛祖拈花、迦叶微笑”的典故中汲取灵感，使灵山蜕变为“网红”休闲度假胜地。实践表明，文化创意能够赋予旅游业最鲜活的元素，使旅游具有持久的吸引力和生命力。我们要注重用文化提升旅游品位，用文化创意打造更多乡村文化旅游精品。加快将乡村文化资源转化为乡村旅游产品，推动乡村旅游与创意产业、文化遗存的融合发展，努力打造乡村文化旅游精品，彰显苏南独具魅力的传统文化底蕴和时尚休闲气质。增强乡村旅游产业链和创新链的融合度，凝聚灵气，将苏南乡村文化旅游内涵做出来。

6.4.1.2 标准创新

标准创新是对技术创新的超越。它通过技术标准，确立生产方式的转变模式①。“得标准者得天下。”标准化水平是区域旅游经济社会发展水平的重要标志，是创新发展的引领和推动力量。标准的制定权，就是行业的话语权，就是市场的主导权。以标准化引领创新发展，让“苏南标准”走向世界。构建标准体系，以标准引领苏南乡村文化旅游特色内涵。如制定苏南地区文化旅游资源评价标准、苏南地区民宿评定标准、苏南地区文化旅游业态评级标准、苏南乡村旅游厕所评定标准、乡村旅游服务规范标准、行政部门旅游窗口服务规范等。

6.4.1.3 模式创新

加快乡村文化与乡村旅游融合模式创新。乡村文化与旅游融合包括非物质文化遗产、物质文化遗产和当代文化等与旅游融合，创新苏南地区乡村文化与乡村旅游融合模式，丰富乡村旅游内涵。可以创新以下融合模式：开发型融合、体验型融合、活化型融合、保护型融合、创意型融合、重组型融合、延伸型融合等。

a. 非物质文化遗产与乡村旅游的融合创新。非物质文化遗产以苏南地区民间文学、传

---

① 郭将．发展中国家标准创新依据的探求——一个符合中国实际的思考[J]．贵州社会科学，2010，244(04)：97-100.

统戏剧、传统技艺、传统节事、传统舞蹈、工艺品、美食、民俗、口述传统和宗教旅游等为代表。非物质文化遗产与旅游的融合模式主要以开发型融合、体验型融合为主。在旅游集聚区规划建设秦淮灯会、光福核雕、常州梳篦、古琴艺术、泥塑、剪纸、扬中竹编、云锦、刺绣和恒顺醋等民间工艺展演及产品交易载体，提升苏南地区传统文化产业水平。继续打造苏州评弹、苏派盆景技艺、“白蛇传传说”“梅庵派古琴”和“南乡田歌”等非物质文化遗产品牌。

b. 物质文化遗产与乡村旅游的融合创新。物质文化遗产以世界遗产地、纪念碑、传统木结构营造、历史场所和建筑、江南水乡古镇、文化线路等为代表。物质文化遗产与乡村旅游的融合模式主要以活化型融合、保护型融合为主。重点开发、建设和利用京杭大运河、江南水乡古镇(周庄镇、甪直镇、同里镇、千灯镇、沙溪镇、锦溪镇、震泽镇、黎里镇、凤凰镇、惠山镇等)、铁瓮城、苏南地区博物馆、茅山新四军纪念馆和纪念碑等文化旅游项目。

c. 当代文化与乡村旅游的融合创新。当代文化与乡村旅游的融合涉及演艺、设计、时尚、养生、体育、教育、新媒体表演艺术等，融合模式主要以创意型融合、重组型融合、延伸型融合为主。积极开发养生文化、创意文化、体育文化、教育文化等多元乡村文化旅游载体，完善乡村文化旅游商业配套，开发具有苏南地区特色的乡村文化创意类旅游产品。

6.4.1.4 活动创新

通过举办创新性活动，打造乡村文化旅游产品，提升苏南地区文化旅游内涵。一是开发适应精神放松需求的休闲型乡村文化旅游产品，如对灵山禅意小镇、永联江南田园风情小镇、震泽丝绸文化风情小镇、茅山湖、周庄水乡风情小镇、圌山、百家湖、固城湖等乡村文化与乡村旅游产品的打造。通过对公路赛和山地赛、玫瑰踏青赏花节、深氧露营节、自驾露营节、震泽蚕花节、蒋巷油菜花节、凤凰桃花节、下蜀茶香节等乡村旅游节事、赛事活动等倾力打造与推介，培育国内外一流的乡村文化旅游精品，使“苏南五市”错位发展、特色鲜明，形成山水相映、动静结合、传承与发展统一、观光与休闲互补。二是开发满足旅游者好奇心的奇异型乡村文化旅游产品，打造徒步旅行、艰辛跋涉旅游、急流探险、岩洞探险、矿井探险、登山运动、跳伞、蹦极、滑翔、农田迷宫、森林探险等乡村旅游产品。如对丹阳九里季子庙前六眼沸泉“三清三浊”神秘现象的打造和渲染等。三是开发满足求知欲的修学型乡村文化旅游产品，整合开发学艺、科考、乡村修学旅游、乡村研学旅游、乡村度假旅游、乡土文学旅游、乡村博物馆、农业遗产旅游等产品，如利用世业洲江苏省青少年综合实训基地、江苏农博园、江苏茶博园和新四军纪念碑等资源形成线路品牌。四是开发满足乡村文化追求的理想型文化旅游产品，基于乡愁情结的生活方式与生活情调的迷恋与向往，开发系列产品。如对三国文化、爱情文化和书法艺术的开发利用。

6.4.2 以产业融合为依托，培育苏南乡村文化旅游业态聚财气

通过资源整合改造提升传统业态，产业融合催生新业态，构建苏南地区完整的乡村旅游业态体系，增强旅游供给与游客需求匹配度，把游客留下来，凝聚财气。推动苏南乡村文化旅游业从农家乐小经济向产业经济转变，从粗放低效方式向精细高效方式转变，从封闭的乡村旅游自循环向开放的“旅游+”转变，从乡村旅游企业独行其是向社会共建共享转变，从孤立的乡村旅游点建设向乡村旅游综合目的地服务转变。

6.4.2.1 整合乡村文化资源,提升乡村旅游传统业态

充分整合乡村文化资源,加大利用力度,做“优”做“特”传统业态。深度挖掘苏南地区经济、社会、文化、历史等各方面的底蕴,把潜在的乡村文化记忆、旅游资源优势转化为现实的乡村旅游发展优势,政府引导、政策扶持、市场调节推动传统旅游产业升级、改造传统业态,让不同年龄层次、不同身份群体、不同民族人群,都能“依恋”苏南乡村旅游。文化记忆是由特定的组织借助文字、图画、纪念碑、博物馆、节日、仪式等形式创建的记忆,它具有特定的载体、固定的形态和丰富的象征意义①。乡村文化记忆空间是具体的记录、承载和展示乡村文化记忆的特定场所,它不仅是乡村文化产生、发展和延续的空间载体,也是乡村地方身份认同、乡村旅游价值展示和地方场所精神再现的重要组成部分②。乡村文化记忆对乡村生产、生活、生态和精神的空间具有一定的依赖性。将乡村文化记忆的内容、形式、功能与实体空间的文化保护与旅游利用进行联系,从而达到乡村地方身份认同和乡村文化连续性的目的。旅游可以成为唤醒乡村记忆、传承乡村文化和铭记乡愁的重要载体③。通过对乡村文化完整性和典型性的象征空间乡村文化记忆的旅游化表达,实现保存地方记忆、乡村身份认同、乡村文化建构和重构的目的。基于景观基因提取与记忆场分类的结合,提取反映乡村文化记忆的主体内容,构成展现文化记忆脉络的事件、人物、文化、环境及承载空间等记忆素材库。深度发掘苏南地区自然景观和人文景观的乡村文化纪念性场地、文化性路径、标志性场地、文学文本、节日仪式、历史人物、身份符号、民间信仰、民俗文风等资源,并进行活化,开发乡村旅游产品和业态。如苏州树山村以一尊 500 年的“年兽”石像为起点,开发的“树山守”乡村文创产品和文学影视作品,荣获 2016 年中国最佳乡创 IP。

通过发展乡村旅游,可以将那些濒临消失的民俗文化、民间技艺,甚至传统建筑挖掘和保存下来,并转化成最具地方特色的文化旅游产品。以悠久的江南水乡文化、农耕文化、六朝文化、丰富的宗教文化和精致的饮食文化为主线,以名人、名诗、名山、名湖和古河、古街、古寺、古镇、古村为依托,积极培育一批具有苏南地区特色和个性的乡村文化旅游“经典之作”。如光福镇实施乡村文化保护、传承和提升工程,加大对民间文艺和文化产品的扶持力度,对乡村非物质文化遗产、民间技艺等进行创造性转化、创造性发展,不断赋予时代内涵、丰富表现形式。依托“四大雕刻”(玉雕、核雕、红木雕、佛雕)、刺绣等苏工、苏作传统手工艺基础,积极建设“工艺特色小镇”,促进文旅融合发展,增强传统文化的生命力和吸引力。如将茅山湖打造成集道家养生、健身、度假、红色教育、民宿为一体的旅游度假综合体。再如牛首山文化旅游区、汤山温泉旅游度假区、银杏湖乐园、溪田综合体等一批旅游新地标。这些为苏南乡村旅游业态提升奠定了良好基础。

6.4.2.2 加快产业融合,培育乡村旅游新业态

推动产业融合,加大培育力度,做大做强乡村旅游新业态。苏南地区有着深厚的文化

---

① 汪芳,孙瑞敏.传统村落的集体记忆研究——对纪录片《记住乡愁》进行内容分析为例[J].地理研究,2015,34(12):2368-2380.

② 吕龙,黄震方,陈晓艳.文化记忆视角下乡村旅游地的文化研究进展及框架构建[J].人文地理,2018,160(02):35-42.

③ 吕龙,黄震方,陈晓艳.乡村文化记忆空间的类型、格局及影响因素——以苏州金庭镇为例[J].地理研究,2018(06):1142-1158.

积淀，浓缩了时代记忆的乡村文化古迹、非物质文化遗产项目、老字号、老品牌、传统美食、传统村落等，所有这些都为乡村旅游业注入更加优质、更富吸引力的文化内容。推动文化遗产保护利用与乡村旅游发展相结合，依托乡村文化资源发展红色旅游、遗产旅游、研学旅游，非物质文化遗产融入食、住、行、游、购、娱等要素中，提升业态内涵，实现“吴韵”与“水韵”的融合，打造更多体现文化内涵、人文精神的特色乡村旅游精品。加强乡村旅游供给侧结构性改革，推进乡村旅游结构调整和要素配置优化，加快水上运动、文化创意、演艺娱乐、商业零售、会议论坛、休闲度假、餐饮酒吧、时尚农业、芳香农业、艺农生活、智耕生活、山地循环农业、创意乡村、乡俗复兴、游艇休闲等新业态集聚发展，构建完善休闲乡村旅游产品与业态体系，建成苏南地区文化休闲功能突出的乡村旅游产业发展极核和乡村旅游产业龙头带动区，构建苏南地区乡村旅游大产业格局。主要措施有以下几点。

a. 乡村旅游与创意产业融合创新。积极解放思想，创造性地发展旅游业，打造出一批在全国有影响力的重量级乡村旅游业态。在资本、文创、技术、企业家精神等新要素推动下，文化与旅游的融合发展将更加深入。推广常州“无中生有”“资源创造型”发展经验，从创意产业的角度，拓展创意空间，提升乡村旅游附加值。立足各地特色乡村文化资源，规划建设一批小剧场，创作推出一批实景版乡村旅游演艺，为游客提供“白天观景、晚上看戏”的全天候乡村旅游体验。从科技创新的角度，延伸乡村旅游产业链，实现价值最大化；从文化传承的角度，弘扬历史文化，培育乡村旅游发展新动能；从城乡驱动的角度，构建乡村旅游综合体，实现一二三产业融合发展。

b. 乡村旅游与服务业融合创新。着眼资源共享、优势互补，推动乡村公共文化设施，拓展乡村旅游服务功能，在服务好乡村居民的同时，创造条件面向游客开展乡村文化服务；依托乡村游客服务中心、乡村旅游集散中心等乡村旅游公共服务设施，开展乡村文化惠民服务，让更多的乡村旅游者感受江南独特的风土人情，分享独特的地域文化（吴越文化、江南水乡文化、金陵文化）。利用政策引导，大力打造特色夜生活产品，如夜市、休闲综合体。同时打造乡村康养服务新业态。将康养环境、康养文化和生态旅游方式相结合，倡导“天人合一”理念，讲求身心与环境和谐，打造养心、养肺、养性、养颜、养智、养老等康养新业态。如茅山中华健康城、圌山休闲养生园、新民洲生态健康养老产业园等。

c. 乡村旅游与农业生产融合创新。借鉴浙江德清、无锡拈花湾、江宁等地经验，发展具备旅游功能的定制农业、众筹农业、会展农业、家庭农场等新型业态，打造一二三产业融合发展的美丽休闲乡村。通过对句容、扬中、江宁、西山、马山等区域农旅融合，激活一片区域、兴起一批产业、带富一批农民、建成一方乐园，使农业变成快乐高效的产业、农村变成美丽和谐的家园，推动农区变景区、田园变公园、农产品变乡村旅游商品、劳动变乡村旅游活动、空气变人气、就业变创业，形成新业态、新产品。如依托江苏农博园、岩藤农场、扬中渔文化生态园等，打造苏南地区都市休闲农业圈、国道休闲观光农业带、沿江休闲观光农业产业集中区、环太湖休闲观光农业产业集中区等乡村旅游板块，培育新业态。推进江心洲乡村“民宿”旅游区、世业洲农业休闲旅游区、江宁茶文化旅游区、江宁乡村旅游创新发展示范区、吴中乡村旅游创新发展示范区等项目建设，着力打造精品休闲农业与乡村旅游线路。

d. 乡村旅游与科技融合创新。以科慧旅，以旅推科，实现旅游与科技的融合发展①。以

① 郑岩．产业融合：大旅游视阈下的旅游产业发展［J］．辽宁经济，2014(05)：69-71.

自然风光为主的乡村旅游区，通过文化创意、科技创新与乡村旅游的融合创新，在乡村文化产业与乡村旅游业中聚合运用，造就乡村文化旅游新业态。科技发展为乡村文化旅游业注入科技创新元素，为苏南特色乡村文化旅游资源注入生机与活力，推进乡村文化与乡村旅游产业融合发展，打造"有温度的苏南地区，有感情的苏南地区"，让游客来苏南地区不仅仅是游览风景，更是来感受文化。景区赋予的文化内涵，才是真正能够打动游客的核心竞争力。在乡村旅游传播手段应用领域，文化、科技与乡村旅游的融合能极大地提升乡村文化的对外传播范围和效果，如以数字化、网络化和信息化为代表的现代科技在乡村旅游传播中广泛应用，有力提升了乡村旅游文化传播的速度和范围，使得乡村旅游者对乡村旅游文化消费的获取和享用变得更加方便、快捷。同时，通过灵活运用新潮流的新媒体和自媒体，使得乡村旅游文化在传播形式上对乡村旅游者更具吸引力和魅力，促进乡村文化传播效果的提升和改善。运用现代科技对传统乡村旅游产品进行再造，培育乡村旅游与科技融合的新兴乡村旅游业态的产生。借鉴牛首山智慧旅游经验，大力建设智慧旅游（智慧导游、导航、导览、导购）；巧妙应用信息技术，通过虚拟现实（VR）技术、增强现实（AR）技术、混合现实（MR）技术，打造智慧乡村旅游。

e. 乡村旅游与特色村镇建设融合创新。旅游特色村镇是指具有良好的可观赏性、空间组合和保存度等资源禀赋，具有显著特色价值的科研教育、休闲游憩、地方特色和文化传承意义，具备优势突出的品牌号召力、产品特色力和市场适游力的旅游资源的镇和村[①]。借鉴中国台湾桃米村、德清后坞等经验，培育宜居宜业宜游特色村镇，打造美丽乡村、乡村振兴示范区、田园综合体、旅游风情小镇以及绿道、慢行系统等。重点对湖父镇、沙家浜镇、蒋巷村、旺山村、句容草莓小镇、葡萄小镇、芝樱小镇等业态进行打造。

f. 乡村旅游与艺术创作融合创新。加快艺术精品创作与旅游空间拓展[②]。乡村艺术创作不仅是一种文化活动，也是丰富乡村旅游产品、拉长乡村旅游产业链条的活力要素。实施"文化+""旅游+"战略，推动文化创意与相关产业、乡村旅游与相关产业融合发展，培育新的增长点。要促进乡村旅游消费与乡村文化消费有机结合，推动剧场、演艺、动漫等产业与旅游业融合，开展乡村文化体验游，深度开发乡村文化旅游商品和纪念品，培育新的消费热点。

g.乡村旅游与教育融合创新。充分整合苏南乡村、高校、行业、企业等各方资源，通过和乡村旅游结合，策划乡村研学、游学游、国学游等新业态。从乡村生活中进行挖掘，让城市里的孩子有机会了解到与城市完全不同的生活方式。比如，为城市中小学生提供在有机农场劳动的体验，带领小游客了解家畜的养殖，去认识农村自然生态环境中的各类植物，开发"考古""种菜""陶艺""蜡染""户外烧烤""春秋学生科普游""学生生活常识培训""参观有机农场"等形式新颖的新产品、新业态。利用茅山、韦岗等红色资源开展红色游（乡村旅游+红色文化），再如利用信息技术再现茅山等革命文化。

h. 乡村旅游与地产融合创新。旅游地产正以度假村、城市游憩商业区（RBD）、主题街区、旅游小城镇、旅游综合体等形态加速自我演进发展，与文化创意等关联产业的叠加效应

① 佚名．挖掘丰富多样的特色景观规划生态宜居的旅游村镇——全国特色景观旅游名镇（村）研究中心方明主任谈特色景观旅游村镇工作重点[J]．小城镇建设，2009，9（6）：26-31.

② 杨志纯．推动文旅融合发展从理念走向行动[N]．新华日报，2019-1-17（13）.

也日益凸显,其商业模式和发展趋势受到业内广泛关注①。通过乡村旅游与地产融合创新,形成经典乡村旅游区、乡村旅游景观住宅、乡村旅游主题社区、乡村旅游主题文化社区、时尚民宿物业等新业态。如开发以农家乐为基础的乡村旅游地产、以农业赏识园为依托的乡村旅游地产、以古村落为依托的乡村旅游地产、以新村庄缔造为基础的乡村旅游地产、以景区为依托的乡村旅游地产、以养老休闲为主题的地产开发(居家养老服务、孤寡老人需求的社区、医疗养生、智慧社区生态)等业态。

6.4.3 以游客需求为导向,打造苏南乡村文化旅游特色聚名气

通过特色资源优化、生态旅游特色的彰显、旅游本真性特色的强化、文化的旅游利用,增强苏南地区资源整合与开发聚合度,找准乡村旅游特色定位,根据各地区的乡村旅游特色打造各自独特文化内涵的乡村旅游内容,要争取做到"人无我有,人有我优"。打"品质苏南、绿色苏南、品牌苏南"牌,驱动苏南乡村文化旅游优质发展,把苏南乡村文化旅游特色做出来,凝聚名气。

6.4.3.1 整合多方资源,打造苏南地方特色,创建"品质苏南"

基于消费者多元化需求,挖掘整合乡村山、水等地方独特资源,盘活存量,提高资源使用效率。通过资源整合和空间聚合,项目组合、功能集合,打造特色,创建"品质苏南地区",差异化发展。"品质苏南"也是乡村文化旅游优质发展的基础,高品质才能赢得大市场②,获得好口碑。点线面结合整合多方资源:"点"上着重借助独特的江、山、湖等资源禀赋,借鉴湖州开发经验,进一步做大做强优美山水文章;"线"上着重组织多元化、个性化的精品线路,将镶于城乡的各个乡村旅游点串联成线;"面"上实现城乡旅游一体化联动,集聚全社会力量,融合各产业要素,开发多种乡村旅游新业态新产品。通过乡村旅游产品业态创新,健全并延伸乡村旅游产品链、产业链,融合创新链,制定乡村旅游服务标准与规范,构建苏南地区地方乡村旅游特色产品体系。如苏州震泽镇经验(凭借优质的生态和丰富多元的江南文化体验项目,旅游收入已突破 2000 万元),聚焦提升品质,做深做优乡村旅游大文章,让苏南地区优势更优、特色更特、强项更强,把苏南乡村文化旅游打造成"品质苏南"的一块金字招牌。

打造乡村文化旅游精品,推出"必看必游"的世界级乡村旅游精品。传统乡村旅游精品要巩固提升,把老牌子擦得更亮。如中国优秀国际乡村旅游目的地(周庄"香村 · 祁庄")、中国乡村旅游创客示范基地(吴中旺山村、句容市春城旅游电商产业园、阳山镇)、全国百佳乡村旅游目的地(永联村等)、五星级乡村旅游区(南京石塘人家等 17 家)等。新的旅游项目彰显特色,打响品牌,如灵山拈花湾、千华古村、临湖村、树山村、柳舍民宿村、祁村等。进一步加快发展乡村美食旅游、乡村农产品购物旅游、乡村民宿观光旅游、乡村红色教育旅游、乡村休闲度假游等产品创新,提升服务品质。挖掘乡村旅游文化底蕴,凸显苏南地区的文化特色。

---

① 黄猛,金培姗. 旅游与地产加速融合背景下的商业模式选择[J]. 武汉轻工大学学报,2014(01):106-109.

② 郁建兴,张蔚文,高翔,等. 浙江省特色小镇建设的基本经验与未来[J]. 浙江社会科学,2017(06):143-150+154+160.

6.4.3.2 强化乡村旅游生态特色,营造“绿色苏南”

强调乡村旅游的“本真性”,营造生态绿色苏南。积极培育壮大乡村旅游等绿色产业,大力发展循环经济和低碳经济,全力推动绿色发展,实现经济与环境“共赢”,人与自然和谐相处①。基于“乡村性”的开发,在政府或企业主导下,鼓励当地居民有效参与,保护利用传统乡村文化,强化乡村特性,避免乡村旅游“本真性”过度商业化,实现乡村旅游可持续发展。

a. 规划引领,分步实施有序推进。实施乡村文化旅游发展战略,实行积极有效的开发性保护,更加重视规划布局的合理性,严格按生态保护等规划要求选择乡村景点、景区开发及乡村旅游配套设施建设。

b. 突出强化乡村区域特色。在城乡之间和局部区域之间,要因地制宜、因循特色,引导乡村文化旅游差异化和特色化发展。

c. 乡村旅游区内外统筹发展。以“主客共享”为导向,统筹乡村旅游区内外一体化发展,从整体上优化环境、美化景观,提升乡村旅游服务,提高游客满意度。旅游已经是老百姓常态化的生活方式,既然是生活方式,就要强调日常生活的相似性和品质化。游客不仅要看美丽风景,还要吃喝玩乐;乡村居民吃喝玩乐之余也要欣赏美丽风景。游客和乡村居民的指向是相同的。摆脱“乡村旅游区就是外地人来的”概念和门票经济,既要花心思在如何新奇特上吸引外地人的眼球,也要重视满足当地城乡居民的需求。村落是乡村历史文化记忆与乡村历史最完整的物质体现。因此,要特别重视乡村物质空间的拆迁、改造与建设,包括苏南地区乡村中衰落的区域、乡村建筑物的改造,使之重新焕发新春。同时对苏南乡村地区各经济空间、社会空间、文化环境等的改造,包括邻里的社会网络结构、心理定势、情感依恋等,使乡村文化保护、延续与更新。中心村落要把历史建筑、历史街区的故事讲活讲好,大力推进“建筑可阅读”,打造“街区漫步”等乡村旅游建筑。强调乡村文化自觉意识,挖掘和传承乡村历史文化脉络,增强乡村文化凝聚力和向心力,为特色村落提供有力的文化支撑。郊区要把江南文化资源用好用透,结合乡村振兴战略,深入挖掘古镇古村资源,彰显江南文化特色,使都市郊外成为休闲度假的好去处。

d. 培育新型乡村旅游业态,推动旅游业和其他产业融合发展。积极拓展“乡村旅游+”的内容,把体现苏南地区乡村文化功能、展现苏南国际形象的元素加进来,加出新业态、加出新成效,不断提升“+乡村旅游”的附加值。

e. 着力挖掘无形资源,讲好苏南乡村文化旅游资源背后的故事,催生出有形收益。将乡村旅游业作为乡村生态文明建设先行示范区的重要载体和推动力量,积极推进旅游绿色开发和低碳运营,构建生态友好的乡村文化旅游环境和生态化、集约型的旅游经济体系,重视和传承传统文化,维护资源的整体性、乡村文化的代表性和地域的特殊性,加强乡村旅游生态文明教育,提升苏南乡村文化旅游业绿色发展水平。

6.4.3.3 合理利用区域特色文化,塑造“品牌苏南”

实施“省市联合、区域联动、企业联手、媒体联袂”的大文化战略,整合和优化苏南文化

---

① 李锋. 科学发展观在苏南的成功实践与深刻启示——关于苏南践行科学发展观的调研与思考[J]. 海南人大,2012(08):24-27.

资源,全方位、多渠道、大密度地开发文化资源,形成苏南地区文化旅游特色,提升苏南乡村文化旅游品牌价值和品牌效应,继续扩大乡村旅游特色品牌知名度和影响力。

a. 充分挖掘苏南地区民间文化,打造特色民间文化旅游产品和业态。苏南乡村地区经济比较发达,文化建设有着坚实的经济基础。自古以来苏南乡村地区民间文化传统深厚,特别是苏州周围乡村地区受吴文化的影响较深,乡村文化建设有根可循、有源可溯①。重点开发家喻户晓的故事传说,苏南地区是牛郎织女、白蛇传、董永传说、吴歌等文化传说的发源地。还有刘备招亲甘露寺、梁红玉击鼓战金山、渔舟剑浆、麻雀蹦、酒香迎新、冬至祭祀、陈奶奶的虎头鞋、转角狮子、花苑村凤羽龙、团子·团圆、祭灶等。充分挖掘吴地文化特色艺术样式、浓郁的地域文化风格乡村资源,通过创作开发昆曲、锡剧、苏州评弹、苏州评话、白茆山歌、南京白局、丹剧等,以演艺、影视等形式展示并转化为乡村旅游产品,形成文化特色产品与服务。

b. 充分挖掘苏南地区传统工艺、技艺文化,打造工艺文化旅游特色产品和业态。整合苏南地区宜兴紫砂壶、南京云锦木机妆花手工织造技艺、苏州宋锦织造技艺、苏州缂丝织造技艺、镇江醋传统工艺、竹帘画、烙铁画、剪纸连环画、惠山泥人、丹阳面塑、泥塑沙盘、苏南传统建筑技艺等工艺文化资源,打造特色文化旅游纪念品(商品)。重点对苏南地区乡土民居营造习俗、苏州市桃花坞木版年画、常州梳篦、南京剪纸、金坛刻纸、苏绣、大木作营造技艺特色和其他营造技艺特色进行利用,对香醋文化旅游节事进行打造,开展"醋醋文化""醋醋创意""醋醋美丽"等一系列文化旅游活动,推介苏南地区"中华香醋之都"乡村品牌,以及打造堪称"竹编一绝"的"竹帘画"、刺绣云锦等产品,助推苏南地区"文化旅游名乡"特色打造。

c. 充分挖掘苏南地区历史文化,打造历史文化旅游特色产品和业态。丰富的历史文化资源,不仅为苏南乡村传统文化的发展提供了充分的养料,也为苏南文化产业的发展提供了丰富的文化资源和素材。对苏南地区历史文化、军事文化、文学作品等进行创造性转化。六朝文化是中国古文化的研究中心,充分利用刘勰、萧统、葛洪、徐陵、鲍照、钟荣、祖冲之、陶弘景、王羲之、刘义庆等一批光照千秋的文化名人,对书法雕刻、宗教传承等文化资源进行整合创新性旅游利用。重视对诗词文化作品的开发利用,凝练苏南乡村文化旅游特色,诸如王羲之、王献之、骆宾王、孟浩然、王湾、王维、李白、刘长卿、王昌龄、刘禹锡、许浑、张祜、杜牧、韦庄都在苏南地区留下了千古绝唱。提升对军事文化的旅游利用。苏南地区自古就是军事重镇,长江锁钥。挖掘苏南地区历史上发生的重要的军事活动,开发鸦片战争、太平天国等军事文化,转化为特色的旅游产品与服务。

d. 充分挖掘苏南地区乡土文化,打造乡土文化旅游特色产品和业态。加大对苏南乡土文化遗存(包括物质文化遗产、非物质文化遗产)民俗风情、古建遗存、传统技艺、村规民约、名人传记、家族族谱、古树名木等诸多如秀山号子、太平花灯、诗词朗诵、采茶舞、挑担接力、原地抛秧、抢收南瓜、端水保苗、拔河等农耕文化方面保护与延承的同时,对南京祠山庙会、妈祖庙会、薛城花台会、苏州"轧神仙"庙会、无锡泰伯庙会、惠山庙会、镇江金山寺水陆法会、华山庙会、九里季子庙会等挖掘其精神文化内涵,进行旅游适度利用,打造乡村旅游

---

① 解松. 乡村文化建设与社会主义新农村建设——兼谈苏南地区乡村文化建设[J]. 江南社会学院学报,2007(03):53-57.

特色。

e. 创新性利用饮食文化。苏南地区的饮食文化积淀深厚,六朝时期即有“京口兵可用、酒可饮”之说,是淮扬菜系的主要发源地之一。注重乡村旅游资源中“水”文化、农耕文化和美食中“鱼”文化等融合利用,凝结着浓浓乡情的乡村美食,为乡村振兴发展赋能,让乡愁更有味道。加大对盐水鸭、无锡肉骨头、陆稿荐酱猪头肉、砂锅鱼头、水晶肴蹄、松鼠鳜鱼、响油鳝糊、梁溪脆鳝、锅盖面等苏南地区乡村传统美食为代表的名菜、名点、名饮开发力度,提升苏南地区乡村味道。借鉴盱眙龙虾成功经验,重点对苏南地区特色原料阳澄湖清水大闸蟹、南京龙池鲫鱼、太湖三白、鸭血糯、湖熟鸭、江鲜、茅山老鹅、东乡羊肉、京江脐等创新性利用,打造特色饮食文化。

此外,还要搭建线上线下互动营销平台,进一步提升苏南乡村文化旅游资源配置能力,加大对苏南乡村文化旅游特色宣传力度,增强苏南乡村文化旅游特色品牌在长三角地区的影响力和吸引力,尤其是要拓展苏南乡村文化旅游特色品牌在国际的影响力和吸引力,使之真正成为长三角旅游枢纽节点,成为令人向往的中国乃至世界著名旅游目的地,塑造“品牌苏南”。

6.4.4 以综合治理为手段,优化苏南乡村文化旅游环境聚人气

通过政策引导、优化政务水平、加强消费领域治理等综合举措,改善政策环境、配套环境、服务环境、市场环境和社会环境,增强乡村旅游发展与环境契合度,凝聚人气。

6.4.4.1 凝心聚力强化组织领导,改善乡村旅游政策环境

对标浙江、上海等旅游业发达的城市和周边地区,苏南地区乡村文化应查不足、补短板。

a. 转变认识,高度重视乡村文化旅游发展。把乡村文化旅游提升为苏南地区发展的重要战略,把乡村文化旅游作为苏南地区乡村经济转型的新动能,助力苏南地区乡村文化、经济、产业等振兴,为苏南地区乡村文化旅游科学策划、规划、决策、持续高质量发展奠定基础。

b. 高位布局,不断优化乡村文化旅游顶层设计。有必要成立由地方主要领导牵头的乡村文化旅游工作领导小组,统筹推进各项工作,解决现有的小马拉大车、部门间各自为政、难以协同形成合力等问题;建立乡村文化旅游联络机制,定期上报各部门乡村文化旅游工作进展情况;借鉴成功经验,形成“多规合一、部门联动、产业融合”的一体化实施机制;建立苏南乡村文化旅游工作联席会议制度,研究乡村文化旅游相关政策。

c. 深入贯彻实施《中华人民共和国旅游法》《江苏省旅游条例》和《国务院办公厅关于加强旅游市场综合监管的通知》,加强苏南乡村文化旅游法制建设,营造良好的旅游法治环境。

d. 加大政策激励力度,构建完善的乡村文化旅游政策制度体系。加强宣传引导,鼓励奋勇争先,用足用好激励措施,充分发挥督查激励的示范带动作用。对促进乡村文化旅游政策落地、扶持支撑平台、可持续发展等成效显著的部门及管理机构在编制、资金预算等方面予以倾斜;对落实重大政策措施成效明显、创造典型经验做法或建议、推动乡村文化旅游

健康发展的企业、个人加大奖励力度；对创新乡村文化旅游发展的项目、业态、产品等加大支持力度。

6.4.4.2 加大基础投入，改善旅游基础设施，提供良好的配套环境

用系统化思维完善食住行游购娱等乡村旅游公共配套体系，打造基础生活保障完善、公共环境整洁、景观风貌美观、公共设施完善的乡村旅游环境。

a. 着眼于品质更高的、主客共享的乡村生活空间环境打造。配套设施建设、环境改造兼顾乡村居民、游客、创业者三重需求，构建三者共享的设施、环境和空间。加强乡村旅游区的基础设施建设，提升乡村旅游接待水平。持续推进供给侧结构性改革，实施基础设施、民生保障、公共服务设施、景观风貌美化等工程，加大对重点乡村旅游项目和重要乡村旅游基础设施与公共服务设施的支持力度。

b. 完善乡村旅游公共服务体系。坚持游客为本、需求导向，政府主导、多方参与，分级负责、分类指导，因地制宜、统筹发展的原则，将乡村旅游公共服务纳入城乡公共服务体系，推进重点乡村旅游区、旅游风情小镇、旅游示范村等乡村旅游信息咨询服务、乡村旅游交通便捷服务、乡村旅游安全保障服务、乡村旅游便民惠民服务建设，逐步构建区域统筹、城乡一体和覆盖全域的旅游公共服务设施。加大对苏南乡村旅游线路沿线风貌集中整治，在村边、水边、路边、山边开展绿化、净化、美化等行动，在重点乡村旅游村镇实行改客房、改厨房、改厕所、整理院落和垃圾污水无害化、生态化处理，全面优化苏南乡村旅游环境。

c. 找准薄弱环节，改善乡村交通环境。“交通畅，百业旺。”进一步完善乡村旅游路网体系建设。完善乡村路网结构、优化乡村路网布局，实现交通快速通行；调整城乡路网结构、完善主、次干道和支路的级配比例；打通断头路，增加路网密度，提高道路的通达性；修补乡村道路、完善过村通道，对偏远村落部分交通能力低下的道路进行修补改造，开展交通安全隐患排查，加强道路交通安全管控，营造良好的交通环境。

d. 深化乡村公共配套服务专项行动。不断深化乡村旅游标识标牌、停车场、厕所革命、Wi-Fi 等公共服务专项行动，完善乡村旅游接待、集散功能。提升苏南乡村地区游客集散中心、落地自驾中心建设与服务水平和高铁车站等旅游咨询服务中心经营水准。完善乡村旅游交通标识标牌，将通往重要乡村旅游区、民宿的标识纳入道路交通标识范畴，统一规范设置等级星级乡村旅游区的旅游标识。

6.4.4.3 加大改革力度，提高政务水平，创造优质的服务环境

a. 推行乡村旅游大数据政务服务。大力推行“互联网+行政审批”模式，加强线上办事和线下行政审批服务中心的建设与衔接。推进乡村旅游政务服务信息公开，做到服务内容、方式、流程等事项公开透明，便捷乡村旅游企业。推动政府服务数据、资源运用云计算、互联网等建成服务资源网络，打破乡村文化旅游“信息孤岛”和数据壁垒，建设“互联网+政务服务”信息惠民惠企体系，实现乡村文化旅游数据信息共享。

b. 推进政府职能转变。推进简政放权、放管结合、优化乡村文化旅游服务改革，破除制约乡村旅游企业办事创业的体制机制障碍，优化苏南乡村文化旅游市场环境，激发乡村旅游市场活力和创造力，促进乡村旅游经济持续、健康发展。实现乡村旅游政务服务管理工作的资源整合、流程再造、业务联动，变被动服务为主动服务，提高乡村旅游企业办事的满意度。

c. 调整和完善公共服务事项清单。制定参与乡村旅游市场秩序综合监管工作地区、部门和企业的“责任清单”,将乡村文化旅游纳入地方机关绩效考核体系。细化政府公共服务职责,进一步梳理公布与乡村旅游企业密切相关的公共服务事项,并因地制宜、因时所需,根据社会发展的需要和乡村旅游企业的需求,予以适时调整和完善。

d. 创新服务模式。坚持普惠性、保基本、均等化、可持续的原则,加大乡村旅游公共服务领域财政资金投入、创新体制机制,规范推广应用政府和社会资本合作模式,调动社会各方的积极性,增加乡村旅游公共服务。全面推行“现场办结制”“项目代办制”和“绿色通道制”等,提升乡村旅游政务服务效率和质量。

e. 提升乡村旅游行政服务能力和效率。要把加强政府服务能力建设与作风建设紧密结合起来,突出乡村旅游“重点问题重点解决、重点单位重点解决、重点个人重点解决”,着力破除执行不力、执行不畅、执行错位等问题。另外,推进健全乡村旅游政务服务标准化建设,从服务事项、窗口建设、服务流程等方面予以规范,建立科学、规范、有效的服务标准体系,提升政府乡村旅游公共服务效率。

6.4.4.4 加强引导,拓宽渠道,改善市场环境

a. 转变思路,引领市场,增强旅游市场竞争能力。苏南地区有产品、有资源,但渠道话语权不高,市场主动权有待提升。转变“靠山吃山,靠水吃水”和“圈山圈水收门票”的资源驱动型老路子,提升乡村旅游市场生命力,培养全球性竞争意识,以内容为主导,掌握话语权,承担社会责任,承载国家战略,全面提升苏南乡村文化旅游市场竞争力。

b. 落实政策,加大引导,优化市场业态发展环境。强化依法治旅,严格依法行政,规范执法行为,建立行政执法、社会监督、行业自律相结合的旅游质量监管体系。认真贯彻落实《国务院办公厅关于进一步促进旅游投资和消费的若干意见》《中共中央国务院关于完善促进消费体制机制进一步激发居民消费潜力的若干意见》和《关于促进乡村旅游可持续发展的指导意见》,依据政策,推动旅游规范发展。加强对乡村旅游的政策指导,提升乡村旅游品质。支持自驾车、旅居车、通用航空等消费大众化发展,加强相关公共配套基础设施建设。建立现代体育产业体系,推动体育与乡村旅游、健康、养老等融合发展,积极培育潜在需求大的体育消费新业态。积极实施旅游投资促进计划,设立苏南乡村文化旅游产业发展基金,支持企业通过政府和社会资本合作(PPP)模式投资、建设、运营旅游项目。

c. 拓展乡村旅游投融资渠道,改善乡村旅游金融市场环境。鼓励金融机构按照风险可控、商业可持续原则加大对乡村旅游企业的信贷支持,积极发展乡村旅游投资证券化产品。支持乡村旅游企业创新融资渠道,有效引导预期收益好、品牌认可度高的乡村旅游企业探索收费权、经营权抵(质)押等方式融资筹资,依托电商金融、众筹等平台融资引导社会资本介入乡村旅游,拓展乡村旅游融资空间。积极推动乡村旅游支付、旅游消费信贷、乡村旅游企业融资等线上线下服务的融合发展,完善乡村旅游金融生态圈。

d. 顺应市场,改革机构,改善乡村旅游市场经营环境。建立乡村旅游综合协调管理机构,加强乡村旅游管理体制改革,加快乡村旅游工作机制创新,形成科学合理的管理体制、多元化的投入机制和市场化的运作机制。积极推动公安、工商、司法等部门构建管理内容覆盖乡村旅游领域的新机制,增强旅游部门综合协调和行业统筹能力。进一步规范乡村旅游市场秩序,通过加强市场监督和质量管理、完善乡村旅游区门票及产品价格机制和规范

价格行为,形成公平有序的乡村旅游市场消费环境。

e. 构建乡村旅游诚信体系,推进游客满意度调查和反馈制度。加强诚信乡村旅游宣传教育,使诚信内化成经营服务理念和自觉行为。实施旅行社责任保险,保护游客和乡村旅游企业的合法权益。加强乡村旅游安全监督,完善以安全检查、安全预警和应急处置等为重点的乡村旅游安全监管体系。

6.4.4.5 理顺机制体制,加强区域内统筹,优化社会环境

a. 坚持正确的舆论导向,大力宣传和普及旅游知识,培养文明经营、产品质量意识,营造健康的社会舆论环境。打造乡村文化旅游发展典型,乡村居民、游客、创业者共享共建,形成可借鉴可推广的经验,树立乡村文化旅游发展新标杆;整合资源,联合创建以跨区域经典旅游目的地为导向的乡村文化旅游示范区,打造苏南地区乡村文化旅游示范区的新类型和新模式。

b. 营造良好乡村旅游社会环境。树立“处处都是乡村旅游环境,人人都是乡村旅游形象”的理念,面向乡村居民开展旅游知识宣传教育,强化乡村居民旅游主体意识、参与意识、形象意识和责任意识。加强对老年人、残疾人等特殊群体的乡村旅游服务。

c. 理顺机制体制,形成齐抓共管的乡村旅游发展大格局。发展乡村旅游不仅仅是旅游部门的事,更是其他部门共同的担当和义务。发动各部门的积极性,破解部门壁垒,少指责,多配合;少漠视,多改善;少观望,多参与。实施市、区、乡上下联动,各行业积极融入,旅游、工商、城管、文化、交通、农业等各部门齐抓共管,城乡居民共同参与,促进乡村旅游产业全域化发展。强化区域乡村旅游协同,加强苏南地区内部合作,战略联盟,建立跨区域旅游合作机制和联席会议制度。坚持顶层设计,将行业资源、社会资源与乡村旅游深度融合,打造促进乡村旅游发展的良好外部环境。

d. 调动社会资源,进一步发挥协会、学会等社会组织的作用。充分组织发动社会力量参与乡村文化旅游的管理与服务等工作。可设立文明建议热线,组建文明督导员队伍,扩大乡村旅游志愿者队伍,提升乡村居民参与的积极性,让帮助游客成为苏南地区居民的自觉和骄傲。

7 基于供给侧改革的乡村文化旅游体系构建

旅游业的快速发展,使得旅游产业已经成为我国经济的支柱产业和现代服务业先导产业。供给侧改革是社会发展所产生的结果,对旅游业的发展和改革有着重要意义①。基于供给侧改革的乡村文化旅游体系构建,对苏南乡村旅游可持续发展、乡村富民增收、乡村文化保护利用、乡风文明等有着重要影响。本章着重围绕乡村文化旅游智慧化体系、乡村文化旅游服务供给体系、乡村文化旅游目的地营销体系的构建与创新展开。

7.1 乡村文化旅游智慧化体系

7.1.1 乡村文化旅游智慧化内涵

研究乡村文化旅游智慧化问题,首先需要明确乡村文化旅游智慧化的基本内涵。尽管国内学术界鲜有直接提出"乡村文化旅游智慧化"概念,但对文化旅游、新型城镇化、智慧旅游等基本概念的研究较为丰富。在文化旅游研究方面,尽管不同学科对文化旅游给出了不同界定,但基本认同文化旅游是"旅游生产者通过提供人性化的旅游物品,满足游客的物质需求和精神需求的旅行游览"②。如果说"文化旅游"的概念是国内外理论工作者学术论证的产物,"新型城镇化"则是首先由中国实际工作者在改革实践中提出的术语。其实自1998年中共十五届三中全会到2013年中央经济工作会议,我国始终将推进城镇化进程作为重要发展战略。中国共产党第十八次全国代表大会以后更是将新型城镇化视为推进我国城乡一体化建设的重要路径,明确提出"坚持走中国特色新型工业化、信息化、城镇化、农业现代化道路,推动信息化和工业化深度融合、工业化和城镇化良性互动、城镇化和农业现代化相互协调,促进工业化、信息化、城镇化、农业现代化同步发展",因此我国的新型城镇化强调"智能化"。"智慧旅游"则源于智慧地球、智慧城市,就业态的角度而言,是一种基于物联

① 赵肖 . 乡村文化旅游产品供给侧改革的实现路径[J]. 农业经济,2008(11):44-45.

② 马先标,张畅 . 何谓文化旅游[J]. 现代经济探讨,2016(12):25-29.

网、云计算等新技术与传统旅游业相融合演化出的新业态;就信息的角度而言,是旅游者个体在旅游活动过程中所获取的泛在化(Ubiquitous)的旅游信息服务①。由于具有“信息化”“智能化”等基本特征,并涵盖城市智能运转、政府智能服务、生活智能便捷、企业智能运营四个方面②,智慧旅游在我国自正式提出起,就被视为衡量“城市智能化”的重要指标,从而成为新型城镇化建设不可或缺的部分。

基于“文化旅游”“新型城镇化”“智慧旅游”三者之间在我国学术研究及实际政策执行的关联,提出“乡村文化旅游智慧化”的概念。乡村文化旅游智慧化是指利用大数据技术、虚拟现实(VR)技术、物联网技术、云计算、射频识别(RFID)信息技术、智能化技术等现代技术手段与乡村文化旅游融合,形成乡村文化旅游的智慧模式,分享乡村文化旅游与科技高度融合所创造的超越城乡地域区隔的智慧旅游公共服务平台,以达到旅游者在乡村文化旅游活动全程中,获取个性化、定制化服务的目的,从而形成一种新型的乡村旅游发展模式,进而形成乡村旅游发展新业态。通过对山、水、林、田、湖、民风、民俗和乡土文化等独特资源嫁接互联网,进行智慧化开发利用,让乡村文化资源插上“翅膀”,催生出乡村经济新业态,为农民增收致富注入全新的活力和动能。

7.1.2 乡村文化旅游智慧化体系的特征与意义

7.1.2.1 乡村文化旅游智慧化体系的特征

正确理解乡村文化旅游智慧化的内涵,有助于把握好乡村文化旅游智慧化体系的基本特征。

a. 具有系统性与共享性。系统性表现在把城市和乡村智慧旅游建设作为一个系统来整合,共享性则是城市与乡村之间分享智慧旅游发展的成果,并强调城市对乡村智慧旅游建设反哺的同时,还体现在区域间的兼容与共享,形成更大范围的共享网络。

b. 具有差异性与互补性。在智慧旅游功能上体现城市和乡村文化旅游差异的同时,城乡智慧旅游资源、产品、服务和市场互补、形成完整的价值链体系。

c. 体现信息性与服务性。通过旅游与科技高度融合创造智能公共服务平台,为游客提供旅游服务信息,是建设乡村文化旅游智慧化的重要目的,乡村文化旅游智慧化具有高度的信息性;建设智慧旅游服务平台的最终目的是为服务的延伸、产业的融合提供空间,创新出新产品、新服务、新方法。

d. 体现乡村文化旅游公共服务特征,即文化性、公益性和公平性。乡村文化旅游智慧化体系服务的直接对象是满足旅游者的共同需求,而本地的乡村文化旅游企业、城乡居民是间接受益者,甚至旅游管理部门本身也是受益者。

7.1.2.2 乡村文化旅游智慧化体系的意义

乡村文化旅游智慧化是科学技术的进步,也是旅游经济形态的变迁,更是一种新的旅游发展方式,积极建设乡村文化旅游智慧化体系具有重要的意义。

---

① 李云鹏,胡中州,黄超,等. 旅游信息服务视阈下的智慧旅游概念探讨[J]. 旅游学刊,2014,29(5):106-115.

② 曹蔚翔. 镇江:打造国家智慧旅游服务中心[N]. 新华日报,2012-2-13(5).

a. 功能展示平台,满足多方需求。通过为旅游者提供个性化、定制化乡村文化旅游智慧服务,改善乡村文化旅游服务机构的旅游管理方式、旅游业务模式和对旅游者的服务方式,实现乡村文化旅游发展的转型和升级。

b. 有利于提升乡村智慧旅游建设水平,实现城乡旅游一体化发展。旅游经济要素无法合理、有序和通畅地流动于城乡是城乡旅游一体化的阻碍,通过城乡一体化的介入,有助于从整体上和更高层面思考智慧旅游建设,可避免造成新的城乡差别,使乡村与城市旅游经济和谐、共荣地发展①。

c. 为新型城镇化提供发展动力。由于具有智能化与服务性的基本特质,乡村文化旅游智慧化无疑是信息化推动工业化、城镇化、农业现代化的具体落实,从而成为新型城镇化的动力标志②。

7.1.3 乡村文化旅游智慧化体系框架

乡村文化旅游智慧化体系构建是一项具有全局性、开放性和持续性的系统工程,需从多角度、多方位提出各种措施加以协同作用,构建其框架体系(图 7-1)。在旅游小城镇、信息化建设基础上,引导智慧城市、智慧景区等信息化基础设施、功能、网络相关资源逐步向乡村辐射,构建一个以科学技术为支撑的服务平台,并且其能有效对接城乡旅游数据,充分整合物质、信息、智力等资源,信息、技术设备共享开放,公共基础设施高度一体化。在智慧旅游导购、导览、导航、导游等服务中,利用平台,整合资源,延伸产业链,实现城乡智慧旅游大数据集中统一,信息服务共享。对于公共服务信息充分共享,免费开放,对于决策性信息有偿开放。利用大数据服务平台,借助传统网络、移动互联网,线上线下结合,对乡村文化旅游产品进行精准营销、跨界营销。

城市智慧旅游和乡村智慧旅游,二者缺一不可,既相对独立具有一定差异性和互补性,又是一个有机整体,在由智慧旅游服务供给、支撑保障、管理控制三大系统支撑城乡智慧旅游服务平台的基础上,构成满足多元化不同层面需求、完整的区域性体系。这个体系不仅具有完整性,同时也具有对外开放性和兼容性。其中智慧旅游服务系统是平台的核心,提供智慧化服务满足不同层面利益相关者的需求。如游客智慧化旅游需求为主导,兼顾旅游企业智慧化管理、营销的需求;本地居民方便快捷的公共服务的需要,尽可能减少或降低外来游客对本地居民生活的影响;政府部门信息发布等。智慧旅游技术、基础设施、人才、制度是支撑保障体系的基础。智慧旅游管理控制系统是体系运行质量控制的关键。

---

① 银元,李晓琴. 城乡旅游一体化发展动力机制与路径研究[J]. 农村经济,2013(11):39-43.

② 牛文元. 智慧城市是新型城镇化的动力标志[J]. 中国科学院院刊,2014,29(1):34-41.

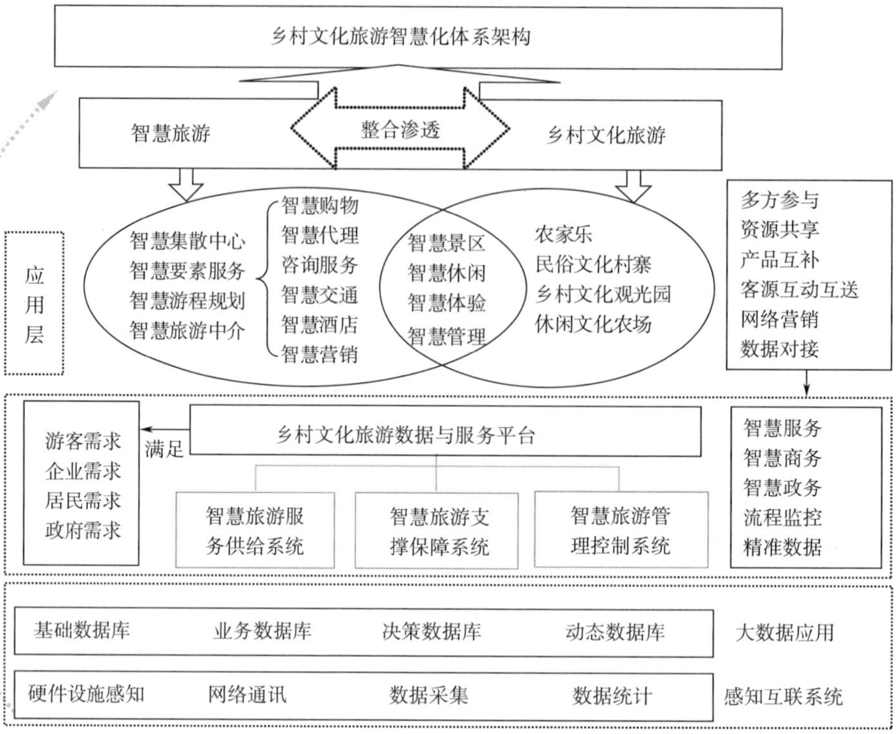

图 7-1　乡村文化旅游智慧化体系框架

7.2　基于供给质量的乡村文化旅游服务供给体系

7.2.1　突出市场差异打造乡村文化旅游产品体系

基于满足多元化需求为目标,提升乡村文化旅游供给的质量和效率。加快推进乡村文化旅游产品体系建设,有助于满足国内外游客日益多样化的乡村文化旅游需求,引领乡村旅游消费转型升级,促进乡村文化旅游产品结构优化。有助于增强乡村文化旅游业的竞争力,更大程度地发挥乡村旅游资源和乡村文化旅游产品整合的效果,促进乡村旅游转型升级和可持续发展,使乡村文化旅游产业成为乡村经济增长、文化振兴的新引擎、新动能。

7.2.1.1　以“文化”为核心,优化乡村文化旅游要素配置

基于多元化需求的满足,持续推进像茶文化旅游产品体系的供给侧改革,减少政府对乡村文化旅游产品要素配置的干预,突出效率,让乡村文化旅游产品要素的配置由市场来决定,从而优化乡村文化旅游产品要素的配置;重点加大对乡村文化保护、旅游产品利用的设计投入,挖掘乡村文化特色与内涵,融入创新创意元素,补齐乡村旅游产品体系中的短板,推动乡村旅游购物品和乡村旅游娱乐业的发展,更加重视对乡村文化旅游服务产品的开发。解决乡村文化旅游供给结构不合理,供需不匹配的问题,释放乡村旅游过剩产能,引

导土地、资本、劳动力等稀缺要素配置到乡村文化旅游市场发展前景好、游客需求量大的乡村文化旅游产品开发上。乡村文化旅游的精髓在于当地的乡村文化底蕴,开发时需要在原有的文化基础上挖掘一切可以利用的乡土文化、历史文化资源,通过与民俗文化、农耕文化相结合,盘活乡村文化旅游的文化内涵建设。开发一般乡村文化游、农业遗产游、乡村博物馆与美术馆游、乡村艺术游、乡村民俗游、乡村怀旧游与乡村历史名人遗迹游、乡村祭祖游、乡村寻根游、乡土文学游等产品形式。例如茶文化园可以紧抓政策,完善基础设施建设,并在此基础上增加趣味性和参与性,比如建设茶园迷宫或者主题茶区等;茶企可以构建清洁化加工体系,增加体验性;茶俗文化区可以创建特色的茶艺表演,吸引更多游客,提升趣味性;茶馆(楼)则可以丰富内部茶文化氛围布局,提升茶文化旅游要素配置。

7.2.1.2 强化文化旅游功能,提升乡村文化旅游产品的供给质量

大众化旅游背景下,一方面传统乡村旅游产品早已供过于求,而新的乡村文化旅游产品又开发不足。另一方面,外部市场环境的改变和游客自身素质的提高,也对乡村文化旅游产品提出了更高、更新的要求。乡村文化旅游产品要持续健康发展,必须完善乡村文化旅游基础设施、培养专业的管理团队,提升经营能力,才能保障乡村文化旅游在旅游业乃至经济社会中的立足之地。提升乡村文化旅游产品的供给质量主要体现在以下三方面:一是提升基础设施及配套服务质量。乡村道路、游客中心、旅游厕所、休憩场所、购物中心、监控中心等配套设施的完善。二是加大团队培养,提升管理水平。拥有专业的乡村文化旅游经营管理团队,注重服务理念,培养顾客至上的品牌精神。三是提升专业化经营能力。招聘专业的文化学及旅游业专业人才,通过文化和乡村旅游深度融合的形式,加强乡村文化旅游专业化经营能力,提升乡村文化旅游产品的供给质量。

7.2.1.3 培育新业态,延伸产业链,增强乡村文化旅游产业规模优势

培育新业态,创新新产品,激活新供给。乡村文化旅游正值提档升级的转型期,面对不同人群对乡村文化旅游需求消费的不同,以增加新供给(乡村饮食文化、乡村民宿、乡村演艺、农曲、花会歌会、社火庙会、灯谜灯会、乡舞等)、满足新需求(多元化、多样化、特色化、差异化、乡村性、文化性等)、培育新业态(特色古镇古村、旅游风情小镇、乡村低空游、田园综合体等不同乡村文化旅游新业态)推动产业融合,拓宽乡村文化旅游产品的内涵和外延。将农业生产过程、设计包装、消费过程等用一系列的活动串联起来,形成一条完整的产业链,增加乡村文化旅游产品的附加值、吸引力和竞争力。乡村文化旅游产业链拓展思路如表 7-1 所示。

表 7-1 乡村文化旅游产业链拓展思路

思路	具体做法
跨界融合	将食、住、行、游、购、娱与商、养、学、闲、情、奇融会贯通,形成多元化的乡村文化旅游产品
延伸产业链	将农业种植、农产品采摘、农产品加工、农产品的包装设计、农产品的消费全过程加以利用,形成一系列的乡村文化旅游产品
融合地方文化	乡村文化与当地的本土历史文化密不可分,挖掘并利用富有文化内涵和历史意义的资源,并注入到乡村文化旅游产品的开发中
融入区域其他资源	利用乡村文化旅游区所处的地缘关系,紧紧抓住大的地域环境优势,将自己的乡村文化旅游有机融入到一些精品旅游线路中去,取得相得益彰的良性成效

通过乡村旅游与健体、运动、养老、影视、教育、餐饮等行业交叉融合，让单一的乡村文化旅游产品深化为乡土生活、乡村文化、旅游体验、养生健康的复合旅游产品，增加乡村文化旅游产品的文化层次，使产品更具可玩性、可赏性、可闲性。丰富乡村文化旅游形态，让农园变公园，农庄成客栈（民宿），形成绿色乡村文化旅游区复合型经济链，努力实现乡村文化旅游供给侧与需求侧的协调发展，构建乡村文化旅游区（镇、村），促进乡村文化旅游产业延伸，培育乡村文化旅游产业优势，提升供给质量。苏南乡村文化旅游产品创新点（以江苏茶博园茶旅融合为例）如表 7-2 所示。

表 7-2　苏南乡村文化旅游产品创新点（以江苏茶博园茶旅融合为例）

要素	产品创新点	创意内容
食	茶主题餐饮	开发消费者食用新产品，茶餐、茶饮料、茶酒等。“吃茶”概念由来已久，将鲜茶叶运用到茶菜中，推出具有茶博园特色的茶餐饮；或将茶深加工成茶粉等，制作蛋糕、冰淇淋等食品，融合餐饮增加茶文化旅游地点的吸引力和回头率
住	茶主题酒店	从酒店氛围、酒店装修、酒店用品等均体现茶文化主题，达到真正意义上的茶主题酒店
游	茶主题游览	(1)“全季节”：根据季节的不同，围绕相应的主题，有效利用茶资源，弱化淡旺季，全季节地开发茶资源；(2)“全技术”：结合现代高科技发展，开发旅游产品，结合 VR 技术，全程直播茶叶的生长、采摘等过程；(3)“全利用”：开发包括茶花、茶叶、茶根、茶枝全系列茶产品，比如茶根和茶枝用来制作艺术品；(4)“全天候”：早上刷着茶，上午赏着茶，中午吃着茶，下午品着茶，脸上敷着茶，脚下泡着茶，晚上枕着茶，身上穿着茶。吃喝玩乐，衣食住行，茶旅游产品将我们生活的 24 小时都健康地串联起来，成为一种生活必需品
购	茶商品及纪念品	(1)开发本土特色，研发具有当地特色的茶产品，如句容可结合当地的道文化或者葛根茶制作茶产品；(2)提供为游客专属定制的茶文化旅游纪念品，如刻有名字、生肖的私人订制茶饼，带有本土文化、符号的茶纪念品（茶杯、茶书签、茶枕头）；(3)提供茶粉、茶菜的半成品，或者茶叶制作的枕头之类的养生保健品；(4)提供茶周边产品，如各类茶具和茶服等
娱	茶娱乐体验活动	(1)提供采茶体验（提供特色采茶服装）；(2)茶百戏、茶情高尔夫、茶拓展训练场等活动
商	茶主题商务游	开发适合商务旅游的茶文化旅游产品，吸引会议旅游、奖励旅游
养	茶养生与养老游	与旅行社合作，将句容的茅山风景区、赤山湖度假区与江苏茶博园进行融合，设计一条以养生和休闲为主题的线路，目标市场主要面向中老年旅游者，将茶文化旅游与养老相结合
学	茶主题研学游	包括以茶园和茶文化为主体的修学旅游、科考、培训、摄影、采风、夏令营等
闲	茶主题休闲游	包括茶园休闲度假旅游，倡导慢生活，让游客体会到彻底的放松
情	茶主题情感游	在茶园提供一些设备设施或项目，可让游客感受到深厚的茶文化并能抒发个人的情感
奇	茶园探奇游	茶园迷宫、新奇体验、探险、探索等娱乐项目。将茶与影视相结合，制作具有宣传价值的茶影视作品。如真人秀节目《咱们穿越吧》，穿越回古代，学习以前的加工技术对黑茶进行加工，在影视播放的同时又增加了收视率，传播了茶文化

7.2.2 多元化的乡村文化旅游公共服务供给模式

建立完善的乡村文化旅游公共服务体系是适应人民群众旅游消费升级和推动供给侧改革的必然要求①。公共服务供给模式主要有政府主导的公共服务供给模式、市场供给模式、志愿供给模式、公共服务多元主体供给模式。在乡村旅游市场有效竞争机制下，多元化主体供给乡村文化旅游公共服务，突破政府垄断乡村文化旅游公共服务供给的不足和资源困境。乡村文化旅游公共服务是指为满足乡村文化旅游发展或乡村文化旅游生产、生态共同所需而提供的公共产品和服务，具有非竞争性和非排他性。广义的乡村文化旅游公共服务兼具物质形态和非物质形态，狭义的乡村文化旅游公共服务不具备物质形态。乡村文化旅游公共服务供给模式内涵可界定为在乡村文化旅游公共服务的生产者和提供者向游客生产和提供乡村文化旅游公共服务的实践中所形成的观念体系。乡村文化旅游大众化、常态化、散客化、品质化的趋势日益凸显。传统的散点式、自发式的乡村文化旅游已不能满足游客需求，自助游、自驾游的比重逐步加大，使得乡村文化旅游交通、标识、乡村文化旅游营地和乡村文化旅游环卫配套等公共服务设施成为乡村文化旅游发展的前提和必然条件。将智慧旅游理念与乡村文化旅游公共服务供给模式创新相结合，以信息化和现代化推动政府职能的转变，为政府提升乡村旅游公共服务供给能力与创新供给方式提供技术化平台，形成现代化乡村文化旅游公共服务供给模式。

乡村文化旅游公共服务供给主体具有多元性。乡村文化旅游公共服务的智慧化供给由多个主体相互独立完成，各乡村文化旅游公共服务供给主体之间利用信息化手段进行沟通调节，在乡村文化旅游公共服务供给规则中选择彼此适应，有利于乡村文化旅游发展的归属关系。乡村文化旅游公共服务供给决策的科学性，重点厘清基本乡村文化旅游公共服务领域政府与市场的关系，积极引入社会力量，完善相关制度体系。鼓励社会资本参与基本乡村文化旅游公共服务设施建设和运营管理，政府在制定规划和配置乡村文化旅游公共服务资源时，需为非公立机构和民间资本留出合理空间。

乡村文化旅游公共服务供给智慧化决策是在认识历史经验和充分积累的基础上，通过对乡村旅游外围环境的智能化分析而形成的。改变传统的乡村旅游自上而下的决策方式，将乡村文化旅游公共服务供给决策置身于透明的决策平台上与科学的决策流程中。它是与乡村文化旅游者、经营者、居民需求相匹配的，使相关利益者不拘泥于低层次的静态网页浏览或动态信息发布，而是直接对乡村旅游业务处理和定制个性化服务层面进行提升，并参与到整个乡村文化旅游公共服务供给决策过程中。信息技术的提升与广泛应用为乡村文化旅游公共服务供给提供了透明的程序和规则，确保了乡村旅游市场竞争的公平性，对乡村旅游供给过程进行了科学的监管。

---

① 陈丽敏，黄燕玲，罗盛锋．游客感知视角下的乡村旅游公共服务体系研究——基于桂北三个典型村落的调研[J]．旅游研究，2018(04)：27-36.

7.2.3 乡村文化旅游公共服务体系的基本架构

a. 乡村文化旅游公共服务供给系统包括乡村文化旅游公共信息服务子系统、产品服务子系统、智慧服务子系统。以乡村文化旅游基本需求为主线,不断拓展政府购买乡村文化旅游公共服务的领域和种类。乡村文化旅游公共服务系统能适应乡村文化旅游发展新阶段的要求,以实现乡村经济、文化、生态协调发展的目的,形成组织完善、职责清晰、资金投入稳定、运行流畅、监察有力、有效的乡村文化旅游公共服务供给系统,为相关利益者提供乡村文化旅游公共服务。

b. 乡村文化旅游支持保障系统包括基础设施子系统、安全救助子系统等。乡村文化旅游的公共服务基础设施、新技术、产业政策、人才队伍、资本等要素构成支撑保障系统,也是乡村文化旅游体系的重要组成部分。其建设路径是:一是政府主导,建立乡村文化旅游协调治理组织保障长效机制,形成"大协调、小管理"新型治理模式,提升乡村文化旅游治理能力。二是充分利用智慧旅游服务技术,数据对接,推进标准化体系建设。乡村文化旅游建设要利用现有导航、导览、导购、导游等功能实现技术,城乡智慧旅游数据对接,区域与整体数据对接,推进乡村文化旅游标准化体系建设。三是加强乡村文化旅游学科建设,构建一流的人才队伍。与相关院校合作,培养乡村文化旅游建设需要的人才,做好人才支撑。四是营造良好的融资环境。首先,建立信用担保诚信体系,健全担保机构与担保行业的监管机制。解决一些中小型乡村文化旅游企业融资难问题;其次,制订相关政策,政府和社会资本合作模式①。吸引大型旅游地产商和地产企业以及民间资本投资乡村文化旅游;最后,鼓励金融企业业务创新,为乡村文化旅游企业融资创造条件。鼓励银行类金融机构积极开发适合乡村文化旅游产业的信贷产品,加大旅游产业信贷投放。创新旅游产业授信模式,打造全产业链信贷融资体系。

c. 乡村文化旅游管理控制系统。乡村文化旅游离不开管理控制系统。一是建立乡村文化旅游服务标准规范。依据乡村文化旅游智慧化的目标,分别建立城市智慧旅游服务标准规范、乡村智慧旅游服务标准规范。通过试运行来验证并确认乡村文化旅游智慧化服务规范的适用性和有效性。修订完善乡村智慧旅游服务标准后进行培训推广应用。二是建立乡村文化旅游监控体系。从客源组织、游客流动、现场服务、投诉处理等流程优化和全域覆盖、全方位、全过程监控,实现有效控制乡村文化旅游服务质量。三是建立由第三方为主体的乡村文化旅游服务质量评价体系。苏南乡村文化旅游公共服务体系基本架构如表 7-3 所示。

---

① 中华人民共和国财政部. 关于印发政府和社会资本合作模式操作指南(试行)的通知[R/OL]. http://jrs.mof.gov.cn/zhengcefabu/201412/t20141204_1162965.htm.

表 7-3 苏南乡村文化旅游公共服务体系基本架构

主系统	子系统	主要内容
乡村文化旅游公共服务体系	乡村文化旅游公共信息服务系统	标识系统、向游客提供的信息、渠道(线上:电子平台,线下:游客咨询中心/游客集散中心/旅游宣传册/景区地图)、旅游信息反馈(微信、微博、APP 等)
	乡村文化旅游基础设施系统	交通(道路建设、交通工具、特殊群体个性化设施),自驾游设施(停车场、加油站),金融服务设施(ATM),卫生服务设施(旅游厕所、垃圾箱),游客休息点(除酒店外),移动设备充电点等
	乡村文化旅游安全系统	旅游安全救助政策法规系统,预警系统(气象灾害预报预警、环境质量监测、危险地段的安全标识),救助服务及设施(救援设施设备、医疗服务点、消防设备),维修系统(器械检修、汽车维修点),旅游保险系统(意外伤害保障)
	乡村文化旅游服务质量监控系统	旅游投诉系统(微博、微信、热线电话等线上投诉点、游客服务中心等线下投诉点),当地居民素质
	乡村文化旅游公益系统	志愿者服务系统(志愿者服务队伍、志愿者服务点),旅游优惠系统(景区优惠门票等优惠活动),惠民系统(道路建设/医疗卫生系统/乡村整体风貌风气/乡村文化气息)
	乡村文化旅游产品服务系统	住宿、餐饮、购物、文化娱乐设施、旅游服务设施设备、交通条件的建设系统、价位系统、游客反馈系统
	乡村文化旅游智慧服务系统	游前智慧服务系统(游前信息查询搜集服务、游前预知体验、预订等服务),游中智慧服务系统(导游、导览、导购、导航等智慧服务、应急事件处理服务),游后智慧服务系统(游记分享、评价反馈)
	乡村文化旅游区域合作系统	区域各要素间相互合作关系系统(区域乡村文化旅游经济合作、区域乡村文化旅游经济一体化、区域乡村文化旅游发展共同体),区域利益协调系统(产业分工、利益协调分配机制),区域资源整合系统,目的地共享共建系统

资料来源:参照陈丽敏、黄燕玲等学者的研究整理完善①。

7.2.4 乡村文化旅游服务体系构建路径

有机结合市场“看不见的手”和政府“看得见的手”,社会积极参与,统筹推进乡村文化旅游体系构建。通过“共推、共建、互助、共享”,提升区域乡村文化旅游业整体效益和各自利益的递增,顶层设计与基层创新相结合,增强乡村文化旅游发展动力,形成政府、市场、社区的三维框架下的多中心治理。一是明确乡村文化旅游服务体系目标定位,依托现代信息技术,创新乡村文化旅游公共服务供给渠道。二是重点抓好乡村文化旅游建设和“互联网+服务”平台建设,实现区域乡村文化旅游体系化建设。三是注重乡村文化旅游技术“引进消化吸收”的渐进提升路径。乡村文化旅游服务体系构建过程就是在科技进步的推动下,乡村文化旅游产业结构逐渐优化升级和乡村文化旅游产业体系不断完善提升的过程,推动乡

① 陈丽敏,黄燕玲,罗盛锋. 游客感知视角下的乡村旅游公共服务体系研究——基于桂北三个典型村落的调研[J]. 旅游研究,2018(04):27-36.

村文化旅游产业结构内部各行业由低层次向高层次的转换。四是谋求乡村文化旅游价值链主导权的独立创新路径。五是基于乡村文化旅游本土市场特点的产品设计和技术学习，颠覆性创新路径。

7.2.4.1 政府治理

打造服务型政府，有限、有为、有效，善治善政。具体到乡村文化旅游而言，地方政府治理是协调乡村文化旅游产业发展与乡村旅游目的地居民民生幸福的杠杆。一切从乡村旅游的需要为立足点，把游客、当地居民最关注、最现实、最直接的利益问题放在更加突出的位置。建立政府与相关群体之间的合作与互动关系，大力发展和推进旅游政务公开，拓展渠道，吸引相关乡村旅游企业、乡村居民、专家等广泛参与决策的全过程，在规划、政策、税费、机制等方面给予足够的支持，鼓励旅游非营利组织和政府主导和承担乡村文化旅游公共服务体系建设，促进乡村文化旅游体系的构建和完善。加快推进政企分开、政事分开，制度创新、组织创新，引导乡村文化旅游产业化发展。

7.2.4.2 市场主体

强化科技支撑，培育和完善乡村文化旅游体系功能。明确市场在乡村文化旅游体系中非公共服务构建任务的主体地位，兼顾各方利益，发挥市场在乡村文化旅游资源配置中的决定性作用。乡村文化旅游相关企业基于各方需求和产业化发展，增强对科技技术的集成应用、模式创新能力，驱动乡村文化旅游产品创新，加强与文化、科技、生态的融合，建立和完善乡村文化旅游利益协调、保护、驱动机制；乡村文化旅游产品协同创新机制，延伸旅游产业链、培育新型业态，创新产品；培育乡村文化旅游新型经营主体、新型服务组织和职业化的新型从业者，推动乡村文化旅游功能转变、业态创新、产业升级。

7.2.4.3 社区参与

培育和完善独立性强的民间旅游组织；重建和更新各种乡村旅游经济中间组织、旅游行业组织和其他志愿者、非营利组织、社区合作社等社会团体，参与到乡村文化旅游体系建设中。村民自治组织、乡村社区自治组织等社区群众自治组织在以往经济、社会、文化中发挥一定的作用，且他们的生产、生活与乡村文化旅游建设密切相关，其推动乡村文化旅游建设的能力和影响不容忽视。

7.3 基于社会化媒体创新的乡村文化旅游目的地营销体系

7.3.1 乡村文化旅游目的地营销体系构建

乡村文化旅游目的地营销是对乡村文化旅游目的地系统的概括性传递与表达，是对乡村文化旅游目的地利益相关者的整体利益的传递与表达。其构建思路是：一是树立乡村文化旅游目的地整体形象，参与乡村旅游目的地竞争。二是吸引游客向乡村文化旅游目的地汇聚，并引导其在目的地的旅游行为。三是有效组织管理重大乡村文化旅游节庆活动。影响旅游目的地影响力的因素主要包括：开发和提供有效的旅游吸引物、支持旅游吸引物的基础设施、与主要客源地的可接近程度、服务水平以及当地居民的好客程度、地区经济的繁荣程度等方面的内容①。

以系统思维将乡村文化旅游目的地营销主体、营销客体、营销对象、营销目标和功能进行全面优化整合,突出顾客价值在乡村文化旅游目的地整体营销系统中的核心地位。在新媒体时代,“讲好故事”成为旅游目的地营销传播的重要手段,越来越多旅游目的地投入内容营销之中②。围绕如何“讲好故事”,影视、文学、音乐、游戏等文化产品正与乡村旅游目的地营销紧密联系起来。建立一个自循环的乡村文化旅游目的地营销动力系统,实现乡村文化旅游目的地营销资源最优化配置和投入产出的最大化。微信小程序、微博、网红、直播等新媒体的快速发展,极大地丰富了新媒体技术与游客互动的方式③。乡村文化旅游企业有效筛选游客,对各层次、各类型的乡村文化旅游目标群体进行精准营销,不断完善乡村文化旅游产品,最大程度地解决游客旅游和生活的需求。

7.3.2 乡村文化旅游目的地整体形象选择与塑造

乡村文化旅游目的地形象是乡村文化旅游目的地的营销成果,它是乡村旅游目的地的文化旅游产品及其他因素综合作用产生的效应总和,也是游客对乡村文化旅游目的地各种认识、感知、印象、看法与感情的综合体现。其实质是乡村文化旅游目的地的总体定位,在整个乡村旅游目的地营销体系中占据极其重要的地位。良好的乡村文化旅游目的地能够激发潜在游客购买目的地旅游产品的动机,并付与行动,更愿意选择具有鲜明、积极、易识别和记忆的个性化形象的乡村文化旅游目的地。乡村旅游者的重游意向取决于乡村文化旅游目的地为游客提供与其需求相一致,且符合他们对该目的地意象的体验能力。

7.3.3 乡村文化旅游目的地战略性产品促销

乡村文化旅游目的地营销包括乡村文化旅游目的地整体形象选择与促销、乡村文化战略性旅游产品促销、乡村文化节事活动组织管理与促销三个方面。战略性乡村旅游产品也称主导性乡村旅游产品。战略性乡村文化旅游产品不仅对它所属的乡村旅游企业具有全局性影响,而且在整个乡村旅游目的地范围内,是最重要、最有影响力、销售份额比较大的乡村旅游产品或产品组合。在乡村旅游目的地发展中具有战略性影响,是该地区乡村旅游形象的代表和精品,更是标志性乡村旅游产品,具有广泛的品牌知名度和品牌号召力。战略性旅游产品在很大程度上影响了旅游者对旅游目的地的满意程度和对旅游目的地形象的评价④。树立乡村文化旅游目的地品牌高端形象,是乡村文化旅游目的地建设中的重中之重,要求“重点突破,步步为营”,站在品牌的角度进行有计划地强化推展与运作。如根据乡村旅游市场消费者的习惯确定乡村文化旅游产品的标准,对乡村文化旅游产品的品种、

① 蒋满元. 旅游目的地营销体系构建中的政府行为选择分析[J]. 华东经济管理,2008,22(06):119-121.

② 周永博,蔡元. 从内容到叙事:旅游目的地营销传播研究[J]. 旅游学刊,2018,33(04): 6-9.

③ 陈子干. 互联网时代下的县域旅游目的地营销:以浙江神仙居景区为例[J]. 旅游学刊,2018,33(04): 9-11.

④ 银淑华. 试论政府的旅游营销职能[J]. 北京工商大学学报(社会科学版),2007(04):62-67.

特色、包装等做适合消费者的有针对性的创新。把产品的质量置于首位，同时推行乡村文化旅游产品的多样化，丰富消费者的选择。依靠拉式促销的专注性和影响力，提升战略性产品在乡村旅游产销价值链中的附加值。

7.3.4 乡村文化旅游目的地重大节事活动组织与促销

基于乡村文化旅游目的地营销视角，政府参与或主导乡村旅游重大节事活动的组织管理与促销，主要目的是要借助其节事活动的短期聚集效应，树立乡村文化旅游目的地形象，扩大乡村旅游目的地影响，推动乡村旅游市场和业态开发。借鉴我国台湾乡村旅游目的地营销经验。我国台湾地区通过影视营销、艺术营销、展会营销、节庆营销等方式手段，提升了乡村旅游的知名度、美誉度和影响力。在影视营销方面，通过在电视剧、电影和综艺节目中植入台湾的美食美景、生活方式等场景，带红了《海角七号》《那些年，我们一起追过的女孩》等一批影视剧拍摄点，让台湾乡村旅游“红起来”；在艺术营销方面，邀请明星到访、献唱或艺术家驻乡，吸引一批粉丝群体，打造娱乐体验新天地，让台湾乡村旅游“热起来”；在展会营销方面，通过参加每年大陆与台湾地区的518海交会（海峡两岸经贸交易会）和618旅博会（中国国际旅游商品博览会）等活动，积极宣传台湾的乡村旅游品牌，让台湾乡村旅游品牌“响起来”；在节庆营销方面，通过打造“平溪天灯节”“春浪音乐节”等一批节事活动，聚集人气，让台湾乡村旅游“燃起来”①。

a. 借助乡村旅游目的地的传统重大节事活动，吸引更多的游客。利用节事活动吸引游客，结合宗教文化、非物质文化遗产文化、地缘文化，研发设计乡村旅游文创新品，如非物质文化遗产梳篦与道教文化结合制作的阴阳鱼梳篦套装，造型取自道家的阴阳两极，能插于发间作首饰，寓意“一梳安康如意、二梳平安喜乐、三梳财运滚滚”。在无锡拈花湾禅意小镇，惠山泥人代表作大阿福成为游客照片里的重要背景。

b. 策划和培育具有轰动效应的节事活动，吸引人们对乡村旅游目的地的关注，提高苏南乡村旅游促销效果。要深度挖掘苏南的乡村文化，使现代与传统相结合，重视当代人文精神的培育，重视传统文化的继承，丰富苏南乡村文化层次与乡村内涵。2018年8月驴妈妈旅游网和南浔古镇开展第一届“南浔古镇中西文化交流节”，50余位外国游客体验了极具江南特色的水上婚礼，并在中西方文化交流过程中感受南浔的传统民俗，让游客领略了中华古老民俗文化的魅力，这种有益尝试，值得苏南乡村文化旅游借鉴。目的地旅游价格、旅游交通服务、旅游餐饮服务、旅游住宿服务、旅游购物服务、旅游娱乐服务、旅游景点服务、旅游公共服务等环节的质量感知，以及对目的地居民友好程度感知、对旅游营销的评价、对投诉处理满意程度等指标，都应纳入乡村旅游服务质量的评价范畴，游客对于乡村旅游各服务环节的质量感知成为评价服务质量的关键。

c. 推进乡村文化旅游目的地节事营销市场化与产业化运作。目的地营销应关注经济效益与社会效益的平衡、成本与利润的平衡、投入与产出的平衡。建立乡村文化旅游目的地节事营销投资回报机制，吸引业内知名企业、跨界名企、大众媒体、自媒体与众多行业媒体的参与，围绕着苏南乡村文化旅游目的地的主题与定位，以赞助、招商、契约合作等竞争

---

① 张玲玲，申军波．乡村旅游提质升级的台湾经验[N]．中国旅游报，2019-01-22(3)．

方式进行产业运作,培育苏南乡村旅游相关的节事经济与节事产业,形成可持续发展模式。

d. 注入创新元素,提升乡村文化旅游目的地节事活动质量。融入主题、内容、形式等方面创新元素,选择合适的节事时间及举办地点,准确定位,确定符合苏南乡村文化旅游特色的节事主题等,以助于突出乡村旅游节事活动的内涵并打造乡村旅游节事品牌。举办体现苏南乡村文化特色的节事活动,以便旅游者体验当地民俗文化特色。

7.3.5　乡村文化旅游目的地营销创新

乡村文化旅游目的地营销创新是乡村文化旅游目的地根据营销环境的变化情况,并结合乡村文化旅游目的地自身的资源条件和经营实力,寻求营销要素在某一方面或某一系列的突破或变革的过程,创造出全新顾客价值,并削减乡村旅游竞争对手优势,为各利益相关方增加旅游收益的组织营销能力。一般包括渐进式营销创新、以技术为基础的变革式营销创新、以市场为基础的变革式营销创新。通过借智、借力、借势、造势、借技等策略对苏南乡村文化旅游目的地营销进行创新,提升苏南乡村文化旅游知名度、美誉度。

a. 借智,树立营销乡村文化旅游目的地全新理念。首先,向乡村文化旅游企业员工、目的地居民借智;其次,向游客借智;然后,向专家学者借智;最后,向行业标杆借智,借鉴先进经验。关注游客的乡愁情结、情感满足、乡村舌尖狂欢、记忆视觉享受、品性陶冶、康体养生、颜值提升、压力释放等需求,讲好苏南乡村文化旅游故事。以策划乡村文化旅游事件为亮点,提升乡村文化旅游区的热度。推进苏南乡村文化旅游目的地营销创新。

b. 借力,培育文化旅游专业营销团队。借力原指在竞争当中,处于劣势的一方善于假借或整合第三方的资源,在双赢的模式下获得竞争优势。本文指借助外部力量,达到苏南乡村旅游目的地营销创新。如与旅游经销商发展成为联盟或牵头长三角乡村旅游营销联盟或与旅游营销策划公司合作,借助外部力量,整合优势,完善苏南乡村旅游目的地营销借力机制,开展营销渠道创新。

c. 借势,创新营销方式。借势是指乡村文化旅游企业要及时抓住广大受众社会关注的新闻、事件以及名人的即时轰动效应,结合乡村文化旅游企业或产品在传播上期望达到的效果而展开的一系列相关活动,并促成销售的方式。以借助当下热点人物或事件所产生的传播效应,来进行商业广告宣传、提升品牌形象、拉动产品销售业绩等。如原淘宝旅行2014年举行新闻发布会,推出新独立品牌“去啊”。一句“去哪儿不重要,重要的是去啊”,引发品牌营销大战。去哪儿的回应“人生的行动不只是鲁莽的‘去啊’,沉着冷静的选择‘去哪儿’,才是一种成熟态度!”引发全国各大品牌纷纷借势仿效。携程旅行网的“旅行的意义不在于‘去哪儿’,也不应该只是一句敷衍的‘去啊’,旅行就要与对的人,携手同行,共享一段精彩旅程”。“从起步到成长,真正与你同行的,只有妈妈。去哪儿,听妈的!”“不管什么在手,不能说走就走,记得跟妈打个招呼。去啊,听妈的!”“无论是随性的去啊,还是纠结的去哪儿,我们始终与你同程”。驴妈妈旅游网、同程旅游的广告语赋予了温情,增添家庭元素,突显技高一筹。

d. 造势。造势是指乡村文化旅游目的地通过酝酿策划、组织和制造新奇、价值的事件,以吸引媒体、社会公众与消费者的关注和兴趣。通过巨大势能的辐射与传播,让每个现实客户或潜在客户都能对企业品牌随口说出,经久难忘,并能在目标客户中建立持续的排他性的品牌喜爱①。乡村文化旅游目的地创造注意力,造大声势、善造声势、善于生势。借用传媒进行“造势”,利用节庆活动这一“软产品”来造势、人为的“炒作造势”达到吸引公众注意力的效果。如在中国休闲创新奖大会上,江西省宜春市旅游局的“宜春,一座叫春的城市”网络宣传标语获得休闲旅游营销创新奖。2010 年宜春市在宜春旅游政务网发布旅游宣传语“宜春,一座叫春的城市”,红遍全国,并引起巨大争议,传播速度、范围超出策划者的预料,完成第一轮造势。通过“一年之计在于春,一生之计在宜春”替换旅游宣传语,完成第二轮造势。将宣传口号再次换为“宜春,一座处处是春的城市”,并发布了四篇宣传文章:《有“锂”走遍天下——宜春全力打造“亚洲锂都”》《宜春归来不看月——月亮之都宜春》《宜人宜业美如春——宜居之城宜春》《江山多胜游——森林宜春》,并用《宜春之泉,晶莹如春》《宜春之景,处处如春》《宜春之月,光华如春》《宜春之城,其气如春》四篇文章,对宜春为什么叫“春”作了全面阐释②。

e. 借技,借科技、自媒体技术。借科技之东风,兴旅游营销之实。在旅游业的发展过程中,最重要的就是要建立异地旅游供给者和游客之间的关系③。苏南乡村旅游可以借助微信、微博、物联网等新媒体、新技术、新渠道开展乡村旅游目的地营销。

---

① 张群. 营销,第一要务永远是造势[J]. 通信企业管理,2014(02):57.

② 官方揭秘“宜春,一座叫春的城市”宣传语出台始末[DB/OL]. https://msohu.com/a/292640878_7200741.

③ 汪安梅,王红国. 湖北旅游产业与网络营销耦合分析——基于大别山区 16 县(市)红色旅游[J]. 湖北社会科学,2018(04):73-80.

8 结论与展望

8.1 研究结论

当前,我国社会中最大的发展不平衡,是城乡发展不平衡;最大的发展不充分,是农村发展不充分。中国共产党第十九次全国代表大会的报告中指出,必须坚持质量第一、效益优先,以供给侧结构性改革为主线,推动经济发展质量变革、效率变革、动力变革,提高全要素生产率,着力加快建设实体经济、科技创新、现代金融、人力资源协同发展的产业体系,着力构建市场机制有效、微观主体有活力、宏观调控有度的经济体制,不断增强我国经济创新力和竞争力。既切中了当前乡村发展的要害,也指明了新时代乡村发展方向,明确了乡村发展新思路,是城乡发展的重大战略性转变。发展乡村旅游,能极大地促进乡村的社会转型,振兴乡村,在实现农村经济增长方式的转变和社会结构调整、突破城乡二元结构的同时,实现农村社会组织的发展和社会和谐,实现公平正义。乡村旅游已占据旅游业半壁江山,是农业结构性改革的方向、新动能及新的增长点,成为国家战略重要一环,地位极其重要。

新业态的创新发展是乡村旅游转型升级的必由之路,也是乡村产业与文化振兴的基础。乡村旅游转型升级需要构建更丰富的产业形态。拥有高附加值、高技术含量的乡村旅游新业态成为乡村旅游核心能力的具体体现。因此,以供给侧与文化视角为切入点,深入探讨乡村旅游业态创新与体系构建问题,突破传统的乡村旅游和文化旅游业态研究范式,将会为丰富旅游管理学的理论内涵做微薄贡献。

本书在梳理国内外已有相关研究的基础上,采用实证主义研究思路,以苏南五市乡村旅游为例,对乡村旅游业态创新机理、模式、路径、业态评价及体系构建进行系统研究,主要结论如下。

结论一:基于业态规模、业态空间、业态价值(游客体验价值)、业态(产业)集聚、业态生态等维度形成乡村旅游业态测度体系。

研究表明,乡村旅游业态的维度涵盖业态规模、业态空间、业态价值、业态集聚、业态生态等多个方面,涉及自然禀赋、居民发展意识、市场需求等多个方面,每个维度都包括多个评估指标。乡村旅游业态规模(发展速度、发展方式、市场饱和度)的评价均值具体排名是:

南京>常州>苏南>无锡>苏州>镇江。镇江乡村旅游业态发展规模指标评价均值较低。乡村旅游业态空间(空间承受能力、经营形态)评价均值具体排名是:南京>无锡>常州>苏南>苏州>镇江。乡村旅游业态价值(功能性价值、情境性价值、情感性价值、认知性价值、社会性价值)的评价均值具体排名是:南京>常州>苏南>无锡>苏州>镇江。各市乡村旅游业态集聚(区位条件、聚集形态、市场需求、居民支持)的评价均值具体排名是:南京>常州>苏南>无锡>苏州>镇江。苏南各市乡村旅游业态生态(独特性、业态创新、业态丰度、业态融合、生态环境)还有提升的空间。总体而言,南京>常州>苏南>无锡>苏州>镇江。苏南五市乡村旅游综合评价中,南京市最优,其次分别为常州、苏州、无锡,最后为镇江。通过社会调查和统计分析,揭示了各地对乡村旅游业态规模、业态空间、业态价值、业态集聚和业态生态等方面存在明显的社会评价差异。

结论二:宏观政策演化、功能演化、地位演化、需求演化等核心要素对乡村旅游业态创新形成综合影响,内外驱动力、知识存量、创新文化、创新方法等共同驱动乡村旅游业态创新。

研究表明,通过乡村旅游要素市场合成相关乡村旅游产品和服务;乡村旅游服务提供商通过旅行中介渠道向旅游者提供市场所需的服务,从而完成货币的回笼,形成一条完整的旅游产业链,主要包括乡村旅游基础价值链、乡村旅游核心价值链、乡村旅游支撑价值链。通过资源、市场、功能、品牌、文化、情感、资金、技术、人才、制度等要素融合,产生新价值。

国家宏观政策调控是乡村旅游业态演化的外在推动力,功能演化是乡村旅游业态演化的内在驱动力。乡村旅游要素集聚较快地推动着乡村旅游功能演变和空间规模的扩张与分化。乡村旅游地位的演化推动乡村旅游业态演化。过去乡村旅游以陪衬、配套、附属的角色出现和生存,转变为乡村振兴重要切入点,更是旅游发展的主要动力源,为乡村旅游产业振兴、文化振兴、社会治理提供了新思路、新模式。需求的不确定性和易变性一直是影响乡村旅游的产品、服务,乃至影响乡村旅游业态的演变。需求演化主要是由内在动机和外在刺激所引起的,需求是一个动态的概念,它具有高度的时空与情境依赖性。

苏南地区乡村旅游业态创新需形成必要的驱动机制,推动乡村文化保护、活化与利用。乡村旅游业态创新由内、外力共同驱动。其内驱动力主要受到企业家创新精神、创新收益和效益需求三方面因素的影响,而外驱动力主要受到技术进步、游客价值主张和旅游产业竞争格局三方面因素的影响。

乡村旅游业态创新动力由引发动力、内生性动力、外生性动力等构成。产业关联性、战略匹配性、知识整合力、产业升级等影响乡村旅游业态创新的引发动力。通过乡村旅游需求拉动、乡村旅游企业行为推动、乡村旅游产业链支撑实现跃迁行为,构成“乡村旅游需求拉动—乡村旅游企业行为推动—乡村旅游产业链支撑—乡村旅游业态创新—乡村旅游竞争力提升”的内生性动力机制,最终实现乡村旅游企业竞争力的提升。通过在财税、投融资、土地、交通、产业、对外开放、文化体育等方面的政策支持,为乡村旅游新业态培育提供良好的外部环境。

乡村旅游业态创新除了受内外驱动力、知识存量、创新文化、创新方法等影响,还受自身特征的影响,乡村旅游新业态自身还需要具有乡土性、地方性、真实性、吸引性等。

结论三:政策支持、创新主体、要素融合与协同、平台打造等形成了乡村旅游业态创新路径。

基于供需匹配的视角,本研究分析了苏南乡村旅游产业新型业态创新机理、模式、路径。研究表明,苏南乡村旅游从农家乐单一业态到乡村度假多元复合业态的华丽蜕变,正在走向乡村旅居新时代。苏南乡村旅游业态发展过程中形成了融合型(资源融合、功能融合、产业融合、品牌融合、文化融合)、商业运作型、资本运作型、表征呈现型、内容创意型、复合型等创新模式。政策支持、创新主体、要素融合与协同、平台打造等形成了乡村旅游业态创新路径。通过各方齐力、资源整合、功能协同、优势互补来形成乡村旅游产业发展动力,培育多元化乡村旅游业态创新主体,提升乡村旅游产业发展效率。

结论四:乡村旅游吸引力作为乡村旅游活动发生与发展的基础和依托,创造性转化和创新性利用乡村文化是乡村文化旅游发展的重要途径。

研究表明,乡村文化旅游吸引力是乡村旅游活动发生与发展的基础。基于文化保护利用,提出由乡村文化资源吸引力、景观环境吸引力、活动资源吸引力、生活吸引力、生产吸引力、生态吸引力、旅游品牌吸引力、功能吸引力八方面组成苏南乡村文化旅游吸引力体系。因此,本书提出以下苏南乡村文化旅游业态提升策略建议。一是以文化创新为驱动,丰富苏南乡村文化旅游业态内涵聚灵气。培育文化创新型乡村旅游企业作为乡村文化旅游内涵之“核”,强化支持力度,推动其成为研发投入、创新决策、成果转化的主体。做大平台载体,培育乡村文化旅游创新的功能,呈现乡村文化旅游内涵之“体”。集聚高端人才作为推动乡村文化创新的基础,培育文化情怀,提升文化利用功力,增强乡村文化旅游内涵之“骨”。围绕乡村旅游产业链,深度挖掘乡村传统特色文化,丰富旅游内涵之“魂”。依托文化创新链撬动乡村旅游产业增长点,发展前瞻性旅游产业,突出乡村文化旅游内涵之“肤”,引导人才、资金、载体等创新要素集聚,打造乡村文化旅游产业创新集聚区。二是以产业融合为依托,培育苏南乡村文化旅游业态聚财气。整合乡村文化资源,做“优”做“特”乡村旅游传统业态;推动产业融合,做大做强乡村旅游新业态。三是以游客需求为导向,打造苏南乡村文化旅游特色聚名气。整合多方资源,打造苏南地方特色,创建“品质苏南”;强化乡村旅游生态特色,营造“绿色苏南”;合理利用区域特色文化,塑造“品牌苏南”。四是以综合治理为手段,优化苏南乡村文化旅游环境聚人气。

结论五:基于供给侧改革的视角,形成“智慧化+服务供给+营销”为一体的乡村文化旅游体系。

本研究基于供给侧改革、文化保护与利用视角,提出了苏南乡村文化旅游的智慧化框架体系、乡村文化旅游服务供给体系、乡村文化旅游目的地营销体系。乡村文化旅游智慧化体系构建是一项具有全局性、开放性和持续性的系统工程,需从多角度、多方位提出各种措施加以协同作用,构建其框架体系,系统化设计。通过“共推、共建、互助、共享”,提升区域乡村文化旅游业整体效益和各自的利益,顶层设计与基层创新相结合,增强乡村文化旅游发展动力,形成政府、市场、社区的三维框架下的多中心治理。乡村文化旅游目的地营销包括乡村文化旅游目的地整体形象的选择和促销、乡村文化战略性旅游产品的促销、乡村文化重大节事活动组织管理和促销三个方面。通过借智、借力、借势、造势、借技、借牌等策略对苏南乡村文化旅游目的地营销进行创新,提升苏南乡村文化旅游的知名度、美誉度。

8.2 存在不足及研究展望

在供给侧结构性改革的背景下,乡村旅游业以旅游新业态的创新为路径进行供给侧结构性改革是必由之路。尽管供给侧、乡村旅游、乡村文化旅游研究是当前旅游理论研究的热点和焦点,但由于旅游业态创新理论体系尚不成熟,将三者综合起来探讨创新面临诸多复杂情况。因此,本研究在以下几个方面需进一步展开探讨。

a. 分析乡村旅游业态发展环境和条件的差异时,由于区域与因素的复杂性,加之统计数据和资料缺失,且苏南5市乡村旅游业态发展状态的度量信息存在差异与困难,基础数据量大,不易取得满意效果,可能影响了分析的严谨性和科学性。

b. 乡村旅游业态测度评价、业态创新机理、模式、路径等是否具有普适性,还需在今后研究中进一步验证。

c. 全域旅游视角下乡村旅游业态创新对城乡一体化推进、五化(工业化、信息化、农业现代化、城镇化和绿色生态化)同步建设过程中的影响机制研究尚未涉及。

d. 新时代下乡村旅游利用乡村文化是“原真性”传承还是“真实性”创新发展,乡村旅游利用乡村文化进行业态创新所形成的典型模式、机制等研究内容有待延伸。

附 录

附录1　镇江市乡村旅游发展现状评价及建议的调查问卷

尊敬的女士(先生)：

您好,我们正在进行一项关于“乡村旅游业态创新”的课题研究,问卷仅供学术研究之用,希望得到您的理解和支持,恭请您在选择答案的题号上画√。

江苏农林职业技术学院课题组

一、对镇江乡村旅游资源的现实评价

1. 您认为以下选项能代表镇江乡村旅游品牌的有哪些?(可多选)

(1)万山红遍　(2)江苏农博园　(3)怡景湾度假村　(4)江馨怡度假村

(5)江苏岩藤农业园　(6)新颖农业生态园　(7)凤凰山庄生态园　(8)其他

2. 您选择到镇江乡村旅游的目的是什么?(可多选)

(1)兴趣爱好　(2)缓解压力　(3)度假疗养　(4)朋友聚会

(5)商务及其他活动　(6)陪伴家人　(7)其他原因

3. 条件允许的话,您最希望到哪个城市体验乡村旅游?(可多选)

(1)南京　(2)苏州　(3)常州　(4)无锡　(5)镇江　(6)其他

4. 您选择以上某城市或几个城市作为乡村旅游目的地的主要原因是什么?(可多选)

(1)交通便捷　(2)价格便宜　(3)产品丰富　(4)知名度高

(5)资源丰富　(6)其他

5. 您参加乡村旅游愿意承受的距离为多少千米?(可多选)

(1)30以内　(2)31~50　(3)51~70　(4)71~90　(5)91~100

6. 对于镇江乡村旅游您还期望得到什么服务或有哪些急需改进的地方?

二、对镇江乡村旅游的总体评价(请根据您的认识给予赋分,1~5表示为极不满意~极满意,3表示为一般,在选择答案的题号上画√)

	极不满意	较差	一般	很满意	极满意
1. 乡村旅游发展速度	1	2	3	4	5

	极不满意	较差	一般	很满意	极满意
2. 乡村旅游发展方式	1	2	3	4	5
3. 服务及配套设施	1	2	3	4	5
4. 乡村旅游产品类型	1	2	3	4	5
5. 乡村旅游交通条件	1	2	3	4	5
6. 乡村旅游资源条件	1	2	3	4	5
7. 乡村旅游环境改善	1	2	3	4	5
8. 乡村旅游开发效果	1	2	3	4	5
9. 乡村旅游发展特色	1	2	3	4	5
10. 乡村旅游知名度	1	2	3	4	5
11. 乡村旅游集中程度	1	2	3	4	5
12. 乡村旅游类型丰富	1	2	3	4	5
13. 乡村旅游生态环境	1	2	3	4	5
14. 当地居民素质情况	1	2	3	4	5
15. 乡村旅游产品创新	1	2	3	4	5
16. 乡村旅游市场空间	1	2	3	4	5
17. 乡村旅游智能化信息化	1	2	3	4	5

三、您的基本情况

1. 您的性别：

(1)男　(2)女

2. 您的居住地：

(1)本市　(2)苏南(非本市)地区　(3)本省(非苏南地区)　(4)外省(含境外)

3. 您的年龄：

(1)20 岁以下　(2)21~30 岁　(3)31~40 岁

(4)41~50 岁　(5)51~60 岁　(6)61 岁以上

4. 您的月收入(千元)：

(1)1.5 以下　(2)1.501~2.5　(3)2.501~4.0　(4)4.001~8.0　(5)8.001 以上

5. 您的受教育程度：

(1)初中及以下　(2)高中(含职高、中专)　(3)专科　(4)本科　(5)硕士及以上

6. 您的职业：

(1)学生　(2)公务员(含事业单位)　(3)白领　(4)工人　(5)自由职业者　(6)其他

7. 您来镇江的主要目的(可多选,若为本地人,可不选)：

(1)观光游览　(2)休闲度假　(3)探亲访友　(4)商务公务　(5)购物　(6) 其他

再次感谢您对本研究的支持,祝您阖家幸福,生活愉快!

江苏农林职业技术学院课题组

2017 年 5 月

附录 2　南京市乡村旅游发展现状评价及建议的调查问卷

尊敬的女士(先生):

您好,我们正在进行一项关于“乡村旅游业态创新”的课题研究,问卷仅供学术研究之用,希望得到您的理解和支持,恭请您在选择答案的题号上画√。

江苏农林职业技术学院课题组

一、对南京乡村旅游资源的现实评价

1. 您认为以下选项能代表南京乡村旅游品牌的有哪些?(可多选)

(1)江宁七坊　(2)高淳老街　(3)桠溪慢城　(4)横溪石塘人家　(5)牛首山花嬉谷
(6)傅家边农业科技园　(7)巴布洛生态谷　(8)其他

2. 您选择到南京乡村旅游的目的是什么?(可多选)

(1)兴趣爱好　(2)缓解压力　(3)度假疗养　(4)朋友聚会　(5)商务及其他活动
(6)陪伴家人　(7)其他原因

3. 条件允许的话,您最希望到哪个城市体验乡村旅游?(可多选)

(1)南京　(2)苏州　(3)常州　(4)无锡　(5)镇江　(6)其他

4. 您选择以上某城市或几个城市作为乡村旅游目的地的主要原因是什么?(可多选)

(1)交通便捷　(2)价格便宜　(3)产品丰富　(4)知名度高
(5)资源丰富　(6)其他

5. 您参加乡村旅游愿意承受的距离为多少千米?(可多选)

(1)30 以内　(2)31~50　(3)51~70　(4)71~90　(5)91~100

6. 对于南京乡村旅游您还期望得到什么服务或有哪些急需改进的地方?

二、对南京乡村旅游的总体评价(请根据您的认识给予赋分,1~5 表示为极不满意~极满意,3 表示为一般,在选择答案的题号上画√)

	极不满意	较差	一般	很满意	极满意
1. 乡村旅游发展速度	1	2	3	4	5
2. 乡村旅游发展方式	1	2	3	4	5
3. 服务及配套设施	1	2	3	4	5
4. 乡村旅游产品类型	1	2	3	4	5
5. 乡村旅游交通条件	1	2	3	4	5
6. 乡村旅游资源条件	1	2	3	4	5
7. 乡村旅游环境改善	1	2	3	4	5
8. 乡村旅游开发效果	1	2	3	4	5
9. 乡村旅游发展特色	1	2	3	4	5
10. 乡村旅游知名度	1	2	3	4	5

	极不满意	较差	一般	很满意	极满意
11. 乡村旅游集中程度	1	2	3	4	5
12. 乡村旅游类型丰富	1	2	3	4	5
13. 乡村旅游生态环境	1	2	3	4	5
14. 当地居民素质情况	1	2	3	4	5
15. 乡村旅游产品创新	1	2	3	4	5
16. 乡村旅游市场空间	1	2	3	4	5
17. 乡村旅游智能化信息化	1	2	3	4	5

三、您的基本情况

1. 您的性别：

(1)男 (2)女

2. 您的居住地：

(1)本市 (2)苏南(非本市)地区 (3)本省(非苏南地区) (4)外省(含境外)

3. 您的年龄：

(1)20 岁以下 (2)21~30 岁 (3)31~40 岁

(4)41~50 岁 (5)51~60 岁 (6)61 岁以上

4. 您的月收入(千元)：

(1)1.5 以下 (2)1.501~2.5 (3)2.501~4.0 (4)4.001~8.0 (5)8.001 以上

5. 您的受教育程度：

(1)初中及以下 (2)高中(含职高、中专) (3)专科 (4)本科 (5)硕士及以上

6. 您的职业：

(1)学生 (2)公务员(含事业单位) (3)白领 (4)工人 (5)自由职业者 (6)其他

7. 您来南京的主要目的(可多选,若为本地人,可不选)：

(1)观光游览 (2)休闲度假 (3)探亲访友 (4)商务公务 (5)购物 (6)其他

再次感谢您对本研究的支持,祝您阖家幸福,生活愉快!

江苏农林职业技术学院课题组

2017 年 5 月

附录3 苏州市乡村旅游发展现状评价及建议的调查问卷

尊敬的女士(先生):

您好,我们正在进行一项关于"乡村旅游业态创新"的课题研究,问卷仅供学术研究之用,希望得到您的理解和支持,恭请您在选择答案的题号上画√。

江苏农林职业技术学院课题组

一、对苏州乡村旅游资源的现实评价

1. 您认为以下选项能代表苏州乡村旅游品牌的有哪些?(可多选)
   (1)未来农林大世界 (2)莲花岛 (3)阳澄湖现代农业产业园 (4)旺山生态园
   (5)张家港永联村 (6)昆山中天福生态园 (7)金沙洲生态乐园 (8)其他
2. 您选择到苏州乡村旅游的目的是什么?(可多选)
   (1)兴趣爱好 (2)缓解压力 (3)度假疗养 (4)朋友聚会 (5)商务及其他活动
   (6)陪伴家人 (7)其他原因
3. 条件允许的话,您最希望到哪个城市体验乡村旅游?(可多选)
   (1)南京 (2)苏州 (3)常州 (4)无锡 (5)镇江 (6)其他
4. 您选择以上某城市或几个城市作为乡村旅游目的地的主要原因是什么?(可多选)
   (1)交通便捷 (2)价格便宜 (3)产品丰富 (4)知名度高
   (5)资源丰富 (6)其他
5. 您参加乡村旅游愿意承受的距离为多少千米?(可多选)
   (1)30以内 (2)31~50 (3)51~70 (4)71~90 (5)91~100
6. 对于苏州乡村旅游您还期望得到什么服务或有哪些急需改进的地方?

二、对苏州乡村旅游的总体评价(请根据您的认识给予赋分,1~5表示为极不满意~极满意,3表示为一般,在选择答案的题号上画√)

	极不满意	较差	一般	很满意	极满意
1. 乡村旅游发展速度	1	2	3	4	5
2. 乡村旅游发展方式	1	2	3	4	5
3. 服务及配套设施	1	2	3	4	5
4. 乡村旅游产品类型	1	2	3	4	5
5. 乡村旅游交通条件	1	2	3	4	5
6. 乡村旅游资源条件	1	2	3	4	5
7. 乡村旅游环境改善	1	2	3	4	5
8. 乡村旅游开发效果	1	2	3	4	5
9. 乡村旅游发展特色	1	2	3	4	5
10. 乡村旅游知名度	1	2	3	4	5

	极不满意	较差	一般	很满意	极满意
11. 乡村旅游集中程度	1	2	3	4	5
12. 乡村旅游类型丰富	1	2	3	4	5
13. 乡村旅游生态环境	1	2	3	4	5
14. 当地居民素质情况	1	2	3	4	5
15. 乡村旅游产品创新	1	2	3	4	5
16. 乡村旅游市场空间	1	2	3	4	5
17. 乡村旅游智能化信息化	1	2	3	4	5

三、您的基本情况

1. 您的性别：

(1)男　(2)女

2. 您的居住地：

(1)本市　(2)苏南(非本市)地区　(3)本省(非苏南地区)　(4)外省(含境外)

3. 您的年龄：

(1)20 岁以下　(2)21~30 岁　(3)31~40 岁

(4)41~50 岁　(5)51~60 岁　(6)61 岁以上

4. 您的月收入(千元)：

(1)1.5 以下　(2)1.501~2.5　(3)2.501~4.0　(4)4.001~8.0　(5)8.001 以上

5. 您的受教育程度：

(1)初中及以下　(2)高中(含职高、中专)　(3)专科　(4)本科　(5)硕士及以上

6. 您的职业：

(1)学生　(2)公务员(含事业单位)　(3)白领　(4)工人　(5)自由职业者　(6)其他

7. 您来苏州的主要目的(可多选,若为本地人,可不选)：

(1)观光游览　(2)休闲度假　(3)探亲访友　(4)商务公务　(5)购物　(6) 其他

再次感谢您对本研究的支持,祝您阖家幸福,生活愉快!

江苏农林职业技术学院课题组

2017 年 5 月

附录4 无锡市乡村旅游发展现状评价及建议的调查问卷

尊敬的女士(先生):

您好,我们正在进行一项关于“乡村旅游业态创新”的课题研究,问卷仅供学术研究之用,希望得到您的理解和支持,恭请您在选择答案的题号上画√。

江苏农林职业技术学院课题组

一、对无锡乡村旅游资源的现实评价

1. 您认为以下选项能代表无锡乡村旅游品牌的有哪些?(可多选)
(1)华西村 (2)万亩农林示范园区 (3)西渚镇白塔村 (4)拈花湾
(5)鹅湖玫瑰文化园 (6)宜兴湖父镇 (7)锡山区东港镇山联村 (8)其他

2. 您选择到无锡乡村旅游的目的是什么?(可多选)
(1)兴趣爱好 (2)缓解压力 (3)度假疗养 (4)朋友聚会 (5)商务及其他活动
(6)陪伴家人 (7)其他原因

3. 条件允许的话,您最希望到哪个城市体验乡村旅游?(可多选)
(1)南京 (2)苏州 (3)常州 (4)无锡 (5)镇江 (6)其他

4. 您选择以上某城市或几个城市作为乡村旅游目的地的主要原因是什么?(可多选)
(1)交通便捷 (2)价格便宜 (3)产品丰富 (4)知名度高
(5)资源丰富 (6)其他

5. 您参加乡村旅游愿意承受的距离为多少千米?(可多选)
(1)30以内 (2)31~50 (3)51~70 (4)71~90 (5)91~100

6. 对于无锡乡村旅游您还期望得到什么服务或有哪些急需改进的地方?

二、对无锡乡村旅游的总体评价(请根据您的认识给予赋分,1~5表示为极不满意~极满意,3表示为一般,在选择答案的题号上画√)

	极不满意	较差	一般	很满意	极满意
1. 乡村旅游发展速度	1	2	3	4	5
2. 乡村旅游发展方式	1	2	3	4	5
3. 服务及配套设施	1	2	3	4	5
4. 乡村旅游产品类型	1	2	3	4	5
5. 乡村旅游交通条件	1	2	3	4	5
6. 乡村旅游资源条件	1	2	3	4	5
7. 乡村旅游环境改善	1	2	3	4	5
8. 乡村旅游开发效果	1	2	3	4	5
9. 乡村旅游发展特色	1	2	3	4	5

	极不满意	较差	一般	很满意	极满意
10. 乡村旅游知名度	1	2	3	4	5
11. 乡村旅游集中程度	1	2	3	4	5
12. 乡村旅游类型丰富	1	2	3	4	5
13. 乡村旅游生态环境	1	2	3	4	5
14. 当地居民素质情况	1	2	3	4	5
15. 乡村旅游产品创新	1	2	3	4	5
16. 乡村旅游市场空间	1	2	3	4	5
17. 乡村旅游智能化信息化	1	2	3	4	5

三、您的基本情况

1. 您的性别：

(1)男　(2)女

2. 您的居住地：

(1)本市　(2)苏南(非本市)地区　(3)本省(非苏南地区)　(4)外省(含境外)

3. 您的年龄：

(1)20岁以下　(2)21~30岁　(3)31~40岁

(4)41~50岁　(5)51~60岁　(6)61岁以上

4. 您的月收入(千元)：

(1)1.5以下　(2)1.501~2.5　(3)2.501~4.0　(4)4.001~8.0　(5)8.001以上

5. 您的受教育程度：

(1)初中及以下　(2)高中(含职高、中专)　(3)专科　(4)本科　(5)硕士及以上

6. 您的职业：

(1)学生　(2)公务员(含事业单位)　(3)白领　(4)工人　(5)自由职业者　(6)其他

7. 您来无锡的主要目的(可多选,若为本地人,可不选)：

(1)观光游览　(2)休闲度假　(3)探亲访友　(4)商务公务　(5)购物　(6)其他

再次感谢您对本研究的支持,祝您阖家幸福,生活愉快!

江苏农林职业技术学院课题组

2017年5月

附录 5　常州市乡村旅游发展现状评价及建议的调查问卷

尊敬的女士(先生)：

您好,我们正在进行一项关于“乡村旅游业态创新”的课题研究,问卷仅供学术研究之用,希望得到您的理解和支持,恭请您在选择答案的题号上画√。

江苏农林职业技术学院课题组

一、对常州乡村旅游资源的现实评价

1. 您认为以下选项能代表常州乡村旅游品牌的有哪些?(可多选)
(1)日日春农业科技园　(2)天森山庄　(3)长荡湖水街　(4)长荡湖水庄
(5)溧阳大石山旅游农庄　(6)溧阳翠谷庄园　(7)吴楚农耕文化园　(8)其他
2. 您选择到常州乡村旅游的目的是什么?(可多选)
(1) 兴趣爱好　(2)缓解压力　(3)度假疗养　(4)朋友聚会
(5)商务及其他活动　(6)陪伴家人　(7)其他原因
3. 条件允许的话,您最希望到哪个城市体验乡村旅游?(可多选)
(1)南京　(2)苏州　(3)常州　(4)无锡　(5)镇江　(6)其他
4. 您选择以上某城市或几个城市作为乡村旅游目的地的主要原因是什么?(可多选)
(1)交通便捷　(2)价格便宜　(3)产品丰富　(4)知名度高
(5)资源丰富　(6)其他
5. 您参加乡村旅游愿意承受的距离为多少千米?(可多选)
(1)30 以内　(2)31~50　(3)51~70　(4)71~90　(5)91~100
6. 对于常州乡村旅游您还期望得到什么服务或有哪些急需改进的地方?

二、对常州乡村旅游的总体评价(请根据您的认识给予赋分,1~5 表示为极不满意~极满意,3 表示为一般,在选择答案的题号上画√)

	极不满意	较差	一般	很满意	极满意
1. 乡村旅游发展速度	1	2	3	4	5
2. 乡村旅游发展方式	1	2	3	4	5
3. 服务及配套设施	1	2	3	4	5
4. 乡村旅游产品类型	1	2	3	4	5
5. 乡村旅游交通条件	1	2	3	4	5
6. 乡村旅游资源条件	1	2	3	4	5
7. 乡村旅游环境改善	1	2	3	4	5
8. 乡村旅游开发效果	1	2	3	4	5
9. 乡村旅游发展特色	1	2	3	4	5
10. 乡村旅游知名度	1	2	3	4	5

	极不满意	较差	一般	很满意	极满意
11. 乡村旅游集中程度	1	2	3	4	5
12. 乡村旅游类型丰富	1	2	3	4	5
13. 乡村旅游生态环境	1	2	3	4	5
14. 当地居民素质情况	1	2	3	4	5
15. 乡村旅游产品创新	1	2	3	4	5
16. 乡村旅游市场空间	1	2	3	4	5
17. 乡村旅游智能化信息化	1	2	3	4	5

三、您的基本情况

1. 您的性别：

(1)男　(2)女

2. 您的居住地：

(1)本市　(2)苏南(非本市)地区　(3)本省(非苏南地区)　(4)外省(含境外)

3. 您的年龄：

(1)20 岁以下　(2)21~30 岁　(3)31~40 岁

(4)41~50 岁　(5)51~60 岁　(6)61 岁以上

4. 您的月收入(千元)：

(1)1.5 以下　(2)1.501~2.5　(3)2.501~4.0　(4)4.001~8.0　(5)8.001 以上

5. 您的受教育程度：

(1)初中及以下　(2)高中(含职高、中专)　(3)专科　(4)本科　(5)硕士及以上

6. 您的职业：

(1)学生　(2)公务员(含事业单位)　(3)白领　(4)工人 (5)自由职业者　(6)其他

7. 您来常州的主要目的(可多选,若为本地人,可不选)：

(1)观光游览　(2)休闲度假　(3)探亲访友　(4)商务公务　(5)购物　(6) 其他

再次感谢您对本研究的支持,祝您阖家幸福,生活愉快!

江苏农林职业技术学院课题组

2017 年 5 月

后 记

“供给质量对旅游业态创新的影响”这一选题是笔者在国家旅游局旅游业青年专家培养计划资助项目(TYETP201455)期间逐步酝酿而成的,而整篇的思路和结构则是在本书进行具体阐述和论证过程中建立起来的,同时也是笔者主持的教育部人文社会哲学规划基金资助项目“基于乡村振兴战略的文化保护及旅游利用模式研究”(项目编号:18YJA630040)与江苏农林职业技术学院产业创新团队项目(项目编号:KJ2018009)的阶段性成果。

随着资料的不断积累和思路的进一步梳理,最终,“乡村旅游业态创新”这一命题引起了我的注意。探索乡村旅游新业态,以供给侧改革、文化利用等多维视角全方位考察苏南乡村旅游业态演化的总进程是笔者写作本书的初衷,试图以“乡村旅游转型与升级”这一发展脉络为主轴阐述苏南乡村旅游业态创新机理、模式路径及体系构建。尽管笔者始终力求以严谨务实的态度把握笔墨,但是,浅陋乃至错误之处仍在所难免。

在本书完成之际,特别向给予笔者帮助、指导和支持的良师挚友表示衷心感谢和敬意。本书写作是一个漫长、枯燥的过程,正是因为他们的帮助与指导,使笔者摆脱紧张惶恐,克服一个又一个难题。首先,感谢南京师范大学黄震方教授、扬州大学王新驰教授、复旦大学巴兆祥教授等对学生的培养与教导。其次,感谢国家旅游局旅游业青年专家郭凌教授、侯兵教授、尹燕副教授、吴耀宇副教授等,在研究过程中得到他们的指点与帮助。

由于本书涉及案例较多,一些同事和朋友在资料提供和调研工作中给予了大力支持。感谢我的同事汤静副教授在数据处理上给予的大力支持;感谢孔祥静副教授、郭海红副研究员、黄云峰副教授等在文字处理上给予的帮助和鼎力支持。同时,感谢江苏省文化和旅游厅的陈海晴女士提供的资料,感谢我的学生谢冰、沈凯丽、史传敏等在现场调研中付出的辛勤劳动。

在此,我要感谢爱人对我工作始终如一的包容与理解、对家庭的辛勤付出,使我能有更多的精力从事工作与学术研究。

本研究仅是笔者对乡村旅游业态创新研究的初步尝试,在此基础上,新时代下乡村旅游利用乡村文化是“原真性”传承还是“真实性”创新发展,乡村文化创造性转化与创新性利用的典型模式、机制等科学问题,还有待在今后的研究中积极地探索与尝试,也恳请得到学界同仁的指导与帮助。

吉根宝

2019年2月于句容